JN065264

初等家庭科教育法

気づく・考える・実践する力を育む授業づくり

渡瀬典子
倉持清美
萬羽郁子
藤田智子 編著

萌文書林

はじめに

　本書を手に取ってくださった皆さん、まずご自身の一日の生活の様子を思い浮かべてみてください。起床時間はいつ頃にするか、朝ごはんをどうするか、何を着るか……就寝までの間に、考え、決めるべきことが数多くあります。その意思決定の主体は誰でしょうか。一人暮らしの人は自分で決める場面が多いでしょう。家族など一緒に暮らす人がいる場合は、自分の意思だけで決められない場面があるかもしれません。家庭科は、日常生活における無数の意思決定について、「自分ならどうするか」を考える教科です。

　情報化社会の進展に伴い、私たちの衣食住のあり方も多様化しています。例えば食事の準備では、スマートフォンやタブレット端末によってレシピ検索が容易になり、いわゆるIoT家電が調理の簡便化に寄与しています。また、調理済みの食品を家庭で食べる「中食（なかしょく）」に見られるような食の外部化や社会化も、「自分ならどうするか」を考えるうえでの「選択肢の拡大」といえるかもしれません。自身のライフスタイルに合わせて様々な選択ができるようになった一方で、あまりに増えた選択肢から選ぶ難しさも生じています。

　教科「家庭科」がもつ教育的意味のひとつは、自分の生活が社会や環境に与える影響、社会や環境から自分の生活に与えられる影響を客観的かつ科学的に読み解くことだといえます。この「読み解き」で得られた原理・原則を様々な場面に適用して考えることで、生活行動の基盤とすることができます。また、他教科で学んだ知識を、「生活」というレンズを通して見直したり、つないだりして再構成することもこの「読み解き」の中に含まれますし、家庭科の学習を通して他教科の学びの見え方が変化するかもしれません。本書は、小学校教諭を目指す人が「初等家庭科教育法」を学ぶためのテキストですが、ここで取り上げる学習課題は、日常生活を営む全世代の人たちにとって普遍的かつ本質的なアプローチでもあります。

　急激に変わりゆく社会の中で活きる「普遍的かつ本質的な」家庭科教育のアプローチとは何なのか、本書を読み進めながら読者の皆さんも考えてみてください。本書で学び、自身で考えていくための指針について、ここで言及しておきたいと思います。

■家庭科は「ひとつの正解」のみを教え込む教科ではない

　例えば「涼しく住まう」ために、どんなことをすればよいでしょうか。自然環境、居住環境、経済的環境、居住者の健康状態をはじめとする諸条件によって、あなたが選ぶ方法は変わるかもしれません。家庭科では、対象に影響を与えている諸事象を浮き彫り

にして、改善に向けた方策を考えていきます。また、具体的な生活技能や知識を扱うことによって、改善に向けた方策の選択肢を増やしていきます。そして、改善に向けた様々な方策の中から、最適解を探ることを目指します。「これが正解」と教師が判断した事柄のみを一方的に教授することは、「自分ならどうするか」と児童自身が試行錯誤する機会を奪うことにつながりかねません。

■家庭科は実践的な教科である

「自分ならどうするか」について頭の中で考えるだけでなく、製作や調理などの実践場面があることが家庭科教育の大きな特徴でもあります。実践場面を取り入れることによって、児童が気づいたり（製作・調理・住まい方・着方・金銭管理などの工夫、自分の好みや長所）、「もっと○○してみよう」という意欲につながったりすることも考えられます。また、実践することで「自分ならどうするか」について、より実感をもって考えを表現できるようになることも期待されます。

■家庭科は「家庭」だけではなく「社会」にもつながる教科である

家庭科の学習対象は、「家庭生活」に限定されているように思えるかもしれません。しかし、私たちの実際の生活を思い浮かべればわかるように、生活事象とは家庭内に留まるものではなく、社会とつながっています。過去・現在・未来の社会のありようについても、家庭科の学習対象に入ります。「人々はこれまでどのような生活を営んできたのか」、「いま、そしてこれから、私たちはどんな社会でどんな生活を送りたいのか」について、身近な日常生活をスタートラインにして考えるのが家庭科です。

本書では、現職の小学校教員による豊富な実践例や、教材に対する考え方、取り組み方を紹介しています。また、小学生が家庭科の学習を通して身につけたり考えたりしてほしいことについて、家庭科教育の研究者が様々な見解を示しています。さらに、実践・研究の場で現在活用されている資料に加え、史料的側面から過去の資料も紹介します。これらを手がかりにして、家庭科教育を通して培う、生活に関わる技能や知識、様々な資質・能力の具体について多面的に検討してみてください。

さあ、これから家庭科教育の世界の探検が始まります。本書を読み通したとき、家庭科教材のおもしろさや可能性について、皆さん自身の発見がありますように。

2023年2月

編著者を代表して
渡瀬典子

本書を活用しよう

　あなたは、いまこの本をどのような状況で手にしているのだろうか。「初等家庭科教育法」の履修のため、家庭科の授業を行う際のヒントを得るためなど、様々な目的があるだろう。そこで、主な目的、目的の展開、特に関連のある章の対応関係を以下に示した。

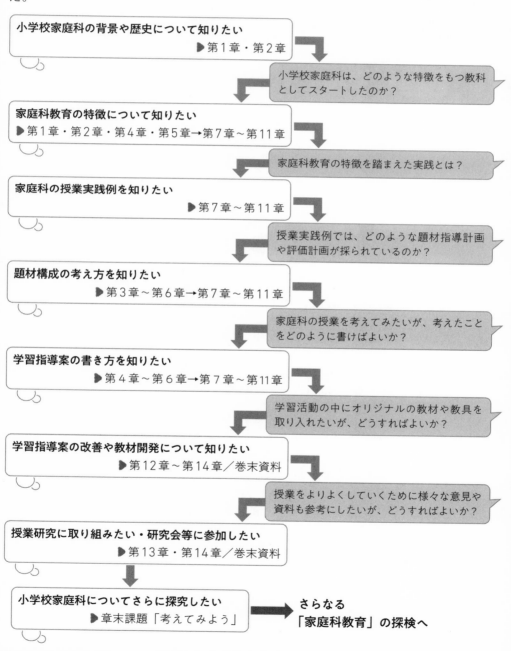

小学校家庭科の背景や歴史について知りたい
　　　　　　　　▶第1章・第2章

小学校家庭科は、どのような特徴をもつ教科としてスタートしたのか？

家庭科教育の特徴について知りたい
▶第1章・第2章・第4章・第5章→第7章～第11章

家庭科教育の特徴を踏まえた実践とは？

家庭科の授業実践例を知りたい
　　　　　　　　▶第7章～第11章

授業実践例では、どのような題材指導計画や評価計画が採られているのか？

題材構成の考え方を知りたい
　　　　　　　　▶第3章～第6章→第7章～第11章

家庭科の授業を考えてみたいが、考えたことをどのように書けばよいか？

学習指導案の書き方を知りたい
　　　　　　　　▶第4章～第6章→第7章～第11章

学習活動の中にオリジナルの教材や教具を取り入れたいが、どうすればよいか？

学習指導案の改善や教材開発について知りたい
　　　　　　　　▶第12章～第14章／巻末資料

授業をよりよくしていくために様々な意見や資料も参考にしたいが、どうすればよいか？

授業研究に取り組みたい・研究会等に参加したい
　　　　　　　　▶第13章・第14章／巻末資料

小学校家庭科についてさらに探究したい
　　　　　　　　▶章末課題「考えてみよう」

さらなる
「家庭科教育」の探検へ

目次

第Ⅲ部　教材研究を深め、授業を創る

第Ⅳ部　授業をアップデートする

第12章 ┃ わくわくする教材研究 174
── オリジナル教材の開発

[凡例]

・注釈がない限り、引用文に付した下線はすべて執筆者による。

・本書に掲載した指導案は、初学者が学ぶことを考慮して形式を整理している。学習評価に関する基本的な考え方を理解できるよう、形式の整理にあたっては『「指導と評価の一体化」のための学習評価に関する参考資料―小学校家庭』（国立教育政策研究所、2020）を参考にした。

・さらに学びたい人へ向けて、主に第Ⅲ部の本文中に、「さらに詳しく」として関連書籍『初等家庭科の研究―指導力につなげる専門性の育成』（大竹美登利・倉持清美編著、萌文書林、2018）の対応箇所を示した。

第Ⅰ部 小学校家庭科の特徴を捉える

第二次世界大戦後、
小学校に「家庭科」という教科が誕生した。
家庭科はどのような理念のもとに生まれたのだろうか。
そして、学習を通してどんな力を身につけることが
期待されてきたのだろうか。
自分の学習経験を振り返りつつ考えてみよう。

家庭科を通して「生活」を学ぶ

1 家庭科を通して「生活」を捉える

1.1 生活の枠組みと生活主体

　あなたは「家庭科」という言葉を聞いて、どのような事柄を連想するだろうか。これまでの学習経験を振り返り、学んだ事柄が頭に浮かんだかもしれない。また、「生活」という語をあげる人もいるかもしれない。「生活（せいかつ）」の一般的な意味としては、「生存して活動すること、生きながらえること」「世の中で暮らしてゆくこと」などと記述されている（『広辞苑』第5版より）。

　生活は、「生活の枠組み」において形成されると捉えられる（図1-1）。「生活の枠組み」とは、「生活主体」の生活状況（生活費・生活時間・生活空間・生活情報）や、生活を規定する諸条件（内部的条件・外部的条件）によって形づくられるものである。そして「生活主体」とは、「生活を科学的に認識し、生活の目標・課題・時間を設定・発見・解決する意識的積極的な取り組みを実践する個人[1]」であり、「生活を価値づけ、その生活を中心におく市民社会を批判的、検証的につくり続け、行動する主体[2]」と定義される。そして、家庭科は、「生活主体」を育むための教科として捉えられる。

　生活を規定する諸条件のうち、内部的条件とは、「生活者（生活主体）が主として生活の拠点にしている家庭生活の内側」にあり、①家事活働、②家庭内耐久消費財、③個人・家族の生活意識、④家庭内人間関係などがこれにあたる。そして「取り込まれたモノ・サービスに関する裁量権」は、家庭内に所属する個人・家族にある。

【1】日本家政学会編『家庭生活の経営と管理』朝倉書店、1989、pp.181-182
【2】大学家庭科教育研究会編『市民社会をひらく家庭科』ドメス出版、2015、p.23

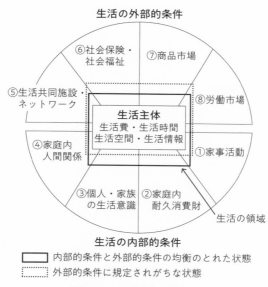

図1-1　生活の枠組み

出所：日本家政学会生活経営学部会編『持続可能な社会をつくる生活経営学』朝倉書店、2020、p.10

　小学校家庭科では、内部的条件に関する内容を中心に、家庭生活に関する学習を展開する。外部的条件は「家庭生活の外側にあるが、生活形成に密接な関係をもつ条件」で、⑤生活共同施設・ネットワーク、⑥社会保険・社会福祉、⑦商品市場、⑧労働市場がこれにあたる。外部的条件の選択において、生活者（生活主体）は、「基本的には社会的に決められたルールの下で生活に必要なモノ・サービスを選択・入手・利用」する。現代の私たちの生活は、社会化、グローバル化、少子高齢化などによって外部的条件による影響が強くなっている。それとともに生活課題の多様化が進行している。

1.2 非日常下の生活から日常の生活の営みを考える

　私たちは大規模災害のたびに、水や電気、ガス、通信などの日常生活に必要なインフラが使えない場面に遭遇している。そして2020（令和2）年以降、新型コロナウイルスの蔓延により、私たちの日常生活は長期間にわたる変化を強いられた。

　コロナ禍の前後で子どもたちの生活にどのような変化があったのか、一例をあげると、すべての学年で学習意欲の低下が現れ、小学生においてその傾向が顕著である（図1-2）。また、図1-3から、休校中に生活リズムや学習習慣の乱れを自覚していた小学生は3割程度いたことがわかる。これまで経験しなかった非日常の中で、「生活主体」として意識的かつ積極的な取り組みを続けていくにはどうすればよいか、日々の生活を見つめ直すことがますます重要になっている。

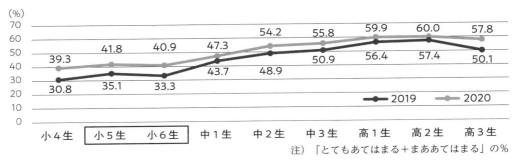

図1-2 「勉強しようという気持ちがわかない」に対する回答の変化

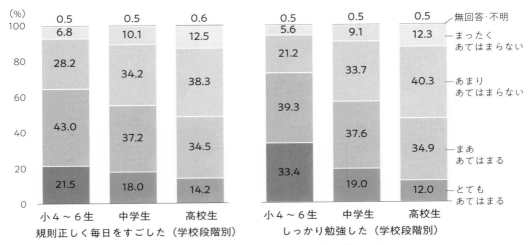

図1-3 コロナ禍における休校中の過ごし方

出所：東京大学社会科学研究所・ベネッセ教育総合研究所「子どもの生活と学びに関する親子調査」、2020、p.18（図1-3）、p.19（図1-2）

2 子どもたちが「生活」について学ぶ意味・意義

　先述したように、私たちの生活の営みは日々変化している。生活の営みとは、「生活価値と生活資源を各生活領域にインプットし、意思決定過程を経て、価値の実現、資源変換がアウトプットされるというプロセス[3]」と捉えることができる。ここでの「生活資源」とは、「健康、知識、生活力、人間活動力や家族関係などの人間関係資源、生活物資、金銭、資産といった経済関係資源、家事、生活技術、生活時間といった生活管理関係資源[4]」を指す。

　これまでの家庭科教育は、「生活技術」や「生活技能」と総称される「生活にかかわる技術や技能の形成」を重視してきたが、「社会との相互関係を位置づけていない」こと、「社会

【3】内藤道子ほか『生活を創るライフスキル―生活経営論』建帛社、2002、p.11
【4】日本家政学会編『新版 家政学事典』朝倉書店、2004、p.166

との相互関係で諸問題や諸矛盾を抱えていない」家庭生活を前提とした学習になりがちだったことが指摘されている[5]。そこで、「生活スキル」という概念、すなわち「生活のなかに解決を必要とする新しい問題を発見し、問題を生活構造に照らし、具体的解決によって生活を改善・向上する力」であり、「科学的な根拠に基づく合理的判断である分析によって生活に必要な物（物資・サービス）を選択し、それらを使いこなしながら、日常の生活の営みのなかで人間関係を育み、自己の生活と社会を創造する力」の育成が提起された[6]。

　子どもたちが「生活スキル」を駆使して生活について学ぶことは、自らの生活現実を踏まえた、生活の相対化・課題化や、解決すべき問題の本質を捉えるといった汎用的な学びにつながりうると考えられる。それでは、子どもの生活実態についてさらに掘り下げてみよう。

　表１－１は、家庭科を学習する小学校高学年の「生活時間」配分を示している。子どもの生活時間（平日）の変化には、どのような傾向が見られるだろうか。「勉強」「学校外での勉強」の時間には目立った変化がないが、家庭における「用事」「家事」に割く時間が大幅に減少している。

表１－１　戦前と最近の小学生の平日の生活時間（時間：分）

行動分類	2020年 小学生 10歳以上	2015年 小学生 10歳以上	1990年 小学生 10歳以上	1960年 小学生 10歳以上	1941年 国民学校５年生 男	女	行動分類 (1941年版)
睡眠	8:37	8:35	9:03	9:25	9:35	9:29	睡眠
食事	1:20	1:26	1:32	:46	:49	:49	食事
身の回りの用事[注2]	1:03	1:02	:59	:34	:52	:57	身の回り・入浴
授業・学校の行事	6:59	6:39	5:46	}7.39	6:02	6:00	授業
学校外での勉強	1:16	1:15	1:13		1:21	1:27	勉強
通学	0:50	0:55	:45	:27	:56	:59	通学
家事	:04	:08	:23	:48	1:21	1:42	用事
休息（療養・静養）	:13	:19	:23	:31	:48	:48	休息
趣味・けいこごと	}2:02[注3]	}1:45[注3]	:34	–	–	–	–
見物・鑑賞、スポーツ			1:31	1:33	1:46	1:23	遊び
テレビ・ビデオ	1:39	1:55	2:15	2:02	:30	:24	教養

注１）データは「全体の平均時間」（「行為者の平均時間」ではない）。
注２）「身の回りの用事」とは、「洗顔、トイレ、入浴、着替え、化粧、散髪」などの生活行為を示す。
注３）2015年調査では「趣味・娯楽・あそびとしてインターネットを使う」も含む。2020年調査では「インターネット動画」が中身に追加。

出所：NHK放送文化研究所「国民生活時間調査」より筆者作成

【5】日本家庭科教育学会編『個人・家族・社会をつなぐ生活スキル』（シリーズ生活をつくる家庭科第１巻）、ドメス出版、2007、p.11
【6】同上

国立青少年教育振興機構による「子供の生活力に関する実態調査」では、「お手伝いの頻度」が高い子どもほど、課題解決スキルやコミュニケーションスキルなどが高い傾向にあるという結果が見られた（図1-4）。ただし、この調査結果について、同機構は「お手伝いをすれば、生活スキルが高まることを示しているとは限らず、もともとお手伝いをすることが好きな子供や、お手伝いをすることが当たり前である家庭の子供に生活スキルが高い子供が集まっている可能性がある」と考察しており、生活スキルの高低には、家庭環境がある程度影響すると示唆している。また、ジェンダー差に着目して、家庭の仕事（お手伝い）の実践状況を見ている調査もある（図1-5）。その結果、女子は料理や掃除、洗濯の手伝いの実施率が高く、男子はゴミ出しや掃除、おつかいの手伝いの実施率が高かった。なぜ、このような結果になったのだろうか。その背景について考えてみてほしい。

　児童が家庭の仕事を実践しつつ、「生活」について学ぶことの意味・意義は何だろうか。なぜ、家庭教育だけではなく学校教育の中で学ぶ必要があるのだろうか。

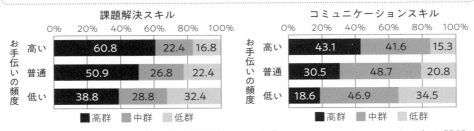

図1-4　お手伝いの頻度と「課題解決スキル」「コミュニケーションスキル」の関係
出所：国立青少年教育振興機構「子供の生活力に関する実態調査」、2015、p.96

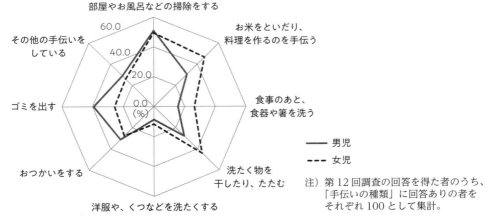

図1-5　子どもの性・手伝いの種類（複数回答）別にみた手伝いの状況
出所：厚生労働省「第12回21世紀出生児縦断調査（平成13年出生児）の概況」、2014、p.6

3 家庭科教育の特徴と独自性

3.1 学校教育で「生活」や家庭科を学ぶ法的根拠

日本国憲法第26条第2項では、「すべて国民は、法律の定めるところにより、その保護する子女に普通教育を受けさせる義務を負ふ。（後略）」と定められている。この条文中の「普通教育」について、学校教育法第21条では以下のように定めており、家庭科は第4項に関連する。

第
1
章

家庭科を通して「生活」を学ぶ

学校教育法 第2章 義務教育

第21条　義務教育として行われる普通教育は、教育基本法（平成18年法律第120号）第5条第2項に規定する目的を実現するため、次に掲げる目標を達成するよう行われるものとする。

1　学校内外における社会的活動を促進し、自主、自律及び協同の精神、規範意識、公正な判断力並びに公共の精神に基づき主体的に社会の形成に参画し、その発展に寄与する態度を養うこと。

2　学校内外における自然体験活動を促進し、生命及び自然を尊重する精神並びに環境の保全に寄与する態度を養うこと。

3　我が国と郷土の現状と歴史について、正しい理解に導き、伝統と文化を尊重し、それらをはぐくんできた我が国と郷土を愛する態度を養うとともに、進んで外国の文化の理解を通じて、他国を尊重し、国際社会の平和と発展に寄与する態度を養うこと。

4　<u>家族と家庭の役割、生活に必要な衣、食、住、情報、産業その他の事項について基礎的な理解と技能を養うこと。</u>

5　読書に親しませ、生活に必要な国語を正しく理解し、使用する基礎的な能力を養うこと。

6　生活に必要な数量的な関係を正しく理解し、処理する基礎的な能力を養うこと。

7　生活にかかわる自然現象について、観察及び実験を通じて、科学的に理解し、処理する基礎的な能力を養うこと。

8　健康、安全で幸福な生活のために必要な習慣を養うとともに、運動を通じて体力を養い、心身の調和的発達を図ること。

9　生活を明るく豊かにする音楽、美術、文芸その他の芸術について基礎的な理解と技能を養うこと。

10　職業についての基礎的な知識と技能、勤労を重んずる態度及び個性に応じて将来の進路を選択する能力を養うこと。

また、学校教育における「各教科」は、「教育基本法第1条の教育の目的及び同法第2条に掲げる教育の目標に一致していること。また、同法第5条第2項の義務教育の目的及び学校教育法第21条に掲げる義務教育の目標並びに同法に定める各学校の目的及び教育の目標に一致していること」が共通条件であり、学校教育法施行規則第50条では、小学校の教育課程を構成する教科のひとつとして家庭科が明示されている。

学校教育法施行規則　第4章 小学校　第2節 教育課程
第50条　小学校の教育課程は、国語、社会、算数、理科、生活、音楽、図画工作、家庭、体育及び外国語の各教科（以下この節において「各教科」という。）、特別の教科である道徳、外国語活動、総合的な学習の時間並びに特別活動によつて編成するものとする。

3.2 家庭科の文化価値と背景学問

　「教科」として存立するためには、教科固有の文化価値や体系的な教育内容の編成が必要である。家庭科の文化価値については、1970～80年代に出された家庭科教育関係者の言説から、以下の①から⑤のように整理されている。[7]

　①科学（自然科学と社会科学）に対応

　②技術、特に生産技術に対応

　③科学、技術、労働なども含む総合技術に対応

　④科学と技術に対応

　⑤科学と芸術に位置づけるもの

　ここでは、対応する文化価値から見た家庭科の独自性は、「科学と技術を総合化」する点にあると捉えられている。

　また、家庭科を「生活と諸科学（中略）が結合し交差する領域で成立する教科」と位置づけつつ、教科としての文化価値と独自性を、「生活文化を時間と空間を軸にして、継承させるだけではなく、そこから生活文化を創造できる基礎能力を育てること」に見いだす視点もある。[8]ここでの生活文化とは、「生活を耕やす過程で発見された文化価値」であり、生活体験を通して体得することが望ましいとされる。

　次に、家庭科教育の背景学問のひとつである家政学に注目してみよう。古代ギリシャの哲学者クセノフォンが執筆した「家政論」（Oikonomikos）に家政学の起源を見いだす考え方もあるが、現在の家政学の体系は、アメリカのレイク・プラシッドで開催された会議（1899-1909）に見ることができる。この会議を主導したエレン・リチャーズは生活の質的向上を追究する「優境学」（Euthenics）を提唱したが、「家政学」（Home Economics）とい

【7】中間美砂子『家庭科教育学原論』家政教育社、1987、pp.37-55
　　中間は、「家庭科の成立根拠を明らかにするためには、まず対応する文化価値を明らかにしていくことから始めなければならない」としている。
【8】村田泰彦ほか『共学家庭科の理論』光生館、1986、pp.41-42

う名称になった（アメリカの家政学会では1994年からFamily and Consumer Sciencesに改名）。日本では、日本家政学会が1949（昭和24）年に設立され、1984（昭和59）年に「家政学」の定義が表1－2のように定められた。

表1－2　家政学の定義

研究の対象➡ 研究アプローチ➡ 研究目的・特徴➡	家庭生活を中心とした人間生活における人と環境との相互作用について、人的・物的の両面から自然・社会・人文の諸科学を基盤として研究し、生活の向上とともに人類の福祉に貢献する実践的総合科学である。

出所：日本家政学会編『家政学将来構想1984—家政学将来構想特別委員会報告書』光生館、1984

3.3 なぜ家庭科は小学校5年生から学ぶのか

現在、日本の家庭科教育は、小学校・中学校・高等学校における男女必修の教育課程である。そして、小学校では第5学年から家庭科が開設されている。なぜ、家庭科は5年生から学習するのだろうか。以下の資料から、当時の文部省の見解について、①「家庭生活」についての指導に対する考え方、②家庭科の特徴として認識されていたこと、③第5学年から学習する根拠としてあげられていた事項とは何か、読み解いてみよう。

小学校学習指導要領 家庭科編　昭和31年度　第1章 小学校家庭科の意義

小学校の家庭科が第5、6学年に設けられている理由

　児童にとって家庭での生活は、小学校に入学してからも、大きな生活領域を占めている。それゆえ小学校においては、児童の家庭生活経験に対して、当然指導するための用意がなければならない。この指導に対して、家庭科以外の教科でも直接または間接にある程度の指導の機会が用意されている。また家庭生活についての日常的な指導は、必ずしも教科による指導だけに期待することはできない。たとえば、身なりを整えるとか、食前や用便のあとで手を洗うというような、家庭生活に必要な指導は、学校生活のあらゆる機会において習慣づけるほうが有効である。

　しかし、家庭生活についてこのような指導だけでは、小学校における教育の目標を達成するにはふじゅうぶんである。それゆえ、家庭における人間関係、児童の自主的な生活管理、日常生活における衣・食・住などについて、児童の発達に応じた系統的、総合的な指導の機会が必要になってくる。

　ここにこのような指導をいつから始めたらよいかが問題になってくる。この時期の決定には、三つの点から考える必要がある。第1は、みずから経験している家庭生活の諸事象を論理的に追究したり、その因果関係を分析したり、あるいは適切な判断をくだすことができるような知的発達段階に到達していなければならない。

　第2は、系統的に理解し、練習しなければならない家庭生活の技能の習得には、特に手指の巧ち性の発達にまたなければならないようなものが多い。家庭生活についてのこ

のような理解や練習に耐えるのは、児童後期に達した満10才ころが適当だといわれている。さらに、第3は、家庭生活についての系統的、全体的な理解や技能には、ある程度他の教科で学習した基礎的な理解や技能の総合的応用的な能力を必要とする。家庭科はこのような指導内容をもっていると考えられる。

　以上のことから家庭科の学習は、小学校の第5学年から課せられることになった。

　第1の理由として、「家庭生活の諸事象を論理的に追究したり、その因果関係を分析したり、あるいは適切な判断をくだすことができるような知的発達段階に到達」していることがあげられている。小学校高学年は、ピアジェの認知発達理論における形式的操作期にあたる（表1－3）。

表1－3　ピアジェの認知発達理論

段階	特徴
感覚運動期（0～2歳）	循環反応、対象物の永続性、表象機能
前操作期（2～7歳）	自己中心性、象徴機能の獲得
具体的操作期（7～11歳）	脱（自己）中心化、保存性の習得
形式的操作期（11歳～）	抽象的思考、仮説演繹的思考（仮説を立てて、一般的・普遍的な前提を適用して結論を導き出す考え方）

出所：クレイグ・クライデル編／西岡加名恵ほか監訳『カリキュラム研究事典』、ミネルヴァ書房、2021、p.626をもとに筆者作成

　第2の理由の「手指の巧ち性」については、「指遊び」や手指を使った遊び（積み木、折り紙、お絵かき、粘土遊び、シール貼りなど）を繰り返すことによって、巧緻性（器用さ）に直接関わる作業／操作性の向上の他、様々な面で脳の発達が促進される。ひもを通す・結ぶ、箸を使う、つまみ出す、撚る、折るなど、生活に関わる手指を使う所作は数多くある。それらを習得するのに、第5学年は適切な時期といえる。家庭科を通して育成できる所作に注目し、図工などの他教科と連携した学習活動を構想したい。

　第3の理由では、他教科で学習したことを活かした総合的応用的な能力の育成について言及している。「生活」を学習対象とする家庭科は、題材の構想をする際に、この総合性を十分に活用したい。

　ここまで見てきた家庭科教育の特徴として、以下の点を押さえておいてほしい。
・家庭生活の向上発展のために必要な知識・技術を習得させる教科
・実践的・体験的な活動を通して学習させる教科
・他教科で習得した能力を活用・発展させる学際的な教科
・家庭生活の実践的な態度を育てる教科

4 小学校、中学校、高等学校につながる家庭科

　「日本学術会議　家政学分科会提言」（2018）において、①小・中学校教育における家庭科教育の位置づけの明確化、②小・中・高等学校における家庭科教育の授業内容の明確化などが指摘された。①については、隣接教科・学習活動との違いである「実生活に結びつけた学び」の明確化、②については、少ない授業時間数の中で生命維持に欠かせない「食べること」「被服をまとうこと」「住まうこと」について、実習・実験を含む実践的な学習を各校種でどのように実現するかが課題とされた[9]。

　家庭科は、1993（平成5）年から中学校で、1994（平成6）年から高等学校で男女必修化されて現在に至る。家庭科男女必修の実現を経て、日本家庭科教育学会は「家庭科の21世紀プラン」として「1.個性的な生き方を認め合い、"共に生きる力"」「2.明日の生活環境・文化を創る力」「3.21世紀を展望した我が国の社会的変化・発展に応える力」の育成を目指し、各校種に連なる体系的な学習の新構想研究を行った（図1－6）。

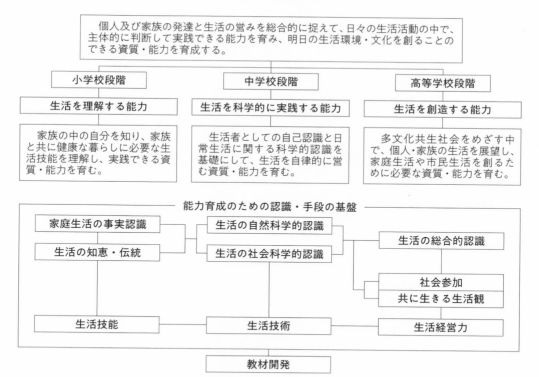

図1－6　家庭科教育が育む「生きる力（能力）」概念図（構想案）
出所：日本家庭科教育学会編著『家庭科の21世紀プラン』家政教育社、1997、p.116

【9】日本学術会議健康・生活科学委員会家政学分科会「生きる力の更なる充実を目指した家庭科教育への提案─より効果的な家庭科教育の実現に向けて」、2018

この「家庭科の21世紀プラン」では、各学校段階で育成する資質・能力を以下のように特徴づけている。

①小学校：衣・食・住の生活に関わる資源「もの、時間、金銭、空間、人（家族）等」を通して生活の事実認識をする。

②中学校：主体的な生活者として自律的に生きるために必要な価値づくりに関わる「人を中心にものとの相互作用」を科学的に認識する。

③高等学校：生活環境・文化創りに関わる「人・資源・環境・文化との相互作用」を個人・家族の短期・長期の生活設計あるいは市民生活の将来に向けて展望する。

　図1－7は、「家庭科の21世紀プラン」で構想された領域構成の概念図である。この図と、21世紀プラン作成当時の小学校学習指導要領（1989［平成元］年告示）に示された領域構成の概念図（図1－8）を比べてみよう。図1－8は学習領域ごとの重複を表しているが、図1－7では、まず「人（個人及び家族の発達と福祉）」と「もの」との関わりで学習内容を分類している。さらに「もの」については、生活を創る側（生活資源と暮らしの知識・技術）と、消費する側（消費生活の営みと生活環境・文化）のそれぞれの立場から生活を見つめる内容が構想され、「総合（課題研究）」が各学習内容を束ねている。表1－4は、図1－7の領域構成案から「他教科、学校段階、他領域との重複」を廃し、学習内容を校種ごとに整理した構想案である。

　「家庭科の21世紀プラン」の刊行後、日本家庭科教育学会・北陸地区会では「生活主体」形成を目指す家庭科の理論／実践研究に取り組んできた。ここでは4つの課題（「生活を自

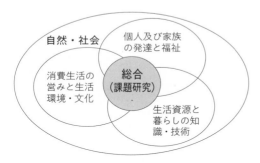

図1－7　小・中・高等学校家庭科の領域構成
　　　　の概念図

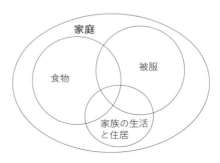

図1－8　小学校学習指導要領（平成元年告
　　　　示）に示された領域構成の概念図

出所：日本家庭科教育学会編著『家庭科の21世紀プラン』家政教育社、1997、p.118（図1－7・図1－8）

図1－9　生活主体がめざす家庭科の4つの課題

出所：荒井紀子編著『新版 生活主体を育む─探究する力をつける
　　　家庭科』ドメス出版、2013、p.53

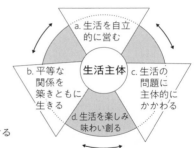

表1-4 「家庭科の21世紀プラン」における小・中・高等学校家庭科の教育内容（ミニマムエッセンシャルズ）の構想案

	小学校段階	中学校段階	高等学校段階
個人及び家族の発達と福祉	◎わたしと家族 ・親と子 ・きょうだいとの生活 ・祖父母と孫との生活 ・地域の人々との交流	◎人間の成長と自立 ・人間の発達の特徴 ・愛と性 ・生命の誕生と尊重 ・地域の生活と福祉	◎個人の生活と生活設計 ・生活目標とライフスタイル ・自分の将来と生活設計 ・ジェンダー観と生き方 ◎家族の発達 ・性と結婚 ・乳幼児の発達と生活環境 ・親になること ・職業と家族 ◎高齢者の生活と福祉 ・社会保障と社会福祉制度 ・ボランティア活動
生活資源と暮らしの知識・技術	◎食べものと健康 ・栄養素の種類とはたらき ・食べ方の工夫 ・初歩的調理技能	◎人間と食物 ・適正栄養と健康度 ・食品の種類と特徴 ・食品の加工と表示 ・基本的調理技能	◎食生活と環境 ・食事計画 ・食料の調達・購入 ・食料の安全な保存・管理 ・食糧・資源問題 ・食事と献立 ・応用・発展的調理技能
	◎衣服と健康 ・衣服のはたらきと着方 ・衣服の手入れ・洗濯 ・手縫いの技能	◎人間と衣服 ・健康と着装 ・繊維の種類と布 ・ミシン縫いの技術	◎衣生活と環境 ・被服の計画と選択・購入 ・被服の衛生・管理 ・衣料資源問題とリサイクル
	◎すまいと健康 ・日照・日射と採光 ・通風・換気と防湿・防菌 　騒音と大気汚染 ・すまいの清掃と整理・整頓	◎人間と住居 ・住まいの基本的な条件 ・個人・家族の生活と住空間 ・各部屋の機能と間取り ・平面図の読みとり	◎住生活と環境 ・住まいと風土 ・ライフサイクルと住まい ・住居の管理 ・住まいの法律と住宅問題
消費生活の営みと生活環境・文化	◎家庭生活のしくみ ・家庭の仕事と家族の役割 ・時間とおかね ・生活習慣と生活の知恵	◎生活者としての自立 ・生活時間の管理 ・金銭の管理 ・商品の選択と購入・活用 ・消費者の権利と義務 ・生活資源の活用 ・自然や地域の生活環境保全の工夫	◎消費生活の営み ・消費生活と経済的仕組み ・税と社会保障 ・消費者問題と消費者行政 ・生活情報の活用 ◎生活環境・文化を創る暮らし ・食・衣・住の生活と地域生活文化 ・日本の生活文化と世界のつながり
総合	◎ホームプロジェクト ・総合的な学習	◎ホームプロジェクト ・総合的な学習	◎課題研究、ホームプロジェクトなど

出所：日本家庭科教育学会編著『家庭科の21世紀プラン』家政教育社、1997、p.119

立的に営む」「平等な関係を築きともに生きる」「生活の問題に主体的にかかわる」「生活を楽しみ味わい創る」）が抽出され、これらの学習課題が「生活主体」形成に寄与すると捉えている（図1-9）。

　表1-4は、「家庭科の21世紀プラン」による小学校・中学校・高等学校家庭科の教育内容案である。表1-5は、縦軸に学習領域、横軸に学習課題（学習領域を見通す視点）を配置した、北陸地区会による「小学校段階」の学習題材案である。これらの表の共通点・相違点は何か。もしあなたが授業を構想するとしたら、どの題材を足す、もしくは外すだろうか。そのように考えた理由をあげてみよう。

表1−5　家庭科の学習課題・学習領域と学習題材（小学校）

学習領域			a 生活を自立的に営む（健康な生活のマネジメント）	b 平等な関係を築きともに生きる（ジェンダー・人権）（福祉・人権）		c 生活の問題に主体的にかかわる（環境・資源）（消費者・他）		d 生活を楽しみ味わい創る（生活文化の創造）
個人・家族の発達と福祉	ひとの一生と発達	発達課題	・自分とは ・自分らしさ ・自分のいいところ ・自分でできることとできないこと	・いろいろな人とかかわる（幼児や障がいをもった人など） ・男らしさと女らしさ ・将来の夢				
		いのちと生活	・いのちについて考える（身近な人の生と死）	・わたしの成長と家族、周囲のひとびと		・いのちと環境問題		・地域の慣習／行事 ・ペットのいる暮らし
	個人・家族と社会		・家庭の仕事、自分でできること	・家族のむかし・いま・これから ・いろいろな家族 ・家族を支える地域		・持続可能な社会をめざす生活者		
	子どもの成長と保育							
	高齢者の生活と福祉			・高齢者との触れ合い		・バリアフリーな住まいとまちづくり		・高齢者から生活文化を学ぶ
生活資源と暮らしの営み	食生活		・食品と栄養の働き ・人と食べ物（なぜ食べるのか考える） ・簡単な食事作り（調理の基本） ・偏食	・食事は誰が作るか ・ダイエット	・孤食、個食、共食	・食と環境（ゴミ・洗剤・排水） ・地産地消	・食べ物を五感でとらえる ・食品の選び方（安全・表示・食品添加物）	・地域の食べ物 ・テーブルセッティングとマナー ・好き嫌い ・人をもてなす
	住生活		・人と住まい（住まいとは何か） ・住まいと健康（明るさ・暖かさ・通風・衛生） ・整理整頓		・安全に住む（家の中のバリアフリー、小さな子）	・自分の住む街		・地域の住文化
	衣生活		・人と被服 ・自分らしく着る ・被服と健康 ・基礎的な技術（ボタン付け、手縫い、ミシン縫い）	・ファッションとジェンダー		・リサイクルとリユース ・洗濯と手入れ		・楽しんで着る ・小物作り
	生活資源と生活の経営	生活経済	・おこづかいの管理			・生活と環境 ・5R* ・グリーンコンシューマー	・必要と欲求のバランス	
		生活情報	・暮らしの情報を集めて選ぶ	・メディアとジェンダー		・生活情報の活用と発信 ・メディアリテラシー ・消費者としてのモラル		
		生活時間	・生活時間を見直す（生活の自己管理）	・家事時間とジェンダー				

＊5R：Reuse リユース、Recycle リサイクル、Reduce リデュース、Repair リペア、Refuse リフューズ

出所：荒井紀子編著『新版 生活主体を育む―探究する力をつける家庭科』ドメス出版、2013、p.58

> **考えてみよう**

・この10年で生じた、家庭生活／ライフスタイルの変化をあげてみよう。さらに10年後には、どのような変化が起こるか予測してみよう。

・小学生が、「生活主体」の意識で家庭生活を捉えて学ぶために、どのような工夫ができるか考えてみよう。

第2章

小学校における
教科「家庭」のはじまりと展開

本章のねらい▶□教科「家庭」が、どのような背景・考え方のもとで誕生したのか
理解しよう。
□学習指導要領における小学校家庭科がどのような変遷を遂げてき
たのか辿っていこう。

キーワード▶家事　裁縫　三否定　民主的な家庭建設　学習指導要領

1 小学校における教科「家庭」の源流を探る

　日本の小学校で「家庭科」という教科が開設されたのは、いつごろだろうか。

　明治政府による1871（明治4）年の文部省の設立、1872（明治5）年の、教育に関する
法律にあたる「学制」の公布を経て、1873（明治6）年に「学制」が施行され、近代の学
校教育制度が始まった。「学制」の第26章を見ると、「女児小学」では尋常小学校教科の他
に手芸を教えるものと記載されている。女児小学校の「手芸」の時間は、裁縫や礼儀作法の
学習が想定されていたが、当時の一般庶民の女子教育に対する関心は低く、就学率はなかな
か上がらなかった。

　この「学制」期以降の法律において設置された教科・科目を、表2－1に示した。表2－
1の、「裁縫」「家事」「家事経済」の箇所にマークしてみよう。そのあとで改めてこの表を
見ると、どのようなことに気づくだろうか。

　この時期における家庭生活に関する学習は「裁縫科」と「家事科」で主に展開されていた。
「裁縫科」は1879（明治12）年の「教育令」期に登場し、1881（明治14）年の小学校教則
綱領では「裁縫は中等科より高等科に通じて之を課し運針法より始め漸次通常の衣服の裁方、
縫方を授くべく」と記載され、裁縫の技術習得が目指された。高等科には「家事経済」が置
かれ、衣服・洗濯・住居・什器・食物・割烹・理髪・出納等を学習するとされた。しかし、
「家事経済」はわずか5年で教育課程から消えた。次に登場したのは1900（明治33）年の
小学校令施行規則の中で、高等小学校の国語や理科で家事科に関連する内容が扱われること
になる。そして1911（明治44）年、高等小学校理科において、「女子の為には家事を併せ
授くべし」として男子とは別に家事科に関する内容が学ばれることになった（理科家事）。
この背景には、国民の健康と体位向上のため、食物教育の必要性と科学的指導の重要性を踏

表2-1　学制期～国民学校令期の初等教育の教育課程の変遷

時期	規程	区分	教科・科目
学制期	学制（第二十七章）	下等小学教科	綴字・習字・単語・会話・読本・修身・書牘・文法・算術・養生法・地学大意・理学大意・体術・唱歌
		上等小学教科	（下等小学教科）・史学大意・幾何学罫画大意・博物学大意・化学大意・外国語学ノ一二・記簿法・画学・天球学
	文部省案　小学教則	下等小学教科	綴字・習字・算術・単語読方・国体学口授・会話口授・単語読方・修身口授・単語諮問・会話暗誦・単語書取・読本読方・会話読方・地理読方・養生口授・会話本輪講・読本輪講・文法・地理輪講・物理学輪講・各科温習・書牘
		上等小学教科	（下等小学教科）・細字習字・書牘作文・細字速写・罫画・幾何・博物・化学・生理
	師範学校案　小学教則	下等小学教科	読物・算術・習字・書取・問答・復読・諸科復習・体操・作文・修身
		上等小学教科	読物・算術・習字・輪講・諳記・作文・諳記・体操・罫画・諸科復習
教育令期	教育令　小学校綱領	初等科	修身・読書・習字・算術・唱歌・体操
		中等科	修身・読書・習字・算術・地理・歴史・図画・博物・物理・唱歌・体操・裁縫
		高等科	修身・読書・習字・算術・地理・歴史・図画・博物・物理・化学・生理・幾何・経済・唱歌・裁縫・家事経済・体操
小学校令確立期	小学校ノ学科及其程度	尋常小学校	修身・読書・作文・習字・算術・体操・（図画）・（唱歌）
		高等小学校	修身・読書・作文・習字・算術・地理・歴史・理科・図画・唱歌・体操・裁縫・（英語）・（農業）・（手工）・（商業）
	小学校教則大綱	尋常小学校	修身・読書・作文・習字・算術・体操・（日本歴史）・（日本地理）・（図画）・（唱歌）・（手工）・（裁縫）
		高等小学校	修身・読書・作文・習字・算術・体操・日本歴史・日本地理・外国地理・理科・図画・唱歌・裁縫・（外国語）（幾何初歩）・（農業）・（商業）・（手工）
小学校令整備期	施行規則　明治三十三年	尋常小学校	修身・国語・算術・体操・（図画）・（唱歌）・（裁縫）・（手工）
		高等小学校	修身・国語・算術・日本歴史・地理・理科・図画・唱歌・体操・裁縫・（手工）・（農業）・（商業）・（英語）
	施行規則　明治四十年	尋常小学校	修身・国語・算術・日本歴史・地理・理科・図画・唱歌・体操・裁縫・（手工）
		高等小学校	修身・国語・算術・日本歴史・地理・理科・図画・唱歌・体操・裁縫・手工・（農業）・（商業）・（英語）
小学校令展開期	施行規則　大正八年	尋常小学校	修身・国語・算術・日本歴史・地理・理科・図画・唱歌・体操・裁縫・手工
		高等小学校	修身・国語・算術・日本歴史・地理・理科・図画・唱歌・体操・裁縫・手工・（家事）・（商業）・（農業）・（図画）・（外国語）・（その他）
	施行規則　大正十五年	尋常小学校	修身・国語・算術・日本歴史・地理・理科・図画・唱歌・体操・手工・裁縫
		高等小学校	修身・国語・算術・国史・地理・理科・図画・唱歌・実業・家事・裁縫・（外国語）・（その他）
国民学校令期	施行規則　昭和十六年	初等科	国民科（修身・国語・国史・地理）・理数科（算数・理科）・体錬科（体操・武道）・芸能科（音楽・習字・図画・工作）・裁縫
		高等科	国民科（修身・国語・国史・地理）・理数科（算数・理科）・体錬科（体操・武道）・芸能科（音楽・習字・図画・工作・家事・裁縫）・実業科（農業・工業・商業・水産・外国語・その他）

注）表中の（　）は、選択教科・科目

出所：文部省編『学制百年史』帝国地方行政学会、1972より筆者作成

まえた施策が関わっている。その後、1919（大正8）年に家事科は理科から独立し、1926（大正15）年には小学校・高等科女子の必修教科となった。戦時体制下の1941（昭和16）年、国民学校令及び同施行規則により、裁縫科と家事科は「芸能科」に含まれた。裁縫の学習教材として「ゐもん袋」（慰問袋）の製作、高等科家事では「家庭防空に対する心構え」「皇国の経済と一家の経済」などの時勢を表す内容が学ばれた。この時期までの家事科・裁縫科は技術習得とともに「婦徳の涵養」といった良妻賢母主義に基づいた精神教育がなされてきたことも、当時の教育の特徴といえる。

　第2次世界大戦後の教育改革では、GHQの下部組織である民間情報教育局（CIE）の助言のもと、「単なる技能教科ではない」「単なる家事・裁縫の合科ではない」「女子のみの教科ではない」という「三否定」の考え方に基づく小学校「家庭科」の新設が構想された。

2 教科「家庭」の誕生と学習指導要領の変遷

　新しい「家庭科」は、1947（昭和22）年の教育基本法・学校教育法などの新教育制度のもとで誕生した。そこで、同年に文部省から出された「学習指導要領 家庭科編（試案）」の、「はじめのことば」を読んでみよう。文章中に何度も出てくる特徴的な言葉は何だろうか。さらに、この文章に表れる新しい「家庭科」への見方について読み解いてみよう。

学習指導要領 家庭科編（試案）　昭和22年度

　家庭科すなわち家庭建設の教育は、各人が家庭の有能な一員になり、自分の能力にしたがって、家庭に、社会に貢献できるようにする全教育の一分野である。この教育は家庭内の仕事や、家族関係に中心を置き、各人が家庭建設に責任を取ることができるようにするのである。

　家庭における生活は各人の生活にとって、大きなまた重要な部分であるので、おのおのは家庭生活において知的な、能率の高い一役をなすのでなければならない。このために、学校において、家庭建設に必要な要素を改善し、のばして行くような指導を与える必要がある。

　小学校においては、家庭建設という生活経験は、教科課程のうちに必要欠くべからざるものとして取り扱われるべきで、家庭生活の重要さを認識するために、第五、六学年において男女共に家庭科を学ぶべきである。これは全生徒の必須科目である。中学校においては、家庭科は職業科の一つとして選択科目の一つになる。大部分の女生徒はこの科を選ぶものと思われるが、中には男生徒もこれを選ぶかも知れない。

　家庭は社会の基礎単位であるので、次の時代にみんなが平和な生活をするか、戦争を好むか、信頼ある、愛情に富んだ豊かな生活をするかを決定する男女の性格を培っているのである。その人々の性格は家族のうちのおのおの異なった個人個人が、家族という

関係において、一般的な（平生の、日常の）家族生活のうちに、互に刺激し合い、反応し合いながら行動して行くうちに、発達するのである。成長の自然な段階として、人々が家族間で、互にどんなふるまい方をするかが非常に重要である。そこで、この重要さのために、家庭科の教科目の中に家族関係の研究は必要欠くべからざる課程とすべきで第五、六学年に始まる家庭科の中にも、必須のものとすべきである。裁縫という科目で、今まで女子にのみ与えられていた科目に代わったこの新しい第五、六学年の家庭科を、今までの古い考え方で考えないように、その目的も内容も、考え方も、今までとは全く違ったものであり、すべて家庭生活を営むことの重要さを基礎にしていることを、よく注意すべきである。

　家庭科とは、その学習を通して児童が「家庭の有能な一員」になることを目指し、その能力を活かした民主的な「家庭建設」に参画できる力を育成する教科であると、ここでは述べている。また、「家庭生活の重要さ」を男女ともに認識し、「家族関係」について学習することの意義を自己の「成長」の観点から言及している。本文中にある「今までの古い考え方で考えないように、その目的も内容も、考え方も、今までとは全く違ったものであり、すべて家庭生活を営むことの重要さを基礎にしていることを、よく注意すべきである」という一文にも、新しい「家庭科」に対する考え方が見えてくる。これらの主張は、先述した「三否定」の見方にも通じる内容である。

　そして表２－２は、この考え方に基づいて提示された家庭科の学習内容であるが、表を見て、何か違和感はないだろうか。

表２－２　小学校家庭科の指導内容（文部省「学習指導要領 家庭科編（試案）昭和22年度」）

第五学年	第六学年
単元（一）主婦の仕事の重要さ 単元（二）家庭の一員としての子供 　A 清潔　　　　　B 家庭における食事 　C 針の使い方　　D 前掛の製作（女） 　E 掃除用具・台所用品の製作・修理（男） 単元（三）自分の事は自分で 　A 身なり　B 下ばきの製作（ミシンの初歩）（女） 　C 身のまわりの片づけ方 単元（四）家庭における子供の仕事 　A 家庭に対する責任　　　　B 子守り 　C 家庭を暖かくするには　　　D 清潔の責任 単元（五）自分の事は自分で（続き） 　A 家庭用品の製作・修理（男） 　B シャツの製作（女） 単元（六）家事の手伝い 　A お使　　B 来客	単元（一）健康な日常生活 　A 家族の健康　　　　　B 住居と衛生 　C 運動具・遊び道具の製作・修理（男） 　D 運動服の製作（女）　　E 簡単な洗たく 　F 食物のとり方 単元（二）家庭と休養 　A 適当な眠りと休息 　B 家具・建てつけの手入れ（男） 　C 寝まき又はじゅばんの製作（女） 　D 家庭の楽しいひと時 単元（三）簡単な食事の支度 　A 蒸しいも　　B 青菜のひたし 　C いり卵　　　D 台所用具とその扱い方 単元（四）老人の世話

家庭科は男女ともに小学校5年生から学ばれることになったが、試案を見ると男女で異なる実習教材の提示や、家庭の仕事は「主婦」が担うという刷り込みが現れている。真に「民主的な家庭建設」を担う子どもの育成には、当時越えるべき高い壁があったことがうかがい知れる。

そして、小学校家庭科にはこれまで3回の「家庭科廃止論」が出ている（家庭科発足後間もない時期、1960年代半ば、1970年代半ば）。特に、家庭科発足後間もない時期の「小学校家庭科廃止論」の主張は、①男女別の実習指導の困難さ、②家庭生活の学習は社会科の範疇に入るという見方、③家庭生活の学習は教育課程全体で行うという考え方（コアカリキュラム連盟等）などが代表的である。1950（昭和25）年に開催された教育課程審議会・初等教育分科会は小学校家庭科に対して、①家庭科の目標が広範囲で、社会科等他教科との重複が多い、②子どもの発達段階にそぐわない程度の高い教材がある、③家庭生活についての指導は学級担任が行い、男女ともに学べる内容とするべきである、④特設時間では基本的、初歩的な家庭技術の習得を主眼とするべきであるという4点を指摘した。

これらの指摘を受けて家庭科は、1950（昭和25）年の答申において記載された目標1「家族のものと共に幸福な生活を喜ぶ態度の育成」及び目標2「家族関係の理解」よりも、目標3「衣食住に関する身の回りの処理の仕方」や「基本的な家庭技術の習得」の面で、家庭科の独自性、存在意義を強調せざるを得ない状況が生じた、という見方もある。1951（昭和26）年に発行された学習指導要領では、「家庭科」という教科名は残ったものの、家庭科の学習指導要領改訂版は出ず、代わりに「小学校における家庭生活指導の手びき」として、「こどもの家庭生活を豊かにする経験や活動の例」の8項目（家族の一員、身なり、食事、すまい、時間・労力・金銭・物の使い方、植物や動物の世話、不時のできごとに対する予防と処置、レクリエーション）が提示された。このような経緯を経て、1956（昭和31）年改訂・告示の学習指導要領に、教科の目標、内容が規定された家庭科の学習指導要領が復活し、以降、小学校の教科として家庭科は存在している。

文部科学省は、学習指導要領について「全国どこの学校でも一定の教育水準が保たれるよう、文部科学省が定めている教育課程（カリキュラム）の基準。およそ10年に1度改訂され、これをもとに子どもたちの教科書や時間割が作られる」と説明している。

図2－1は、1956（昭和31）年以降の小学校学習指導要領（家庭）の内容、授業時数の変遷である。この図を見て気づいたこと、考えたことなどを箇条書きにしてみよう。

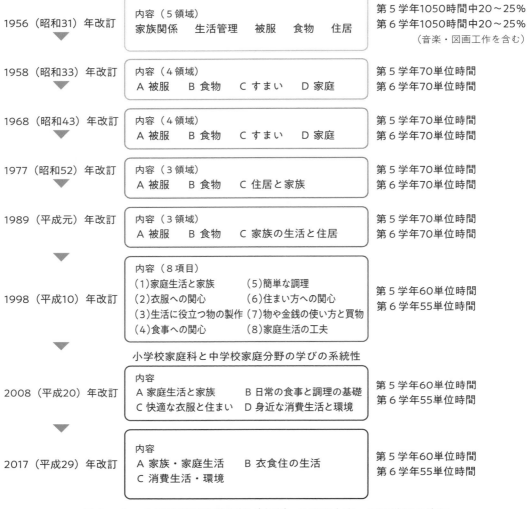

図2−1　小学校学習指導要領（家庭）の学習内容・学習時間の変遷
出所：文部科学省の資料をもとに筆者作成

　この期間にどのような変化が見られるだろうか。例えば、学習指導要領が改訂される時期のスパン、「内容のまとまり」の表現や項目数、最初に置かれている内容項目の変化とその時期（被服→家族・家庭生活）、授業時数の変化、といった点に気づいたのではないだろうか。
　次に、「目標」の表現の変化を、以下にあげる事柄に注目しながら見てみよう（表2−3）。
・学習指導要領の教科目標の文章の主語は誰か。
・「実践的（な）態度」という言葉はどの改訂から登場するか。
・「合理化」「合理的」という言葉は、どの改訂時期に記載されているか。
・「家族の一員」という言葉はどの改訂から登場するか。
・学習を通して、どのような「（家庭）生活」を目指す目標が設定されているか。
・目標がわかりやすく表現されているのは、どの時期か。そのように考えたのはなぜか。

表2－3　学習指導要領改訂・告示年と教科「家庭」の目標

1956（昭和31）年	前章で述べた小学校家庭科の意義を実現するためには、次の目標によって指導を行うことがたいせつである。 　１．家庭の構造と機能の大要を知り、家庭生活が個人および社会に対してもつ意義を理解して、家庭を構成する一員としての責任を自覚し、進んでそれを果そうとする。 　２．家庭における人間関係に適応するために必要な態度や行動を習得し、人間尊重の立場から、互に敬愛し、力を合わせて、明るく、あたたかい家庭生活を営もうとする。 　３．被服・食物・住居などについて、その役割を理解し、日常必要な初歩の知識・技能・態度を身につけて、家庭生活をよりよくしようとする。 　４．労力・時間・物資・金銭をたいせつにし、計画的に使用して、家庭生活をいっそう合理化しようとする。 　５．家庭における休養や娯楽の意義を理解し、その方法を反省くふうして、いっそう豊かな楽しい家庭生活にしようとする。
1958（昭和33）年	1　被服・すまいなどに関する初歩的、基礎的な知識・技能を習得させ、日常生活に役だつようにする。 2　被服・食物・すまいなどに関する仕事を通して、時間や労力、物資や金銭を計画的、経済的に使用し、生活をいっそう合理的に処理することができるようにする。 3　健康でうるおいのある楽しい家庭生活にするように、被服・食物・すまいなどについて創意くふうする態度や能力を養う。 4　家庭生活の意義を理解させ、家族の一員として家庭生活をよりよくしようとする実践的態度を養う。 　家庭科は、第4学年までにおける家庭生活についての経験や学習の発展に即応し、組織的、実践的な指導を行うため、第5学年から置かれるものである。 　上に掲げた目標は、相互に密接な関連をもつものである。目標1は、家庭科で指導すべき中心的なねらいであり、目標2および3は、目標1のねらいを具体的、重点的に示したものであって、この指導にあたっては家庭科の特性上、常にその根底において目標4が考慮されなければならない。
1968（昭和43）年	日常生活に必要な衣食住などに関する知識、技能を習得させ、それを通して家庭生活の意義を理解させ、家族の一員として家庭生活をよりよくしようとする実践的な態度を養う。 　このため、 1　被服、食物、すまいなどに関する初歩的、基礎的な知識、技能を習得させ、日常生活に役だつようにする。 2　被服、食物、すまいなどに関する仕事を通して、生活をいっそう合理的に処理することができるようにする。 3　被服、食物、すまいなどについて創意くふうし、家庭生活を明るく楽しくしようとする能力と態度を養う。 4　家族の立場や役割を理解させ、家族の一員として家庭生活に協力しようとする態度を養う。

1977（昭和52）年	日常生活に必要な衣食住などに関する実践的な活動を通して、基礎的な知識と技能を習得させるとともに家庭生活についての理解を深め、家族の一員として家庭生活をよりよくしようとする実践的な態度を育てる。
1989（平成元）年	衣食住などに関する実践的な活動を通して、日常生活に必要な基礎的な知識と技能を習得させるとともに家庭生活についての理解を深め、家族の一員として家庭生活をよりよくしようとする実践的な態度を育てる。
1998（平成10）年	衣食住などに関する実践的・体験的な活動を通して、家庭生活への関心を高めるとともに日常生活に必要な基礎的な知識と技能を身に付け、家族の一員として生活を工夫しようとする実践的な態度を育てる。
2008（平成20）年	衣食住などに関する実践的・体験的な活動を通して、日常生活に必要な基礎的・基本的な知識及び技能を身に付けるとともに、家庭生活を大切にする心情をはぐくみ、家族の一員として生活をよりよくしようとする実践的な態度を育てる。
2017（平成29）年	生活の営みに係る見方・考え方を働かせ、衣食住などに関する実践的・体験的な活動を通して、生活をよりよくしようと工夫する資質・能力を次のとおり育成することを目指す。 （1）家族や家庭、衣食住、消費や環境などについて、日常生活に必要な基礎的な理解を図るとともに、それらに係る技能を身に付けるようにする。 （2）日常生活の中から問題を見いだして課題を設定し、様々な解決方法を考え、実践を評価・改善し、考えたことを表現するなど、課題を解決する力を養う。 （3）家庭生活を大切にする心情を育み、家族や地域の人々との関わりを考え、家族の一員として、生活をよりよくしようと工夫する実践的な態度を養う。

注）1958（昭和33）年以降、「告示」として公表。

　2017（平成29）年と2008（平成20）年告示の学習指導要領の共通点と相違点はどの点にあるだろうか。共通して使用されている単語に下線を引いてみよう。次節では、2017（平成29）年告示の学習指導要領の特徴を見ていく中で、「目標」に関する記述内容の変化に注目し、記述内容の変化が意味する事柄について考えてみよう。

3 2017（平成29）年告示「小学校学習指導要領 家庭編」を読む

3.1 2017（平成29）年告示「小学校学習指導要領」の特徴

　2017（平成29）年3月31日に、文部科学省は、学校教育法施行規則の一部改正とともに小学校学習指導要領の改訂を行った。改訂された学習指導要領は2018（平成30）年度から一部を移行措置として先行実施、2020（令和2）年度から全面実施されている。この学習指導要領について、2016（平成28）年の中央教育審議会答申では以下の方向性が提示されている。

①教育基本法、学校教育法などを踏まえ、これまでの我が国の学校教育の実績や蓄積を生かし、子供たちが未来社会を切り拓くための資質・能力を一層確実に育成することを目指すこと。その際、子供たちに求められる資質・能力とは何かを社会と共有し、連携する「社会に開かれた教育課程」を重視すること。

②知識及び技能の習得と思考力、判断力、表現力等の育成のバランスを重視する平成20年改訂の学習指導要領の枠組みや教育内容を維持した上で、知識の理解の質を更に高め、確かな学力を育成すること。

③先行する特別教科化など道徳教育の充実や体験活動の重視、体育・健康に関する指導の充実により、豊かな心や健やかな体を育成すること。

また、この改訂学習指導要領では「新しい時代に求められる資質・能力を子供たちに育む「社会に開かれた教育課程」」の実現のため、「学校、家庭、地域の関係者が幅広く共有し活用できる「学びの地図」としての役割を果たす」べく、以下①から⑥の枠組みの改善を提示している。

①「何ができるようになるか」（育成を目指す資質・能力）

②「何を学ぶか」（教科等を学ぶ意義と、教科等間・学校段階間のつながりを踏まえた教育課程の編成）

③「どのように学ぶか」（各教科等の指導計画の作成と実施、学習・指導の改善・充実）

④「子供一人一人の発達をどのように支援するか」（子供の発達を踏まえた指導）

⑤「何が身に付いたか」（学習評価の充実）

⑥「実施するために何が必要か」（学習指導要領等の理念を実現するために必要な方策）

この枠組みの改善を通して「各学校において教育課程を軸に学校教育の改善・充実の好循環を生み出す「カリキュラム・マネジメント」の実現を目指すこと」が掲げられた。また、同答申における改訂の基本方針では、「予測困難な社会の変化に主体的に関わり、感性を豊かに働かせながら、どのような未来を創っていくのか、どのように社会や人生をよりよいものにしていくのかという目的を自ら考え、自らの可能性を発揮し、よりよい社会と幸福な人生の創り手となる力を身に付けられるようにすること」も、「生きる力」として再定義されている。

この「生きる力」をより具体化し、教育課程全体を通して「育成を目指す資質・能力の明確化」として、次にあげる3つの柱が明示された。

【1】文部科学省「幼稚園、小学校、中学校、高等学校及び特別支援学校の学習指導要領等の改善及び特別支援学校の学習指導要領等の改善及び必要な方策等について（答申）」、2016

ア「何を理解しているか、何ができるか（生きて働く「知識・技能」の習得）」
イ「理解していること・できることをどう使うか（未知の状況にも対応できる「思考力・判断力・表現力等」の育成）」
ウ「どのように社会・世界と関わり、よりよい人生を送るか（学びを人生や社会に生かそうとする「学びに向かう力・人間性等」の涵養）」

　これらの資質・能力の育成において、学習者が生涯にわたり能動的に学び続けられるための「優れた教育実践に見られる普遍的な視点」である「主体的・対話的で深い学び」の実現に向けた授業改善（学習者の思考を働かせる、アクティブ・ラーニングの視点に立った授業改善）が提案された。学習指導要領解説の総則編によれば、「主体的な学び」とは「学ぶことに興味や関心を持ち、自己のキャリア形成の方向性と関連付けながら、見通しをもって粘り強く取り組み、自己の学習活動を振り返って次につなげる」こと、「対話的な学び」とは「子供同士の協働、教職員や地域の人との対話、先哲の考え方を手掛かりに考えること等を通じ、自己の考えを広げ深める」こと、「深い学び」とは「習得・活用・探究という学びの過程の中で、各教科等の特質に応じた「見方・考え方」を働かせながら、知識を相互に関連付けてより深く理解したり、情報を精査して考えを形成したり、問題を見いだして解決策を考えたり、思いや考えを基に創造したりすることに向かう」こと、と説明されている。この各教科等の「見方・考え方」とは、「「どのような視点で物事を捉え、どのような考え方で思考していくのか」というその教科等ならではの物事を捉える視点や考え方」を指す。

　また、教科等の目標や内容を見通し、特に学習の基盤となる資質・能力（言語能力、情報活用能力［情報モラルを含む］、問題発見・解決能力等）や現代的な諸課題に対応して求められる資質・能力の育成を図るため「教科等横断的な学習の充実」、「主体的・対話的で深い学び」の実現に向けた授業改善等の重要性が、中教審答申及び学習指導要領解説の総則編において指摘されている。そして、これらの事柄を通して「教育課程に基づき組織的かつ計画的に各学校の教育活動の質の向上を図っていくこと」が、カリキュラム・マネジメントとして新たに示された。

3.2 2017（平成29）年告示「小学校学習指導要領 家庭編」の特徴

　中教審答申における「学習指導要領改訂の基本的な方向性」と「各教科等における改訂の具体的な方向性」を踏まえ、小学校家庭科の改訂の趣旨及び要点が「小学校学習指導要領解説 家庭編」の中で述べられている。

　「改訂の趣旨」において、家庭科における資質・能力の育成とは「実践的・体験的な学習活動を通して、家族・家庭、衣食住、消費や環境等についての科学的な理解を図り、それらに係る技能を身に付けるとともに、生活の中から問題を見いだして課題を設定し、それを解決する力や、よりよい生活の実現に向けて、生活を工夫し創造しようとする態度等を育成す

ることを基本的な考え方とする」と明示された。次に、「具体的な改善事項」から、2017（平成29）年告示の学習指導要領の特徴を見てみよう。

3.2.1「目標」の改善

「目標」は、全体に関わる目標を柱書として示すとともに、「育成を目指す資質・能力」に基づく「３つの柱」で構成されている。

３つの柱
（１）知識及び技能　（２）思考力、判断力、表現力等　（３）学びに向かう力、人間性等

学習指導要領における教科の目標（再掲）

<u>生活の営みに係る見方・考え方</u>を働かせ、衣食住などに関する<u>実践的・体験的な活動</u>を通して、生活をよりよくしようと工夫する資質・能力を次のとおり育成することを目指す。　　　　　　　　　　　　　　　　　　　　　　　　　　　　　**柱書**

（１）家族や家庭、衣食住、消費や環境などについて、日常生活に必要な基礎的な　　　理解を図るとともに、それらに係る技能を身に付けるようにする。
（２）日常生活の中から問題を見いだして課題を設定し、様々な解決方法を考え、　　　実践を評価・改善し、考えたことを表現するなど、課題を解決する力を養う。
（３）家庭生活を大切にする心情を育み、家族や地域の人々との関わりを考え、家　　　族の一員として、生活をよりよくしようと工夫する<u>実践的な態度</u>を養う。

柱書及び目標の文章中に記載された用語の意味／目標の示し方の変化

○「生活の営みに係る見方・考え方」
　家族や家庭、衣食住、消費や環境などに係る生活事象を、協力・協働、健康・快適・安全、生活文化の継承・創造、持続可能な社会の構築等の視点で捉え、よりよい生活を営むために工夫すること。

○「実践的・体験的な活動」
　調理、製作等の実習や観察、調査、実験などの学習活動であり、実感を伴って理解する学習を展開することを指す。

○「実践的な態度」
　家庭科における一連の学習過程を通して身に付けた力を、家庭生活をよりよくするために生かして実践しようとする態度のこと（家族や地域の人々と関わり、協力しようとする態度、日本の生活文化を大切にしようとする態度、生活を楽しもうとする態度なども含まれている）。

○「学年の目標」

　2008（平成20）年告示の学習指導要領では、第5・6学年をまとめて、家庭科で育成する資質・能力の3つの側面（家庭生活への関心、知識及び技能の習得と活用、家庭生活をよりよくしようとする実践的な態度）が示されていたが、2017年改訂では、教科の目標内に整理され、まとめて示された。

3.2.2「内容」の示し方の改善・特色

小・中・高等学校の内容の系統性の明確化

　各学校段階における内容の接続が見えるように、小・中学校では、AからDの4つの内容を、「A　家族・家庭生活」「B　衣食住の生活」「C　消費生活・環境」の3つの内容に整理した。

「空間軸」と「時間軸」に基づく学校段階に応じた学習対象の明確化

　学校段階が上がるにつれて、家庭科の「学習対象の範囲」が空間的にも時間的にも広がっていく。学習指導要領では、小学校における空間軸の視点を「主に自己と家庭」、時間軸の視点を「現在及びこれまでの生活」におくことが例示されている（図2−2）。

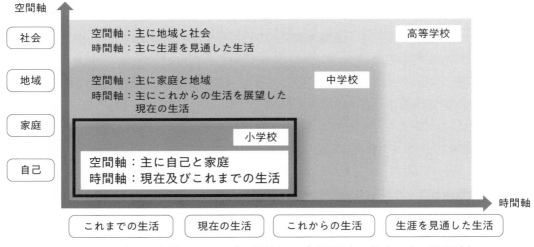

図2−2　各学校段階における「空間軸」と「時間軸」の視点による学習対象
出所：文部科学省『小学校学習指導要領（平成29年告示）解説 家庭編』東洋館出版社、2018、p.17

学習過程を踏まえて育成する「資質・能力」の明確化

　学習指導要領の「内容」における各項目は、指導事項として、「ア　知識及び技能」の習得と、「イ　思考力、判断力、表現力等」の育成で構成されている。学習指導要領解説では「学習過程の参考例」が示されており（図2−3）、問題解決型の学習を通した「資質・能力」の育成を図ることが示されている。ただし、すべての学習活動がこの順序で進行するわけではない。

生活の 課題発見	解決方法の 検討と計画		課題解決に向けた 実践活動	実践活動の 評価・改善		家庭・地域 での実践
既習の知識及び技能や生活経験を基に生活を見つめ、生活の中から問題を見いだし、解決すべき課題を設定する	生活に関わる知識及び技能を習得し、解決方法を検討する	解決の見通しをもち、計画を立てる	生活に関わる知識及び技能を活用して、調理・製作等の実習や、調査、交流活動などを行う	実践した結果を評価する	結果を発表し、改善策を検討する	改善策を家庭・地域で実践する

※上記に示す各学習過程は例示であり、上例に限定されるものではないこと

図2-3　家庭科、技術・家庭科（家庭分野）の学習過程の参考例

出所：文部科学省『小学校学習指導要領（平成29年告示）解説 家庭編』東洋館出版社、2018、p.15

一部題材の指定

　小学校家庭科の学習において基礎的・基本的な知識及び技能の習得を図るため、以下の題材において、学習指導要領の中で指定題材が明記されている。

・B　衣食住の生活（2）調理の基礎 ア（エ）：加熱操作が適切にできるようにするために、ゆでる材料として青菜やじゃがいもなどを扱う。

・B　衣食住の生活（5）生活を豊かにするための布を用いた製作：ゆとりや縫いしろの必要性を理解するために、日常生活で使用する物を入れるための袋などの製作を扱う。

「家族・家庭生活についての課題と実践」の設定（新設）

　家庭科では問題解決型の学習方法を用いることが特徴のひとつでもある。Aの（4）「家族・家庭生活についての課題と実践」では、児童が習得した知識及び技能などを活用して課題を解決する力と生活をよりよくしようと工夫する実践的な態度を育成するために、2学年間で1つまたは2つの課題を設定し、履修することが明記された。

3.3 2017（平成29）年告示「小学校学習指導要領 家庭編」の内容

A 家族・家庭生活

　内容Aは、「課題をもって、家族や地域の人々と協力し、よりよい家庭生活に向けて考え、工夫する活動」を通して以下に示す（1）から（4）の項目を身につけることをねらいとしている。

（1）自分の成長と家族・家庭生活
　ア　自分の成長を自覚し、家庭生活と家族の大切さや家庭生活が家族の協力によって営まれていることに気付くこと。
（2）家庭生活と仕事

ア　家庭には、家庭生活を支える仕事があり、互いに協力し分担する必要があること
　　や生活時間の有効な使い方について理解すること。

イ　家庭の仕事の計画を考え、工夫すること。

（3）家族や地域の人々との関わり

ア　次のような知識を身に付けること。

　（ア）家族との触れ合いや団らんの大切さについて理解すること。

　（イ）家庭生活は地域の人々との関わりで成り立っていることが分かり、地域の人々
　　　との協力が大切であることを理解すること。

イ　家族や地域の人々とのよりよい関わりについて考え、工夫すること。

（4）家族・家庭生活についての課題と実践

ア　日常生活の中から問題を見いだして課題を設定し、よりよい生活を考え、計画を
　　立てて実践できること。

「ガイダンス」

　　内容「A 家族・家庭生活」の（1）のアは、「第4学年までの学習を踏まえ、2学年間の
学習の見通しをもたせる」ことを目的とした「ガイダンス」として第5学年の最初に置く。

内容「A 家族・家庭生活」の扱い

　　少子高齢化が進展する社会への対応として、「家族や地域の人々とよりよく関わる力」を
育成するために「幼児又は低学年の児童や高齢者など異なる世代の人々との関わり」に関す
る内容が新設された。

B 衣食住の生活

　　内容Bは「課題をもって、健康・快適・安全で豊かな食生活、衣生活、住生活に向けて考
え、工夫する活動」を通して以下に示す（1）から（6）の事項を身につけることをねらい
としている。

（1）食事の役割

ア　食事の役割が分かり、日常の食事の大切さと食事の仕方について理解すること。

イ　楽しく食べるために日常の食事の仕方を考え、工夫すること。

（2）調理の基礎

ア　次のような知識及び技能を身に付けること。

　（ア）調理に必要な材料の分量や手順が分かり、調理計画について理解すること。

　（イ）調理に必要な用具や食器の安全で衛生的な取扱い及び加熱用調理器具の安全な
　　　取扱いについて理解し、適切に使用できること。

　（ウ）材料に応じた洗い方、調理に適した切り方、味の付け方、盛り付け、配膳及び
　　　後片付けを理解し、適切にできること。

（エ）材料に適したゆで方、いため方を理解し、適切にできること。

（オ）伝統的な日常食である米飯及びみそ汁の調理の仕方を理解し、適切にできること。

　イ　おいしく食べるために調理計画を考え、調理の仕方を工夫すること。

（３）栄養を考えた食事

　ア　次のような知識を身に付けること。

（ア）体に必要な栄養素の種類と主な働きについて理解すること。

（イ）食品の栄養的な特徴が分かり、料理や食品を組み合わせてとる必要があることを理解すること。

（ウ）献立を構成する要素が分かり、１食分の献立作成の方法について理解すること。

　イ　１食分の献立について栄養のバランスを考え、工夫すること。

（４）衣服の着用と手入れ

　ア　次のような知識及び技能を身に付けること。

（ア）衣服の主な働きが分かり、季節や状況に応じた日常着の快適な着方について理解すること。

（イ）日常着の手入れが必要であることや、ボタンの付け方及び洗濯の仕方を理解し、適切にできること。

　イ　日常着の快適な着方や手入れの仕方を考え、工夫すること。

（５）生活を豊かにするための布を用いた製作

　ア　次のような知識及び技能を身に付けること。

（ア）製作に必要な材料や手順が分かり、製作計画について理解すること。

（イ）手縫いやミシン縫いによる目的に応じた縫い方及び用具の安全な取扱いについて理解し、適切にできること。

　イ　生活を豊かにするために布を用いた物の製作計画を考え、製作を工夫すること。

（６）快適な住まい方

　ア　次のような知識及び技能を身に付けること。

（ア）住まいの主な働きが分かり、季節の変化に合わせた生活の大切さや住まい方について理解すること。

（イ）住まいの整理・整頓や清掃の仕方を理解し、適切にできること。

　イ　季節の変化に合わせた住まい方、整理・整頓や清掃の仕方を考え、快適な住まい方を工夫すること。

食育の推進に関する内容の充実

　「食育基本法」では、「食育」が生活や学習の基盤となるものと捉えられている。内容Ｂ「衣食住の生活」の食生活に関する内容は、食育の一層の推進のために中学校との系統性を

図り、内容構成を「食事の役割」、「調理の基礎」、「栄養を考えた食事」に揃え、基礎的・基本的な知識及び技能について児童が確実に習得できることを目指している。

日本の生活文化に関する内容の充実

昨今の社会の変化のひとつに「グローバル化」の進展がある。この社会状況下で、「生活文化」のありようを考えるために、日本の生活文化の特徴について児童が気づくことができる学習内容の充実が重要である。例えば、内容B「衣食住の生活」では「和食の基本となるだしの役割」や日本の風土に合った「季節に合わせた着方や住まい方」などについて扱う。

C 消費生活・環境

内容Cは「課題をもって、持続可能な社会の構築に向けて身近な消費生活と環境を考え、工夫する活動」を通して以下に示す（1）と（2）の事項を身につけることをねらいとしている。

（1）物や金銭の使い方と買物
　ア　次のような知識及び技能を身に付けること。
　（ア）買物の仕組みや消費者の役割が分かり、物や金銭の大切さと計画的な使い方について理解すること。
　（イ）身近な物の選び方、買い方を理解し、購入するために必要な情報の収集・整理が適切にできること。
　イ　購入に必要な情報を活用し、身近な物の選び方、買い方を考え、工夫すること。
（2）環境に配慮した生活
　ア　自分の生活と身近な環境との関わりや環境に配慮した物の使い方などについて理解すること。
　イ　環境に配慮した生活について物の使い方などを考え、工夫すること。

自立した消費者の育成に関する内容の充実

内容Cでは、中学校との系統性を図り、「買物の仕組みや消費者の役割」に関する内容を新設した。同時に、消費生活や環境に配慮した生活の仕方に関する内容の改善を図っている。

考えてみよう

・第2次世界大戦後に誕生した新しい「家庭科」は、どのような変遷を遂げてきたのだろうか。キャッチフレーズをつけてみよう。
・2017（平成29）年告示の小学校家庭科の目標を、わかりやすく言い換えてみよう。

第3章
家庭科を通して育成する能力と学習評価

本章のねらい ▶ □小学校家庭科を通して児童に育成したい力を捉えよう。
□学習評価の基本的な考え方について理解しよう。
□各授業における学習評価の目的・方法の工夫と配慮事項を整理しよう。

キーワード ▶ コンピテンシー　問題解決能力　学習評価

1 現代社会で必要とされる能力と家庭科

1.1 21世紀の社会に必要な力とは

　20世紀後半、大規模な経済開発の進展などによる自然環境や社会環境への様々な影響が顕在化してきた。「国連環境と開発に関する世界委員会（WCED）」は、「ブルントラント報告」（1987）の中で「将来の世代の欲求を満たしつつ、現在の世代の欲求も満足させるような開発」として、「持続可能な開発（Sustainable Development）」の概念を示した。「持続可能」の対象は、環境・経済・社会・文化などである。国連は17の目標と169のターゲットからなる「持続可能な開発目標（Sustainable Development Goals：SDGs）」を設定し（図3－1）、2020～30年を課題解決のための「行動の10年」としている。家庭科の学習を通してSDGs達成に寄与する行動・考え方を身につけることは、21世紀を生きる小学生にとって重要だといえる。

図3－1　SDGsにおける17の目標
出所：国際連合広報センターウェブサイト

2016年に開催された世界経済フォーラム（ダボス会議）で、現代は「VUCA（ブーカ）」の時代であるとされた。VUCAとは、Volatility：変動性、Uncertainty：不確実性、Complexity：複雑性、Ambiguity：曖昧性の頭文字を取った造語で、将来の予測が困難な状況を指している。経済活動の側面以外にも、日常生活に大きな影響を及ぼす予測しがたい事象（自然災害など）が発生する際に、様々な情報を収集・分析し、具体的な対応方法を思考・抽出し、主体的に行動実践できる力が、今後さらに必要とされると考えられる。これらの経済・社会的な課題への対応策として、日本では「第5期科学技術基本計画（平成28年度～令和2年度）」の中で「サイバー空間（仮想空間）とフィジカル空間（現実空間）を高度に融合させたシステムにより、経済発展と社会的課題の解決を両立する、人間中心の社会（Society）」と定義する「Society5.0」という概念を示した。ここでは、日常生活におけるIoT（Internet of Things）やビッグデータ、AIの活用を通して社会問題の解決に導くことを掲げている。ただし、高度情報化によって様々な問題が解決されるというのは推論であり、現実の社会的課題を人間自身が見極めていくことは変わらず大切である。よって、家庭科の学習を通して、日常生活にある諸課題を見つめる視点はこれまで以上に肝要だと捉えられる。

1.2 様々な資質・能力論の展開

1.2.1 DeSeCo プロジェクトとキー・コンピテンシー、Education2030

　前項で見てきたような複雑化する社会を生き抜くために、学校教育ではどのような力を子どもに育成すればよいのだろうか。近代の初等学校では 3 R's（reading、writing、arithmetic：読み方・書き方・算術）が基礎的内容だった。しかし 3 R'sだけでは対応できないのではないかという課題意識が、20世紀後半以降、様々な国や機関によって提起され、教育を通して育成すべき「能力」の抽出と具体化・構造化が試みられてきた。

　例えばOECD（経済協力開発機構）では、1997年からDeSeCo（デセコ：Definition and Selection of Competencies）プロジェクトが立ち上げられた。この名称が示すように、DeSeCoプロジェクトの目的は、コンピテンス概念の再定義と、キー・コンピテンシーの選択である。同プロジェクトにおけるコンピテンス（コンピテンシー）の概念とは、知識や能力とともに、技能や態度をも含む様々な心理的・社会的資源を活用して特定の文脈の中で複雑な要求（課題）に対応する力のことである。そしてキー・コンピテンシーとは、人生の成功や社会の発展にとって有益で、様々な文脈の中でも重要な要求（課題）に対応するために必要な能力であり、特定の専門家だけではなく、すべての個人にとって重要な汎用的能力のことを指す。この能力は3つのカテゴリーで構成されている（①言語や知識、技術を相互作用的に活用する能力、②多様な集団における人間関係形成能力、③自律的に行動する能力）。

　OECDは2015年から文部科学省とも連携をしつつ「Education 2030」プロジェクト（Future of Education and Skills 2030）に着手し、2030年の社会に求められるコンピテンシーの育成につながるカリキュラム、教育方法、学習評価の検討を重ねている。「Education 2030」プロジェクトが共有するビジョンは、「全人類の繁栄や持続可能性、ウェルビーイン

グに価値を置くこと」、「分断よりも協働」、「短期的な利益よりも持続可能性」であり、環境・経済・社会などの分野における課題解決を図ることを目指している[1]。このプロジェクトでは、「社会参画を通じて人々や物事、環境がより良いものとなるように影響を与えるという責任感[2]」を含む「エージェンシー」の育成が重要とされており、学習者（learner）のエージェンシーが発揮される学習場面の創出が提起されている。これらの考え方は、これまで家庭科や家政学が大切にしてきた特徴（第2章で先述）とも合致する。

　また、同プロジェクトでは、キー・コンピテンシーに基づく「変革を起こす力のあるコンピテンシー」として、①新たな価値を創造する力、②対立やジレンマを克服する力、③責任ある行動をとる力を掲げている[3]。家庭科では、これらの力を育成するためにどのようなアプローチができるだろうか。本書第Ⅲ部や第Ⅳ部なども参照しながら、具体的な例を考えてみよう。

1.2.2 社会情動的スキル、非認知能力

　21世紀に必要とされる力の育成において、「認知的・メタ認知的スキル」や「身体的・実践的スキル」と並び「社会情動的スキル」が重視されている。社会情動的スキルとは、「人との効果的な関わりや感情・行動の制御に関わるスキル」であり、「非認知スキル（能力）」も含まれる。社会情動的スキルは様々なスキルで構成されるが、「目標の達成」に関わる「忍耐力、自己抑制、自己調整」、「感情のコントロール」に関わる「自尊心、楽観性、自信」、「他者との協働」に関わる「共感性、協調性」などがある[4]。現代社会では、これらのスキルを幼児期からのフォーマル／インフォーマルな学習を通して身につけることが期待されている。

　小学校家庭科の学習においても同級生だけでなく家族や地域の人々との関わりを通して、認知的・メタ認知的スキルや身体的・実践的スキルの育成に関わる学びと連動させながら社会情動的スキルを磨く場面を構想したい。

1.2.3 21世紀型能力

　前項までOECDのプロジェクトと関連した試みを中心に見てきたが、育成すべき力の具体化は、様々な国・地域において図られている。日本では国立教育政策研究所が2013（平成25）年に整理し発表した「21世紀型能力」がある。21世紀型能力とは、「学力の三要素（1 基礎的・基本的な知識・技能の習得、2 知識・技能を活用して課題を解決するために必要な思考力・判断力・表現力等、3 学習意欲）を「課題を解決するため」の資質・能力という視点で再構成し、さらに、「確かな学力」と「豊かな心」、「健やかな体」の育成という現行学習指導要領が目指す知・徳・体を総合的に関連づけて捉えた上で、これからの学校教育で身に

【1】文部科学省「OECD Education 2030 プロジェクトについて」
【2】同上
【3】同上
【4】経済協力開発機構（OECD）編著／無藤隆・秋田喜代美監訳『社会情動的スキル―学び
　　に向かう力』明石書店、2018

図3－2　21世紀型能力

出所：国立教育政策研究所教育課程研究センター「資質や能力の包括的
育成に向けた教育課程の基準の原理」（教育課程の編成に関する
基礎的研究 報告書7）、2014、p.vii

付けさせたい資質・能力として示したもの[5]」とされている。また、「実践的な問題解決力・
発見力[6]」こそが、21世紀を生き抜く力の根幹を成すと述べられている。

　21世紀型能力のモデル図（図3－2）では、思考力を中核とし、それを支える基礎力と、
使い方を方向づける実践力の3層構造をとる。3つの力はそれぞれ重なっており、分離・独
立・段階的に捉えるものではなく、また、図の下から上への方向に力が育成されるというこ
とでもない。授業においても、これらの力の育成に目配りをしつつ実践を構想することが期
待されている。先述したように、実践力が21世紀型能力や生きる力につながることを示す
ために、円の最上に位置づけられている。

1.2.4 家庭科の授業を通して育成する力と現代社会で必要とされる力

　本節では、急激な社会変化とともに複雑化するVUCAの時代において、どのような力を
育成していくかを見てきた。各提言において共通しているのは、他者と協調した「実践的な
問題解決」を上位概念に置いていること、学習者が新たな価値を創造・発見すること、同時
に実践化へのプロセスの中で、基礎・基本となるスキルや思考力を培うことなどである。

【5】国立教育政策研究所教育課程研究センター「社会の変化に対応する資質や能力を育成する
教育課程編成の基本原理」（教育課程の編成に関する基礎的研究 報告書5）、2013、p.1
【6】同上、p.26

図３－３は、家庭科の授業を通して育成する力のモデル図である。図の中にある「生活技術（できる）」とは、「人間が日常生活を主体的に営むために生活環境に働き掛ける方法、手段」であり、「総合生活技術、情報による技術、家族関係を調整する技術、精神的な技術など、無形なもの」、意思決定に関わる領域も含む広範なものを指す。具体的には、調理、洗濯、掃除、製作、看護、介護、情報検索などをはじめとする生活に関わる技術・技能が該当し、学習を通して磨かれていく力である。「生活の科学的認識（知る・わかる）」は、生活に関連した学習対象について、自然・社会・人文科学の視点から「実証的・体系的・合理的」に捉えることである。科学的認識を育成するためには、「さまざまな視点から事象を捉える」「これまで得てきた知識や技能、経験をつなげて考える」「確かな根拠に基づいてつながりを理解する」「原因・結果から推察される新たな問いを立てる」というプロセスがあげられる。「生活の価値認識（気づく）」は、日常生活における諸事象について、学習活動を通して自らの考え方や行動規範の基盤となる意識に気づくことであり、新たな考え方や価値を生み出すことにもつながる。また、なぜそのように考えるのかを意識化・言語化することで実践化に向かう力にもなる。

　家庭科教育では、学習を通して考え、試行することで「生活問題や生活課題の解決」を目指していく。第２章でふれたように、「実践的な態度」の育成は教科目標の特徴として長年位置づいてきた。この構造は現代社会で必要とされる力の育成と大いに重なっており、家庭科の強みや特徴を発揮するうえでも効果的である。

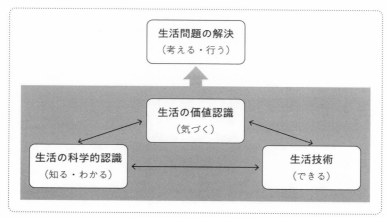

図３－３　家庭科の授業を通して育成する力のモデル図
出所：中間美砂子編著『小学校家庭科指導の研究』建帛社、2001、p.28を一部改変

【7】中間美砂子『家庭科教育学原論』家政教育社、1987、pp.48-49
【8】荒井は、家庭科における「問題解決学習」と「課題解決学習」には違いがあり、この点について十分な共通認識がつくられてこなかったと指摘している。「問題解決学習」とは学習者が日常生活における問題を見つけ、その改善や解決の方法を考え、実践して振り返る学習であり、「課題解決学習」は、系統学習の系譜に位置づく、設定された「課題」を文字どおり解決する学習である。
荒井紀子・鈴木真由子・綿引伴子編著『新しい問題解決学習—plan do seeから批判的リテラシーの学びへ』（家庭科実践選書シリーズ16）、教育図書、2009、p.38

2 学習評価とは

　皆さんは「学習評価」という言葉を聞いて何を思い浮かべるだろうか。そして、「学習評価」を行う目的とは何だろうか。本節では「学習評価」の意味と意義を改めて確認するとともに、第2章第3節で取り上げた2017（平成29）年告示の小学校学習指導要領との関連について見ていこう。

2.1 学習評価の目的と評価主体

　現代の教育政策における学習評価の目的は、「学習指導要領の目標の実現状況を把握し指導の改善に生かす[9]」ことと捉えられる。また、学習評価の機能として、学習者自身による学習状況の把握（学習・成長の自己確認と省察）、教師や学校などによるカリキュラムや学習活動の適切性の判断、子どもの学習状況に関する情報の保護者等との共有があげられる。

　評価主体（評価者）について見ると、教師及び学習者自身の他、保護者や地域住民などが関わる場合もある。学習者自身が自分の学びの進捗などを評価することを「自己評価」、学習者以外が学習者を評価することを「他者評価」と呼ぶ。また、学習者同士がお互いを評価し合う「相互評価」がある。

　中教審初等中等教育分科会・教育課程企画特別部会による論点整理では、学校における授業（学習）の「計画、実践、評価」を一連のものとして捉え、評価の結果によって後の指導を改善し、さらに新しい指導の成果を再度評価するという「指導に生かす評価」の充実を目指しており、このような考え方を「指導と評価の一体化」と呼ぶ[10]。例えば、学習評価の機能・時期に注目して整理すると、以下の3つに分けられる。

　①学習前の児童のレディネスや題材への関心などを見る「診断的評価」

　②学習指導／実践の中で、児童の学習状況などを評価する「形成的評価」

　③学期末や題材の最後など、学習のまとめ時における児童の学習到達状況を見る「総括的評価」

　図3－4は、学習評価における各立場の関係である。「集団に準拠した評価」とは、学習者の集団における相対的な位置・序列であり、「相対評価」とも呼ばれる。2001（平成13）年の指導要録改訂以降は、教育／学習目標に即して学習者の状況を評価する「目標に準拠した評価」、いわゆる「（広義の）絶対評価」の立場がとられた。絶対評価には、戦前において評価者（教員など）の内的規準・考えに則って評価される「狭義の絶対評価」や「認定評価」などがあり、評価の平等性・透明性において課題があった。1970年代には客観的かつ

【9】 文部科学省「児童生徒の学習評価の在り方について（報告）の概要」、2010
【10】 文部科学省「教育課程企画特別部会における論点整理について（報告）」、2015、
　　　 pp.19-21

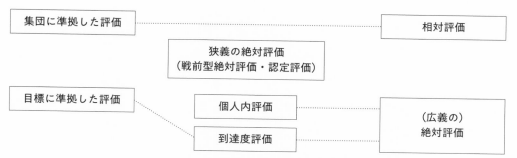

図3－4　学習評価における各立場の関係

出所：西岡加名恵・石井英真編著『教育評価重要用語事典』明治図書、2021、p.28をもとに筆者作成

具体的な到達目標を設定し、学習者を評価する「到達度評価」の考え方が提示された。「個人内評価」には、他者との比較や教育／学習目標等の外在的基準に基づくものではなく、学習活動による進歩・発展を見る「縦断的個人内評価」、個人がもつ様々な側面・特性について優劣を判断する「横断的個人内評価」がある。

2.2 観点別学習状況の評価

　以上の背景を受けて、各学校では、教科等の評価について学習状況を分析的に捉える「観点別学習状況の評価」を行うとともに、学習状況を総括的に捉える「評定」を、「学習指導要領に定める目標に準拠した評価」として実施する。「観点別学習状況の評価」とは、「学校における児童生徒の学習状況を、複数の観点から、それぞれの観点ごとに分析する評価」である。児童が各教科の学習の中で、望ましい学習状況にあるのか、あるいは課題がある学習状況なのかを観点別に明らかにすることで、具体的な学習や指導の改善に活かすことが期待されている。観点別学習状況の評価は1980年改訂指導要録に登場し、「所見」欄には個人内評価が記載された。

　2017年改訂学習指導要領に対応する児童の学習評価及び指導要録等の主な改善点として、以下の３点があげられている。[11]

①各教科等の目標及び内容を「知識及び技能」「思考力、判断力、表現力等」「学びに向かう力、人間性等」の資質・能力の３つの柱で再整理

　「指導と評価の一体化」という方針から、「観点別学習状況の評価」の観点も、これらの資質・能力に関わる３観点とした。なお、「学びに向かう力、人間性等」については、「主体的に学習に取り組む態度」として観点別学習状況の評価を通じて見取ることができる部分と、観点別学習状況の評価にはなじまず、個人内評価を通じて見取る部分があることに留意する必要がある。

②「主体的に学習に取り組む態度」の評価方法

　各教科等の観点の趣旨から、知識及び技能を獲得したり、思考力、判断力、表現力等を身

につけたりすることに向けた粘り強い取り組みの中で自らの学習を調整しようとしているかを含めて評価する。

③学習評価の結果の活用

　児童の学習状況を観点別に捉え、学習状況を分析的に把握することが可能な「観点別学習状況の評価」と、児童の学習状況を総括的に捉え、教育課程全体における学習状況を把握することが可能な「評定」の双方の特長を踏まえて、その後の指導の改善等を図ることの重要性が明示された。

2.3 小学校家庭科の目標と評価の観点、評価規準との対応

　2017（平成29）年告示学習指導要領以前の小学校家庭科では、評価の観点が4つ設定されていたが、学校教育法第30条第2項が定める学校教育において重視すべき3要素（「基礎的な知識及び技能」「思考力、判断力、表現力その他の能力」「主体的に学習に取り組む態度」）を踏まえて再整理された（表3−1）。

　各学校で「目標に準拠した観点別学習状況の評価」を実施するためには、観点ごとに「評価規準」を定める必要がある。評価規準とは、「観点別学習状況の評価」を的確に行うために、学習指導要領に示す目標の実現状況を判断する拠り所を表したものである（第6章及び第Ⅲ部掲載の学習指導案を参照）。児童が学習を通して身につける資質・能力の状況を捉えるために、学習評価を行う「まとまり」ごとに、学習内容に基づいて作成されている。まとまりとは「内容のまとまり」を指し、学習指導要領の「内容」の項目などが該当する。学習指導要領の「内容」に示されている「指導事項」のうち、アは「目標」における「知識及び技能」、イは「思考力、判断力、表現力等」に対応する。学習指導要領に示された教科の目標を踏まえて「評価の観点及びその趣旨」が作成されているが、各目標と観点との対応関係は表3−2を参照されたい。

　「知識・技能」の観点からは、教科の基礎的な知識・技能の習得状況や、基礎的な知識・技能を応用して得られた概念的な知識などを評価する。「思考・判断・表現」の観点では、「知識・技能」などに係る学習で得た事項から、課題解決やクリティカルな思考の実現状況を見る。また、「主体的に学習に取り組む態度」に関する評価は、「知識・技能」や「思考・判断・表現」の観点と相互に関連・連動していたり、自己調整・自己統制などに関連するメタ認知能力を含む質的な観点が含まれたりすることから、評価方法に関わる学習活動や評価の仕方について配慮が必要である。

表 3 - 1　評価の観点及びその趣旨

平成 20 年告示

家庭生活への関心・意欲・態度	生活を創意工夫する能力	生活の技能	家庭生活についての知識・理解
衣食住や家族の生活などについて関心をもち、その大切さに気付き、家庭生活をよりよくするために進んで実践しようとする。	家庭生活について見直し、身近な生活の課題を見付け、その解決を目指して生活をよりよくするために考え自分なりに工夫している。	日常生活に必要な衣食住や家族の生活などに関する基礎的・基本的な技能を身に付けている。	日常生活に必要な衣食住や家族の生活などに関する基礎的・基本的な知識を身に付けている。

平成 29 年告示

知識・技能	思考・判断・表現	主体的に学習に取り組む態度
日常生活に必要な家族や家庭、衣食住、消費や環境などについて理解しているとともに、それらに係る技能を身に付けている。	日常生活の中から問題を見いだして課題を設定し、様々な解決方法を考え、実践を評価・改善し、考えたことを表現するなどして課題を解決する力を身に付けている。	家族の一員として、生活をよりよくしようと、課題の解決に主体的に取り組んだり、振り返って改善したりして、生活を工夫し、実践しようとしている。

表 3 - 2　学習指導要領の「目標」と「評価の観点」との対応関係

小学校学習指導要領第 2 章第 8 節 家庭「第 1 目標」

知識及び技能	思考力・判断力・表現力等	学びに向かう力・人間性等
家族や家庭、衣食住、消費や環境などについて、日常生活に必要な基礎的な理解を図るとともに、それらに係る技能を身に付けるようにする。	日常生活の中から問題を見いだして課題を設定し、様々な解決方法を考え、実践を評価・改善し、考えたことを表現するなど、課題を解決する力を養う。	家庭生活を大切にする心情を育み、家族や地域の人々との関わりを考え、家族の一員として、生活をよりよくしようと工夫する実践的な態度を養う。

評価の観点及びその趣旨（再掲）

知識・技能	思考・判断・表現	主体的に学習に取り組む態度
日常生活に必要な家族や家庭、衣食住、消費や環境などについて理解しているとともに、それらに係る技能を身に付けている。	日常生活の中から問題を見いだして課題を設定し、様々な解決方法を考え、実践を評価・改善し、考えたことを表現するなどして課題を解決する力を身に付けている。	家族の一員として、生活をよりよくしようと、課題の解決に主体的に取り組んだり、振り返って改善したりして、生活を工夫し、実践しようとしている。

出所：「評価の観点及びその趣旨」は、国立教育政策研究所教育課程研究センター『「指導と評価の一体化」のための学習評価に関する参考資料―小学校家庭』東洋館出版社、2020、p.28

図3−5は、題材の指導計画と評価計画作成における観点別学習評価の進め方の例である（題材によっては、必ずしも①から④の順に進行しない場合もある）。「評価の進め方」の③では、評価規準に対応したその時間の「評価基準」を作成する。「評価基準」とは、「学習者の学習状況やパフォーマンスの達成状況の水準」であり、質的な判断基準（学習者の状態）で表現することが多い。よって、それぞれの段階の違いがわかるような表現の工夫が必要である。

　また、「指導と評価の一体化」の考え方に基づいて、目標−学習指導／活動−評価などについて対応関係を整理しておくことも、実践を円滑に進めるうえで有用である。「学習評価の目的」に即し、各授業実践において児童の学習状況の成果や課題を抽出し、学習指導場面でこれらに対応した改善策の検討を実施することも、今後ますます重要になると考えられる。

評価の進め方	留意点
①題材の目標を作成	・学習指導要領の目標や内容、学習指導要領解説などを踏まえて作成 ・児童の実態、前題材までの学習状況などを踏まえて作成
②題材の評価規準を作成	
③「指導と評価の計画」を作成	・①、②を踏まえ、評価場面や評価方法等を計画 ・どのような評価資料（児童の反応やノート、ワークシート、作品等）を基に「おおむね満足できる」状況（B）と評価するかを考える。B評価を基に「十分満足できる」状況（A）や「努力を要する」状況（C）の支援方法も検討する。
授業を行う	・③に沿って「観点別学習状況の評価」を実施 　→児童の学習改善、教師の指導改善の視点を得る。
④観点ごとに授業を総括	・集めた評価資料や、それに基づく評価結果などから、観点ごとの総括的評価（A、B、C）を実施

図3−5　観点別学習評価の進め方の例

出所：国立教育政策研究所教育課程研究センター『「指導と評価の一体化」のための学習評価に関する参考資料—小学校家庭』東洋館出版社、2020、p.35をもとに著者作成

3 学習評価の方法

3.1 学習活動を通して育成する力の明確化

　本章では、キー・コンピテンシーなどの現代社会に必要とされる資質・能力の構成「要素」として、どのようなことが共通しているかを見てきた。第1章で言及したように、家庭科は小・中・高すべての学校段階で必修とされており、どのような力を積み上げるかという能力の階層レベルについても見ておく必要がある。階層レベルの能力概念を表すものとして、「ブルーム・タキソノミー」や、アンダーソンらによる「改訂版タキソノミー」があげられる。表3−3は、「改訂版タキソノミー」をもとに構想された「小学校家庭科製作実習に係る学習目標」の分類表である。

表3−3　「改訂版タキソノミー」における「小学校家庭科製作実習に係る学習目標」の分類

知識次元	認知過程次元					
	1. 想起する	2. 理解する	3. 応用する	4. 分析する	5. 評価する	6. 創造する
事実的知識	製作に係る個別の基礎的な知識・技能を知る。	製作に係る知識と技能をその目的と関連付けて理解する。	作品製作時に個別の知識・技能を適切に活用できる。			
概念的知識		布製品の性質、縫い代、ゆとり、縫い合わせ等、製作に係る概念を理解する。	目的に応じて縫い方や仕方等を選択し、理由を説明できる。	製作に係る個別の知識や技能が目的に照らして適切か説明できる。	学習全体を振り返り、個別の知識や技能の基準に基づいて判断し説明できる。	課題に対して必要な知識・技能を活用して解決できる、新たなやり方を提案できる。
手続き的知識			目的や状況に応じた手法や手順を使って製作できる。	作品全体がなぜそうなったのか、使用手法や手順を判断し、その理由や原因を説明できる。	学習全体を振り返り、作品全体がなぜそうなったのか、基準に基づいて判断し、説明できる。	課題を見つけて、必要な知識・技能や「生活の営みに係る見方・考え方」等を働かせて、新たなものを形づくることができる。
メタ認知的知識	知識・技能の使用状況をモニタリングする。	布製品に必要な概念や技能についてモニタリングする。	でき上がった物や作業をモニタリングする。	製作過程についての善し悪しをモニタリングする。	学習全体を観察し、その善し悪しをモニタリングする。	自分の課題解決手法の善し悪しをモニターし、コントロールする。

出所：岡 陽子編著『家庭科 生活の課題解決能力を育む指導と評価—メタ認知を活性化する「資質・能力開発ポートフォリオ」の提案』東洋館出版社、2021、pp.108-109を一部改変

この分類表は、2017（平成29）年告示の学習指導要領の各内容項目における「知識及び技能」、「思考力・判断力・表現力等」の文章で用いられる述語の動詞に注目し、階層化を試みたものである。学習指導要領で用いられる動詞は、「知識及び技能」のカテゴリーでは「理解する」「適切にできる」「分かる」、「思考力・判断力・表現力等」のカテゴリーでは「気づく」「考える」「工夫する」などと、バリエーションが少ない。「ブルーム・タキソノミー」では、教育目標の文章中で用いられる動詞表現を工夫し、行動目標の階層レベルが検討されているが、日本語表現と英語表現の違いもあるため、表3−3に示す再整理が必要になってくる。

　図3−6では、学校で育成する資質・能力における「学びの深さ」を見る枠組みとして、「知っている」レベル、「わかる」レベル、「使える」レベルの階層が提案されている[13]。このレベルの階層の提案では、ブルーム・タキソノミーを踏まえ、問題解決の学習場面において

能力・学習活動の階層レベル

資質・能力の要素			
知識	認知的スキル	社会的スキル	情意
見方・考え方（原理・方法論）を軸とした領域固有の知識の複合体	知的問題解決、意思決定、仮説的推論を含む証明・実験・調査、知やモノの創発、美的表現	プロジェクトベースの対話（コミュニケーションと協働）	活動の社会的レリバンスに即した内発的動機、教科観・教科学習観（知的性向・態度・思考の習慣）
概念的知識、方略（複合的プロセス）	解釈、関連づけ、構造化、比較・分類、帰納的・演繹的推論	学び合い、知識の共同構築	内容の価値に即した内発的動機、教科への関心・意欲
事実的知識、技能（個別スキル）	覚えたことを再現する、知識の暗記		できた、合っていたなどの達成に起因する自己効力感

（使える）知識の有意味な使用と創造

（わかる）知識の意味理解と洗練

（知っている・できる）知識の獲得と定着

図3−6　学校で育成する資質・能力（教科学習）を捉える枠組み

出所：西岡加名恵・石井英真・田中耕治編『新しい教育評価入門―人を育てる評価のために（増補版）』有斐閣、2022、p.97及びp.103を筆者改変

【12】ブルーム・タキソノミーは認知／情意／精神運動領域で構成。改訂版タキソノミーは、認知過程次元と知識次元の2次元構造をとる。教科横断的な学びなどにも関わる「メタ認知的知識」が位置づけられている。西岡加名恵・石井英真・田中耕治編『新しい教育評価入門―人を育てる評価のために（増補版）』有斐閣、2022、pp.94-96
【13】同上、pp.96-108

「適用（特定の解法を使えば解決できる課題）」だけではなく、「総合（明確な解法がない問題に対して、学んだ知識を総動員して取り組まねばならない課題）」のアプローチの必要性が示されている。家庭科ではこの「総合」にあたる問題／課題解決場面があることから、実践化しやすい題材の中で導入することも考えられる。

3.2 様々な学習評価の方法

　子どもの学びの質を高める「深い学び」の実現とともに、学習状況をどのように評価するかということも重要である。例えば、「改訂版タキソノミー」の「認知過程次元」において、学習者の分析、評価、創造の状況を見るためには、様々な側面から測定・評価をする必要がある。

　図3−7は、様々な評価方法について横軸に評価方法の形式（筆記−実演）、縦軸に評価方法の様態（単純−複雑）をとって四象限で分類したものである。図3−6における「能力・学習活動の階層レベル」を逆さまにしてみると、図3−7とおおむね対応関係にある。例えば「知識の獲得と定着（知っている・できる）」は、選択回答式の客観テストなどから子どもの学習状況を見ることができる。

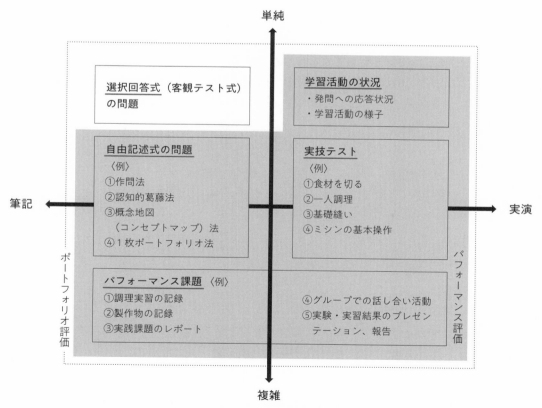

図3−7　様々な評価方法の例

出所：西岡加名恵・石井英真・田中耕治編『新しい教育評価入門―人を育てる評価のために（増補版）』有斐閣、2022、p.128を筆者改変

3.2.1 筆記による方法

選択回答式（客観テスト式）の問題

選択回答式の問題は、多くの問いを設定する場合、短時間で学習状況を把握したいときに適している。また、明確な正答があることが多いため、採点やチェックが容易であることもメリットである。しかし、学習者に複合的な条件から考えさせたり、新たな気づきや思考を促したりするための課題にはあまり適していない。

自由記述式の問題

選択回答式の問いでは測定しにくい、学習者個別の「考え」が見やすくなるが、採点者（評価者）側による「採点基準」が必要になる。採点基準を明確にするために、「問い」の条件設定（「○○について説明する」などの設定や、「３つあげる」といった回答数の設定など）の工夫も考えられる。

[作問法]

子どもに家庭科で学習した内容に関連するクイズを作ってもらい、相互に答える学習活動が考えられる。子ども自身が作問することによって、「何が大事な学習内容か」「何がわかっていればよいか」といった点を理解しているか見ることができる。

[認知的葛藤法]

子どもの既有知識や素朴概念（日常の生活経験などを通して自然に得た知識体系）では説明することが難しい事象を示し、なぜそうなるのかを考えざるを得ない場面（認知的葛藤）を設定し、知識や概念の更新を促すとともに子ども自身の当該事象の捉え方を見ることができる手法である。予測・観察・実験法（Prediction-Observation-Explanation：POE）では、最初に子どもに「予想」させ、実験で得られた結果と予想との違いを説明（記述）してもらい、なぜそうなったのかを科学的に捉えさせ、矛盾の解消を目指すアプローチが採られる。

[概念地図（コンセプトマップ）法]

学習者が各概念（言葉）について関係があると思うもの同士を線で結び、その関係性を言葉で説明し、構造化させる方法である。概念地図は、①教師による事前提示の言葉、②学習者自らが追加した言葉を用いて作図する。題材のはじめに概念地図を描くことで、学習者の既有知識や認識を見ることができる。また、題材終了時に概念地図を作成したうえで、最初に作成した概念地図と比較すると、この題材の学習を通して起こった子どもの変化や理解の状況が顕在化する。

図３−８は食生活に関する学習の導入時、図３−９は学習まとめ時に子どもが書いた概念地図である。なお、「①教師による事前提示」の言葉は「栄養素、炭水化物、たんぱく質、脂肪、米、たまご、緑黄色野菜、穀類・いも・砂糖、親子丼、野菜いため」の10語であり、それ以外は子どもが考え、追加した言葉である。学習前後の概念地図を比較し、量：「つなげた言葉の数」、質：「関係性を説明した内容」の面から学習状況を評価してみよう。学習状況の評価をもとに、今後子どもの学習を充実させるためにはどのような学習指導の工夫が必要か考えてみよう。

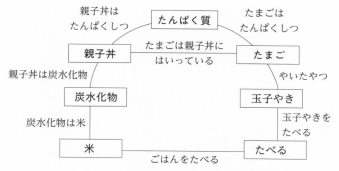

図3－8　子どもの概念地図（学習前）

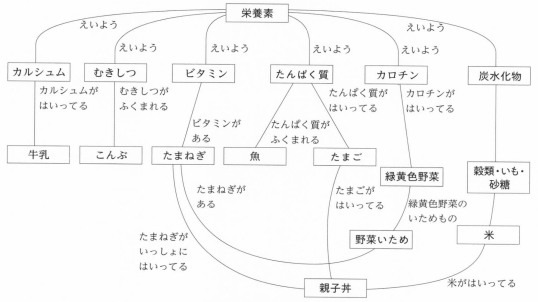

図3－9　子どもの概念地図（学習まとめ時）

出所：鈴木真優美・福原 桂・金子佳代子「小学校家庭科食物学習における概念地図法の有効性」『日本家庭科教育学会誌』44（2）、2001、p.104を一部改変（図3－8・図3－9）

[1枚ポートフォリオ法（One Page Portfolio Assessment：OPPA）]

　この評価方法は堀哲夫が開発し、様々な校種、教科で取り組まれている方法である。[14]学習者が1枚のワークシート（OPPシート）に以下の内容を記述する。

①題材／単元名

②題材／単元を通して学習者に最も考えて／捉えてほしい本質的な問い（学習前と学習後に記述）

③学習前・学習中・学習後の学習履歴（何を学習したか、今日の学習で一番大切だと思うことは何か）

④学習後の自己評価（学習全体を振り返って何がどう変わったか）

【14】堀 哲夫『新訂 一枚ポートフォリオ評価OPPA——一枚の用紙の可能性』東洋館出版社、2019

1枚ポートフォリオ法の特徴は、学習者自身がOPPシートの記入を通して自己の変化を自覚することにある。また、教師もOPPシートを見ることによって、毎時あるいは題材／単元を通した学習指導の課題と成果を見ることができる。

3.2.2 実演による方法——実技テスト

家庭科の調理実習では、食材の皮をむく（包丁の扱い、むいた皮の厚さ・長さなどを見る）、食材を切る（切った食材の厚さ、切るスピード、断面の美しさなどを見る）場面の他、「一人調理」による調理の手際や手順、出来ばえを見ることがある。また、製作実習では玉結び・玉どめ、なみ縫い（縫う速さ、針目の適切さなどを見る）、ミシンの基本操作（上糸かけ、下糸のセット、下糸の引き出し、直線縫いなどを見る）の実技テストを行うことがある。

実技テストは個人単位の測定のため、準備に時間がかかることが課題であるが、子ども同士の相互評価や自己評価を取り入れることで、学習状況の多面的把握を図ることができる。その際、どの点を評価のポイントにするか、授業の中で子ども自身に設定させ、評価のポイントを共有することも考えられる。「自己評価」を行う際は、自己課題として設定した事項の達成状況について、メタ認知能力を用いて振り返り、自身ができるようになったことを具体的に実感し表現できるようにしたい。

3.2.3 ポートフォリオ評価

ポートフォリオ評価は、「総合的な学習の時間」が導入された際に注目された評価方法である。学習者は、対象となる学習活動に係る記録や作品などを系統的に蓄積し、自身の学びの足跡を確認し、振り返りを行う。教師もまた、作成されたポートフォリオを通して自らの学習指導の振り返り・評価をする。

ポートフォリオ評価のために蓄積した資料の活用がうまく進まない場合は、原因のひとつとして、ポートフォリオ評価を実施する目的が定まっていないことがあげられる。子どもの歩みや成長を多面的に見るうえでも、ポートフォリオ評価の活用についてさらなる検討が必要である。

3.2.4 パフォーマンス評価

図3-7に示すように、パフォーマンス評価は様々な知識やスキルを総合的に用いて使いこなすことを求める、パフォーマンスに基づく評価方法である[15]。パフォーマンス評価にはパフォーマンス課題が用いられるが、パフォーマンス課題は製作物などの作品やプレゼンテーションといった実演によるものだけではなく、筆記による課題も含まれる。家庭科における評価材としては、例えば①調理実習の記録、②製作物の記録、③実践課題のレポートも該当する。

パフォーマンス課題の際には評価指標（評価指針）として「ルーブリック」が用いられる。ルーブリックには評価基準を表す尺度が数字で示され、その測定尺度に対応する記述語が充てられる。ルーブリックの内容は、あらかじめ学習者に提示され、自身の学習活動・自己評

【15】前掲書【12】

価・目標設定の際に活用される。ルーブリックは、評価者（教師など）が複数名でモデレーション（調整）をして作成する。例えば、①尺度の決定→②複数名による採点→③採点者全員が同じ評価となったものをアンカー作品とし、尺度の記述語作成に活用するなどの手順がある。

　様々な評価方法を適切に用いることで、子どもの成長や学びの状況を把握することが重要である。

考えてみよう

・「学習評価」の考え方について、「学習者」「学習目標」「学習指導」という言葉を用いて説明してみよう。
・小学校家庭科における調理あるいは製作におけるルーブリックを作成してみよう。

参考文献

OECD, "The future of education and skills Education 2030," 2018
田中耕治・鶴田清司・橋本美保・藤村宣之『新しい時代の教育方法（改訂版）』有斐閣、2019

第Ⅱ部

授業の枠組みを構想する

第五、六学年の二年間で展開する
「家庭科」の学びを俯瞰し、
児童が成長を実感できそうな学習場面を思い描いてみよう。
そして、家庭科の学習目標を踏まえたうえで、
家庭科の特徴を活かした学習方法や
学習評価方法について考えてみよう。

第4章

小学校家庭科の指導計画をつくる

本章のねらい ▶ □年間指導計画、題材（単元）の指導計画の役割を理解しよう。
□年間指導計画を立てるうえで考慮する事項とは何か理解し、考察しよう。
□主体的・対話的で深い学びの視点に立った指導計画を構想してみよう。

キーワード ▶ カリキュラム　教育課程　年間指導計画　主体的・対話的で深い学び　問題解決

1 カリキュラム構成の考え方

1.1 カリキュラムとは

カリキュラム（curriculum）とは、「学校で教えられる教科目やその内容及び時間配当など、学校の教育計画を意味する教育用語」である。日本では、第2次世界大戦前まで、「カリキュラム」に対応する言葉として「教科課程」や「学科課程」が用いられていたが、1951（昭和26）年の学習指導要領改訂期以降、「教育課程」という言葉があてられることが多い。教育課程とは、「学校の指導のもとに、実際に児童・生徒がもつところの教育的な諸経験、または諸活動の全体」であり、「児童や生徒がどの学年でどのような教科の学習や教科以外の活動に従事するのが適切であるかを決め、その教科や教科以外の活動の内容や種類を学年的に配当づけたもの」とされている。また、学習指導要領等の国レベルのもの、学校全体で編成したもの、個々の教師が計画・実施したもの、などのレベルがある[1]。

カリキュラムの編成原理には、アメリカのR.タイラーによって1930〜40年代に理論化された「タイラー原理」（the Tyler Rationale）がある。タイラー原理とは、カリキュラムを考察・解釈・分析する際に用いる、以下の4つの問いである。

・学校はどのような教育目的を達成するように努めるべきか。（目標の選択）
・どのような教育経験を用意すれば、これらの目的は達成できるか。（学習経験の選択）
・これらの教育的経験は、どのように効果的に組織できるか。（学習経験の組織）
・これらの目的が達成されているかどうか、どのようにして判定できるか。（結果の評価）

【1】柴田義松『教育課程—カリキュラム入門』有斐閣、2000、pp.5-7

タイラー原理の意義は、教育目標を基準にした学習経験の選択や組織及び学習結果の評価を示したことであり、その特徴は、目標の明確化、学習活動の選択、学習活動の組織化、評価の手段の開発である。また、カリキュラムを編成するにあたっては、教科がもつ教育価値の側面から「文化遺産の継承・発展」、子どもの生活に関わる「社会現実への対応」、「子供の求めの実現」などの配慮が考えられる。【2】

1.2 カリキュラム・授業の組み立て方をデザインする

　指導計画を立てるときは、学習を通して子どもに身につけさせたい力を想起しつつ、そのための学習内容、学習方法、評価方法などについて具体化していく。その組み立て方として、学習する内容・配当する時間をあらかじめ決めて計画を立てる「フォワード・デザイン」（Forward Design）と、目標や期待される学習成果に基づき授業前に評価方法を考えたうえで学習方法・学習内容を検討する「バックワード・デザイン」（Backward Design）などがある。バックワード・デザインは「逆向き設計」と呼称される。

　フォワード・デザインは、教師の視点から授業で扱う学習内容（知識・技能）を規定し、その内容の定着を見るという定型的な学習の際に用いられることが多い。バックワード・デザインでは、学習を通して学習者が達成する「目標」を決めてから、対応する学習内容、学習方法を含む学習活動を選択する。

図４−１　バックワード・デザイン（逆向き設計）プロセスの段階

出所：西岡加名恵・石井英真編著『教科の「深い学び」を実現するパフォーマンス評価―「見方・考え方」をどう育てるか』日本標準、2019、p.14を一部改変

　図４−１に示すように、バックワード・デザインでは「求められている結果（目標）」、「承認できる証拠（評価方法）」、「学習経験と指導（授業の進め方）」を三位一体のものとして考えることも提唱されている。【3】

　また、カリキュラムのデザインには３つの階層（①学校等の教育目標を踏まえて作成された全体計画、②各教科等における全題材／単元を俯瞰した単元配列表、③各題材／単元計画）があり、授業実践に向けたプロセスを構想するロードマップになる。それでは、カリキュラムのデザインを反映した指導計画の作成についてさらに見ていこう。

【2】奈須正裕『「資質・能力」と学びのメカニズム』東洋館出版社、2017、p.118
【3】奥村好美・西岡加名恵編著『「逆向き設計」実践ガイドブック―『理解をもたらすカリキュラム設計』を読む・活かす・共有する』日本標準、2020、p.12

1.3 年間指導計画作成の準備

　年間指導計画を立てる際の参考資料として、まず思い浮かべるものは何だろうか。例えば、勤務先あるいは教育実習先の児童が使用している家庭科の教科書の目次の他、教科書に準拠した教師用指導書に掲載された年間指導計画などは目にする機会があるだろう。また、閲覧が可能であれば、前任者あるいは教育実習の指導教員が作成した（年間）指導計画は、学校や児童の実態を踏まえた内容になっていると考えられるため、大いに参考になる。その際には、既存の（年間）指導計画をそのまま踏襲するのではなく、現状を反映した指導計画へアップデートしていく視点も重要である。

　近年では紙媒体だけでなく、教科書の発行元がウェブサイトで公開しているデジタル版の年間指導計画例（3学期制・2学期制）なども活用できる。また、自治体によっては教育センターが年間指導計画例や作成に関する資料を収集し公開していることがあるので、適宜参照するとよい。

1.4 「題材」、「単元」

　年間指導計画に記載される情報には、題材／単元、学習内容、学習時期、配当時間、評価等がある。「単元」とは「児童・生徒の当面している問題を中心にして、その解決に必要な価値ある学習活動のまとまりであり、系列[4]」、「一つの系列のもとに、まとまりをもった統一ある学習内容[5]」と説明されている。また、「題材」とは「系列的な教材のまとまり[6]」であり、「単元」と比べると学習のまとまりがやや小さい傾向にあり、小学校の家庭科では「題材」という表現が慣習的に用いられることが多い。題材を構成する内容系列のまとまりを小題材とし、指導計画の表では「次」と表記されることがある。

1.5 子ども・学校の実態に合った（年間）指導計画の作成

　学校教育法施行規則第51条には、標準とする授業時数（標準授業時数）が示されており、家庭科の場合は、第5学年で60時間、第6学年で55時間である（ここに示される単位時間は45分）。標準授業時数は、「学習指導要領に示す各教科等の内容の指導の質を担保するための、いわば量的な枠組み[7]」であり、年間指導計画も標準授業時数に基づいて作成されることが多い。しかし、不測の事態（天災や流行性感冒など）による休校、学級閉鎖、学校行事などの関係で授業時間を確保できない場合の対応や授業時間数の調整については、各学校の教員間で状況を共有し、対応について調整する必要がある。

　2017（平成29）年告示の学習指導要領の総則「第1　小学校教育の基本と教育課程の役

【4】文部省「学習指導要領一般編（試案）改訂版」、1951
【5】仙波千代・高部和子・小笠原ゆ里・大竹智恵子『五訂　家庭科教育法』光生館、1998、p.155
【6】佐藤文子・川上雅子『家庭科教育法』高陵社書店、2001、p.138
【7】文部科学省「「令和の日本型学校教育」の構築を目指して」、2021、p.43

割」では、「各学校においては、児童や学校、地域の実態を適切に把握し、①教育の目的や目標の実現に必要な教育の内容等を<u>教科等横断的な視点</u>で組み立てていくこと、②教育課程の実施状況を評価してその改善を図っていくこと、③教育課程の実施に必要な<u>人的又は物的な体制</u>を確保するとともにその改善を図っていくことなどを通して、教育課程に基づき組織的かつ計画的に各学校の教育活動の質の向上を図っていく」（下線と丸数字は筆者）という、「カリキュラム・マネジメントの推進」が明記された。教育活動の充実を図るために、これまで学習してきた／現在学習している他教科・学習活動との関連についても見ておきたい。また、学習指導にあたっては、家庭科を担当する教師だけではなく、校内の教職員に協力を仰いだり、自治体や民間企業から派遣された外部講師を依頼したりすることも考えられる。また、保護者や地域の人々を含む「地域学校協働本部」事業を活用したゲストティーチャーや学習支援などについても勤務校で実施可能か確認をしておくとよい。外部講師を依頼する場合は、依頼する必要性・意義を認識したうえで、実施するのに適切な時期を捉えて年間指導計画案に組み込む。授業の直前になってから先方に打診・依頼することは避け、可能な限り早めに連絡をするようにしたい。

　初めて挑戦する学習方法によるアプローチや教材・教具は、その開発を含め、できるところから少しずつ着手し、指導計画の中に組み込む。その際に、校内あるいは近隣学校等に勤務する教師のネットワークなどから助言を得て、改善を図ることも考えられる。

　学習指導要領や教科書は参考になる資料であるが、実際のカリキュラム（教育課程）構成は各学校で考え実施する。子ども・学校の実態、教師・保護者・子ども自身の願いや思いを捉え、学校行事や地域社会の行事などを活用した、子どもの育ちを促進できる指導計画を考えていきたい。

2 小学校家庭科の指導計画 —— 小学校家庭科の学習を俯瞰する

2.1 「小学校学習指導要領 家庭編」における指導計画の作成の考え方

　第2章で見てきたように、学習指導要領には、資質・能力の育成のため、主体的な学び・対話的な学び・深い学びの視点が示されており、そのような学びの実現に向けて授業改善を進めること、学習活動の質を向上させること、題材等の内容や時間のまとまりの中で学習を見通し振り返る場面を設定することや、深い学びの鍵としての「見方・考え方」が記されている。また、指導計画の作成について、以下の事項に配慮することが明記されている。

①「主体的・対話的で深い学び」の実現に向けた授業改善

　指導計画の原案を作成したら、各題材において「知識及び技能」の習得、「思考力、判断力、表現力等」の育成、「学びに向かう力、人間性等」の涵養を考えられているか確認しよう。そして、「主体的・対話的で深い学び」を実現するために、児童が日常生活の中から問題を発見し、解決方法を考え、他者（同級生、家庭・地域の人々など）との関わりや意見交換

などの実践から改善案を考え、さらなる問いを立てられるような場面を指導計画の中に組み込んでみよう。

②各項目に配当する授業時数及び各項目の履修学年

「主体的・対話的で深い学び」を実現するためには、学習の蓄積を図ったり、学習内容の横断・精選を試みたりするなど、授業時間の配当の工夫が必要である。また、児童が学習対象に迫ることができる時間を確保しよう。

学習指導要領における学習時期の指定事項は、「A 家族・家庭生活」の（1）のアを「第4学年までの学習を踏まえ、2学年間の学習の見通しをもたせるためのガイダンスとして取り扱い、第5学年の最初に履修させるようにする」ことのみである。それ以外の項目については、児童、学校、地域の実態などに即して適切に配列する。

③「家族・家庭生活についての課題と実践」の指導

「A 家族・家庭生活」の「（4）家族・家庭生活についての課題と実践」は、「習得した知識及び技能などを活用し、生活を工夫し、よりよい生活に向けて課題を解決する能力と実践的な態度を育む」ことを目的としている。そのため、2学年間で1つまたは2つの課題について、学習した内容と関連する問題解決型の学習実践を指導計画に組み込むことが提示されている。実践の場は、校内だけではなく家庭や地域を想定することも可能であり、校内外の行事や催しと関連づけた実践も考えられる。また、学期中だけではなく、長期休業の期間を活かした実践も想定できるため、指導計画を立てる際に学習時期を考慮するとよい。

④段階的な題材の配列

家庭科の学習によって、初めて調理や製作をする児童もいることが考えられるため、「B 衣食住の生活」の「（2）調理の基礎」及び「（5）生活を豊かにするための布を用いた製作」は、2学年にわたって段階的に基礎的・基本的な知識及び技能の定着を図ることができるように指導計画を立てることが重要である。また、技能を高めるために反復が必要なものについては、指導計画の中で繰り返し学習できる場面を設定することが考えられる。また、実習題材についても児童の実態や学校・地域の行事などを考えた配列をする。

⑤題材の構成

児童、学校、地域の状況や実態を踏まえた、児童にとってより身近な題材を設定するよう配慮する。また、題材の構成にあたって、中学校の学習を見据えた系統的な指導や他教科などとの関連の明確化を図り、効果的な学習指導を工夫することが重要である。

⑥障害のある児童への指導

各学校においては、児童の状況を踏まえ、個別の指導計画を作成したり、必要な配慮を記録したりしておくなど、計画的・組織的な対応が大切である。また、児童が家庭科の学習に取り組みやすくなるように、指導計画を構想する際に指導の工夫を図る。例えば、児童の状況に応じた教材・教具の準備や学習のための空間整備があげられる。

⑦道徳の時間などとの関連

家庭科の目標に記載されている、生活をよりよくしようと工夫する資質・能力の育成は、

生活習慣の大切さを知り自分の生活を見通すことにつながる。また、道徳科の「伝統と文化の尊重」や「家族愛、家庭生活の充実」に関する学習と家庭科における学習事項を関連させて扱うことも考えられるが、一方的な価値観の注入にならないよう留意したい。

また、「内容の取扱い」については、以下の5点が配慮事項としてあげられている。

（1）指導に当たっては、衣食住など生活の中の様々な言葉を実感を伴って理解する学習活動や、自分の生活における課題を解決するために言葉や図表などを用いて生活をよりよくする方法を考えたり、説明したりするなどの学習活動の充実を図ること。

（2）指導に当たっては、コンピュータや情報通信ネットワークを積極的に活用して、実習等における情報の収集・整理や、実践結果の発表などを行うことができるように工夫すること。

（3）生活の自立の基礎を培う基礎的・基本的な知識及び技能を習得するために、調理や製作等の手順の根拠について考えたり、実践する喜びを味わったりするなどの実践的・体験的な活動を充実すること。

（4）学習内容の定着を図り、一人一人の個性を生かし伸ばすよう、児童の特性や生活体験などを把握し、技能の習得状況に応じた少人数指導や教材・教具の工夫など個に応じた指導の充実に努めること。

（5）家庭や地域との連携を図り、児童が身に付けた知識及び技能などを日常生活に活用できるよう配慮すること。

2.2 2年間の学習を俯瞰する

年間指導計画は、5・6年生の2年間の学習を見通し、子ども、学校、地域の実態に合った学習内容を配列し、適切な授業時間を配当する。学習指導要領は、（義務教育において）「すべての児童・生徒に共通に最低限教えられるべき量の教材や基本的な教育内容」を示すミニマムエッセンシャルズの立場をとる。よって、限られた授業時間の中で、内容AからCの各項目にあげられた資質・能力を高めることが期待されている。表4−1と表4−3は第5学年、表4−2と表4−4は第6学年の年間指導計画例（題材一覧表）である。この表を見ながら、以下の点に注目してみよう。

・内容AからCの配列はどのようになっているか。内容A（1）アに該当する学習は、どのように配置されているか。
・実習題材はどの時期に置かれているか。実習で培われる資質・能力は何か。
・内容領域の横断が図られた配置になっているか。
・教科書によって指導計画の違いはあるか。

表4-1　年間指導計画（第5学年）題材一覧表（A社）

月	学期		大題材名	時数	題材名	学習指導要領		
						A	B	C
4	1学期（20時間）	前期（26時間）	ガイダンス　1時間	1		A(1)ア		
			1.私の生活、大発見！　4時間	1	(1)どんな生活をしているのかな	A(2)ア		
				2	(2)自分にできそうな家庭の仕事を見つけよう	A(2)アイ	B(2)ア(イ)	
5				1	(3)できることを増やしていこう	A(2)イ		
			2.おいしい楽しい調理の力　6時間	1	(1)調理の目的や手順を考えよう		B(2)ア(ア)	
6				4	(2)ゆでる調理をしよう		B(2)ア(ア)(イ)(ウ)(エ)	
				1	(3)工夫しておいしい料理にしよう		B(2)イ	
			3.ひと針に心をこめて　9時間	1	(1)針と糸を使ってできること		B(5)ア(イ)	
7				7	(2)手ぬいにトライ！		B(4)ア(イ)B(5)ア(ア)(イ)	
				1	(3)手ぬいのよさを生活に生かそう		B(5)イ	
9			4.持続可能な暮らしへ　物やお金の使い方　6時間	1	(1)上手に選ぶために考えよう			C(1)ア(ア)
				4	(2)買い物の仕方について考えよう			C(1)ア(ア)(イ)イC(2)ア
				1	(3)上手に暮らそう			C(2)アイ
10	2学期（25時間）	後期（31時間）	5.食べて元気！ご飯とみそ汁　10時間	1	(1)毎日の食事を見つめよう		B(1)ア	
				8	(2)日常の食事のとり方を考えて、調理しよう		B(2)ア(ア)(イ)(ウ)(オ)B(3)ア(ア)(イ)	
11				1	(3)食生活を工夫しよう		B(2)イ	
			6.物を生かして住みやすく　7時間	1	(1)身の回りや生活の場を見つめよう		B(6)ア(イ)	
				5	(2)身の回りをきれいにしよう		B(6)ア(イ)イ	
12				1	(3)物を生かして快適に生活しよう		B(6)イ	C(2)アイ
			7.気持ちがつながる家族の時間　2時間	0.5	(1)家族とふれ合う時間を見つけよう	A(3)ア(ア)		
				1	(2)わが家流団らんタイム	A(3)ア(ア)イ		
				0.5	(3)団らんを生活の中に生かそう	A(3)イ		
1	3学期（12時間）		8.ミシンにトライ！手作りで楽しい生活　11時間	1	(1)ミシンぬいのよさを見つけよう		B(5)ア(ア)(イ)	
2				9	(2)ミシンにトライ！		B(5)ア(ア)(イ)	
3				1	(3)世界に1つだけの作品を楽しく使おう		B(5)イ	
			5年生のまとめ	1		A(1)ア		
状況に応じて適宜			生活を変えるチャンス！	3		A(4)ア		
合計				60				

出所：東京書籍「令和2年度（2020年度）「新しい家庭」（第5学年）年間指導計画（題材一覧表）」を一部改変

月	学期			大題材名	時数	題材名	学習指導要領		
							A	B	C
4	1学期（20時間）	前期（34時間）		9.見つめてみよう生活時間 2時間	0.5	（1）生活時間を見つめてみよう	A（2）ア		
					1	（2）生活時間を工夫しよう	A（2）アイ		
					0.5	（3）生活時間を有効に使おう	A（2）イ		
5				10.朝食から健康な1日の生活を 10時間	1	（1）朝食の役割を考えよう		B（1）ア	
					7	（2）いためる調理で朝食のおかずを作ろう		B（2）ア（ア）（イ）（ウ）（エ）B（3）ア（ア）（イ）	
					2	（3）朝食から健康な生活を始めよう		B（2）イ	
6				11.夏をすずしくさわやかに 8時間	1	（1）夏の生活を見つめよう		B（6）ア（ア）	
7					6	（2）すずしくさわやかな住まい方や着方をしよう		B（4）ア（ア）（イ）B（6）ア（ア）	
					1	（3）夏の生活を工夫しよう		B（4）イB（6）イ	
9	2学期（24時間）			12.思いを形にして生活を豊かに 14時間	1	（1）目的に合った形や大きさ、ぬい方を考えよう		B（5）ア（ア）（イ）	
10					12	（2）計画を立てて、工夫して作ろう		B（5）ア（ア）（イ）イ	
11		後期（18時間）			1	（3）衣生活を楽しく豊かにしよう		B（5）イ	
				13.まかせてね今日の食事 10時間	1	（1）献立の立て方を考えよう		B（3）ア（ウ）	
12					8	（2）1食分の献立を立てて、調理しよう		B（3）ア（ア）（イ）（ウ）イ	C（1）ア（ア）（イ）C（2）アイ
					1	（3）楽しい食事をするために計画を立てよう		B（1）イB（3）イ	C（2）イ
1	3学期（8時間）			14.冬を明るく暖かく 5時間	1	（1）冬の生活を見つめよう		B（6）ア（ア）	
2					3	（2）暖かい着方や住まい方をしよう		B（4）ア（ア）B（6）ア（ア）イ	
					1	（3）冬の生活を工夫しよう		B（4）イB（6）イ	
3				15.あなたは家庭や地域の宝物 2時間	0.5	（1）家族や地域の一員として	A（3）ア（イ）		
					1	（2）私から地域につなげよう！広げよう！	A（3）ア（イ）イ		
					0.5	（3）もっとかがやくこれからの私たち	A（3）イ		
				2年間のまとめ	1		A（1）ア		
状況に応じて適宜				生活を変えるチャンス！	3		A（4）ア		
				合計	55				

出所：東京書籍「令和2年度（2020年度）「新しい家庭」（第6学年）年間指導計画（題材一覧表）」を一部改変

表4−3　年間指導計画（第5学年）題材一覧表（B社）

月	学期		題材	時間	小題材	学習指導要領		
						A	B	C
4	1学期（24時間）	前期（29時間）	これまでの学習を家庭科につなげよう（ガイダンス）1時間	1		A(1)ア		
			1.家族の生活再発見 1時間	0.5	(1)家族の生活を見つめよう	A(1)ア		
				0.5	(2)生活を支える家庭の仕事			
5			2.クッキングはじめの一歩 8時間	1	(1)なぜ調理をするのだろう		B(2)ア(ア)(イ)(ウ)(エ)イ	C(2)アイ
				4	(2)ゆでて食べよう			
				3	(3)工夫しておいしい料理にしよう			
6			3.ソーイングはじめの一歩 8時間	0.5	(1)なぜぬうのだろう		B(4)ア(イ)B(5)ア(ア)(イ)	C(2)アイ
				4.5	(2)どのような用具や方法でぬうのだろう			
				3	(3)手ぬいを生活に生かそう			
			4.整理・整とんで快適に 4時間	1	(1)なぜ整理・整とんをするのだろう		B(6)ア(イ)イ	C(2)ア
7				2	(2)どのような整理・整とんができるだろう			
				1	(3)物の使い方を工夫しよう			
			5.できるよ、家庭の仕事 2時間	0.5	(1)自分にできる仕事を見つけよう	A(2)ア		C(2)ア
				0.5	(2)工夫して仕事をしよう			
				1	(3)実行し、続けよう			
9	2学期（22時間）		6.ミシンでソーイング 11時間	0.5	(1)なぜミシンでぬうのだろう		B(5)ア(ア)(イ)	
				4.5	(2)ミシンの使い方を知ろう			
				6	(3)ミシンを使って作ってみよう			
10			7.食べて元気に 11時間	0.5	(1)なぜ毎日食事をするのだろう		B(1)アB(2)ア(ア)(イ)(ウ)(オ)B(3)ア(イ)	
11				9.5	(2)ご飯とみそしるは食事の基本			
12				1	(3)日常の食事に生かそう			
1	3学期（14時間）	後期（31時間）	8.生活を支えるお金と物 6時間	1	(1)何にお金を使っているのだろう			C(1)ア(ア)(イ)イ
				2	(2)よりよい買い物の仕方を考えよう			
				3	(3)買い物の仕方を工夫しよう			
			9.暖かく快適に過ごす着方 3時間	0.5	(1)どのような着方が暖かいだろう		B(4)	C(2)
2				1.5	(2)衣服の働きを知ろう			
				1	(3)衣服の着方を工夫しよう			
			10.暖かく快適に過ごす住まい方 3時間	0.5	(1)寒い日はどのように過ごしているだろう		B(6)ア(ア)イ	C(2)アイ
				1.5	(2)暖かく快適な住まい方			
				1	(3)快適さアップを工夫しよう			
3			11.いっしょにほっとタイム 2時間	0.5	(1)ほっとするのは、どのようなときだろう	A(1)アA(3)ア(ア)		
				0.5	(2)周囲の人との関わりを考えよう			
				1	(3)団らんでつながりを深めよう			
合計				60				

出所：開隆堂「令和2年度（2020年度）「わたしたちの家庭科5・6」（第5学年）年間指導計画（題材一覧表）」を一部改変

表 4 - 4　年間指導計画（第 6 学年）題材一覧表（B 社）

月	学期		題材	時間	小題材	学習指導要領 A	B	C
4	1学期（23時間）	前期（23時間）	1.生活時間をマネジメント　3時間	0.5	（1）どのように時間を使っているだろう	A（2）ア		
				0.5	（2）時間の使い方に課題はないだろうか			
				2	（3）生活時間を工夫しよう			
5			2.できることを増やしてクッキング　8時間	0.5	（1）「ゆでる」と「いためる」はどうちがうのだろう		B（1）ア B（2）ア（ア）（イ）（ウ）（エ） B（3）ア（イ）	
				6	（1）いためておかずを作ろう			
				1.5	（3）朝食に生かそう			
6			3.クリーン大作戦　4時間	0.5	（1）なぜそうじをするのだろう		B（6）ア（イ）イ	C（2）ア イ
				2.5	（2）知ってるかな、そうじの仕方			
				1	（3）身の回りを快適にしよう			
			4.すずしく快適に過ごす住まい方　3時間	0.5	（1）暑い日はどのように過ごしているだろう		B（6）ア（ア）イ	C（2）ア イ
				1.5	（2）すずしく快適な住まい方を知ろう			
7				1	（3）エコ生活ですずしさアップを工夫しよう			
			5.すずしく快適に過ごす着方と手入れ　5時間	1	（1）どのような着方がすずしいだろう		B（4）ア（イ）イ	C（2）ア
				3	（2）暑い季節を快適にしよう			
				1	（3）快適な衣生活を工夫しよう			
9	2学期（21時間）	後期（30時間）	6.生活を豊かにソーイング　10時間	0.5	（1）どのようなふくろを、どのように使っているだろう		B（5）ア（ア）（イ）イ	
10				8.5	（2）目的に合ったふくろを作ろう			
				1	（3）作ったふくろで生活を豊かに			
11			7.こんだてを工夫して　11時間	1	（1）どのような料理や食品を組み合わせて食べるとよいだろう		B（1）イ B（2）ア（ア）（イ）（ウ）（エ）イ B（3）ア（ウ）イ	
12				2	（2）1食分の献立を立てよう			
				8	（3）工夫して毎日の食生活に生かそう			
1	3学期（9時間）		8.共に生きる地域での生活　4時間	1	（1）地域の人びととの関わりを見つめよう	A（3）ア（イ）イ		
2				2	（2）地域でできることは何だろう			
				1	（3）やってみよう・ふり返ろう			
3			9.持続可能な社会を生きる　4時間	1	（1）生活と環境のつながりを考えよう			C（2）ア イ
				2	（2）物やエネルギーをどう使うか			
				1	（3）環境のことを考えた生活を続けよう			
			2年間の学習をふり返って、中学校の学習に生かそう　1時間	1		A（1）ア		
適宜	生活の課題と実践			1	課題・計画	A（4）ア		
				1	発表			
	合計			55				

出所：開隆堂「令和 2 年度（2020年度）「わたしたちの家庭科 5・6」（第 6 学年）年間指導計画（題材一覧表）」を一部改変

3 題材をつくる——主体的・対話的で深い学びを実現する題材指導計画

3.1 家庭科における題材

　学校での日々の授業は、授業一つ一つが単発のものは大変少なく、多くは題材に含まれるひとつの授業である。例として家庭科の教科書を見ると、A社の教科書における題材「物を生かして住みやすく」、B社の教科書における題材「整理・整とんで快適に」は、いずれも身の回りの物を整えることに関する題材であるが（表4−5）、A社の「身の回りをきれいにしよう」の学習内容は、整理・整頓と掃除の2つで構成されている。

表4−5　類似題材の教科書による内容の違い

「物を生かして住みやすく」（A社、2020）	「整理・整とんで快適に」（B社、2020）
・身の回りや生活の場を見つめよう ・身の回りをきれいにしよう ・物を生かして快適に生活しよう	・なぜ整理・整とんをするのだろう ・どのような整理・整とんができるだろう ・物の使い方を工夫しよう

　双方を見比べると、B社の内容には掃除が含まれず、整理・整頓に特化されているように見える。しかし、学習する必要がある内容は学習指導要領に定められており、B社の教科書では「クリーン大作戦」という異なる題材を設定している。この例の他にも、ある学習内容が教科書によって異なる題材に含まれることもある。教科書は授業づくりや子どもたちの学習をサポートするものではあるが、授業を規定するものではない。教師が題材をつくる際は、教科書を参考にしても、教科書どおりにつくるとは限らない。子どもたちの実態や既習内容、学校行事や季節、題材に割ける時数や他教科との関連など、様々な事情に配慮し教師のアイデアとともにつくりだされるものが題材である。

3.2 題材構想の留意点

　修学旅行という学校行事に先立つ家庭科学習では、修学旅行のおこづかいの使い方を考える題材や、旅行中に活用場面が想定されるサブバッグをミシンで製作する題材などが考えられる。また、他教科の学習と関連させて、例えば体育の幅跳びで汚れた靴下を手洗いする題材や、理科での消化と吸収の学習を踏まえた、栄養素の内容を含む題材などが構想できるだろう。「総合的な学習の時間」で米作りやみそ作りに取り組む計画があれば、自分たちで作った米やみそを使える時期に調理実習を計画することも考えられる。教科という枠組みは便宜上学校に浸透しているが、子どもたちの中では、学習したことは自然につながっている。行事や他教科と関連させた家庭科の題材を構想することで、子どもたちは理解を深めたり、理論と実践を往還させたりする機会を増やすことができる。

3.3 主体的・対話的で深い学びのために

　題材づくりにおける重要な視点として、先述したとおり「主体的・対話的で深い学び」というキーワードがある。中教審答申では、「「主体的な学び」「対話的な学び」「深い学び」は、1単位時間の授業の中で全てが実現されるものではなく、題材のまとまりの中で実現できるよう指導計画を立てる[8]」と言及されている。

　「主体的な学び」は、それがどのような状態を指すのかについて絶えず議論を必要とする重要な概念である。学習評価においては、正しいノートの取り方や挙手の回数といった表面的な評価の現状への指摘が、中教審初等中等教育分科会でもなされている[9]。子どもたちの主体的な学習のために必要なことは何かを教師に問うならば、無数の回答が想定される。それらは、子どもが学びたくなるような学習内容の選定、子どもに関心をもたせるための導入の工夫、子どもを励ます授業中の声かけ、学習の振り返りにより学びを自覚させること、それぞれの興味の差異に応えうる学習方法の選択肢の用意など、教師が「主体的な学び」をどう捉えているかによって異なるだろう。

　「対話的な学び」についても、授業における教師や児童のやりとりには質の異なる多様なものが見られるため、活発に発話がなされていることが必ずしも対話的であるとはいえない。教師が児童から引き出したい「答え」を事前にもっていて、それが出されるまで「他にありますか」と問い続けるようなやりとりは、「主体的」「対話的」「深い学び」のいずれからも子どもを遠ざけていくだろう。子どもたちが本音を語り、子ども同士や集団内、教師との間に相互作用が生まれるようなやりとりを実現できるかどうかを検討する必要がある。そして、「主体的な学び」や「対話的な学び」を通して「深い学び」が実現できているかどうかを、授業実践において絶えず確認していくことが重要である。

3.4 題材構想の実際

　以上を踏まえて、実際に題材を構想する際の具体的なプロセスを筆者の事例をもとに追っていくことにする（表4−6）。1食分の献立を考える題材（6年生）を構想する場面である。なお、題材構想のプロセスは、題材の内容や教師の個性、児童の実態や学校のシステム、時期（学期・月）などにより多様であり、ここに示すのは一事例である。

【8】文部科学省「幼稚園、小学校、中学校、高等学校及び特別支援学校の学習指導要領等の改善及び特別支援学校の学習指導要領等の改善及び必要な方策等について（答申）」、2016
【9】文部科学省「教育課程企画特別部会における論点整理について（報告）」、2015

第4章　小学校家庭科の指導計画をつくる

表4－6　題材「1食分の献立」の構想プロセス

参照事項	教師の思考
学習指導要領の確認	・「B 衣食住の生活」の中の「（3）栄養を考えた食事」に該当する題材だ。 ・アの（ア）に書かれている「体に必要な栄養素の種類と主な働き」は5年生で学習した。 ・アの（イ）に書かれている「食品の栄養的な特徴」や「料理や食品を組み合わせてとる必要があること」は5年生でも学習したが、今回も大切な部分だ。 ・アの（ウ）にある「献立を構成する要素が分かり、1食分の献立作成の方法について理解すること」が、最も中心的な内容になりそうだ。 ・この学習を通して、「A 家族・家庭生活」の「家庭生活と家族の大切さや家庭生活が家族の協力によって営まれていること」にも気づいていくだろう。
教科書を確認	・献立を考える手順例が書かれている。 ・「主食」「主菜」「副菜」がキーワードになる。 ・「一汁三菜」の資料は子どもたちに紹介したい。 ・料理に使う食品を特定することが子どもたちには難しそうだ。 ・食品を栄養のグループに分類することは資料を見ながら取り組めるだろう。 ・題材の後半に調理実習を計画したい。
他教科の学習内容を想起	・先日、理科の実験ででんぷんが糖に変わることを確かめていたので、5年生で学習した栄養素の学習と関連づけて捉えられるようにしたい。
学校の事情を考慮	・新型コロナウイルスの感染状況を見て毎週校内で定められる学習活動のレベルから判断すると、今は調理実習が難しい状況だ。
子どもたちの様子	・受験する子が多く、疲れている様子が気になる。 ・調理実習は、新型コロナウイルスの流行のため実施が難しいが、子どもたちが前向きになれる学習を計画したい。
教師のアイデア	・以前、栄養教諭が授業に協力してくれると言っていた。 ・栄養教諭に具体的に相談すると、子どもたちが考えた献立を実際の給食に採用できるとのこと。また、給食づくりのプロセスに関する授業の実施も可能とのこと。 ・調理実習はできないが、子どもたちにとって身近な給食を教材にすれば、興味をもって学習できそうだ。

出所：筆者作成

　以上のようなプロセスを経て、「主体的・対話的で深い学び」が実現できるよう題材計画を立てた。「題材の冒頭では、授業前日の給食の写真を提示してどんな食品が含まれていたかを聞いてみよう」「栄養教諭をゲストティーチャーとし、写真を交えた給食づくりの話をしてもらおう」「子どもたちが考えた献立のいくつかは実際の給食の献立として採用してもらおう」「献立を複数立ててみたい子のためにプリントを多めに印刷しておこう」など、子どもたちが主体的に学ぶための学習活動が具体的になってくる。
　また、「コロナ禍のためグループ学習には制限があるが、学校全体で学習ツールとして導

表4−7 「1食分の献立」題材計画（1単位時間45分）

学習内容	時数
・給食はどのように作られているだろう	1
・献立づくりに必要なことは何だろう	1
・1食分の献立を考えてみよう	1

出所：筆者作成

入しているアプリケーションを使って、作成した献立を共有しコメントし合える場を設けよう」「栄養教諭から普段聞けない話を聞いたり、質問したりできる時間を確保しよう」など、対話的な学習となるよう工夫や配慮をしていく。このようにして筆者は、表4−7のような題材計画を立てた。この題材で深い学びを実現するには、学習の中で教師自身が絶えず授業を評価し改良しながら進められるかが重要になる。

4 問題解決的な学習の題材構成

4.1 生活から課題を見いだす

　問題解決的な学習を展開していくためには、日々の生活の中から課題を見いだしていくことが重要である。しかし、小学生にとって日常の中から問題を見いだして課題を設定していくことは、意外と難しい。今の生活を当たり前として捉え、「課題はない」と感じている児童もいる。そのような中で、いかに子どもたちが当事者意識をもって取り組める課題を設定できるかが、学習のポイントとなってくる。

　子どもたちが課題を意識するためには、日々の生活を目に見えるかたちで示し、客観的に見られるような「しかけ作り」が有効である。例えば、実際にはどのように生活しているかを書き出すことや、家族や友達へのインタビューなどを通して生活を振り返り、自分では認識していなかった課題に気づくようにつなげていくことができるだろう。そして、そこから課題を解決するためにはどのような知識・技能が必要かを考え、学習に取り組めるようにするとよい。同じ内容を扱っていても、「なぜ、それを学ぶのか」と子ども自身が目的意識を明確にもっているかどうかで、取り組み方が変わってくる。

　小学校学習指導要領解説家庭編では、学習過程の参考例が示されている（p.39図2−3参照）。ここで家庭科特有といえる点は、「家庭・地域での実践」が示されている点であろう。家庭科では、日常生活の中で実践することを前提に題材構成を考える必要がある。この題材で、「どのような資質・能力を身につけさせたいか」「どのような実践場面を想定して授業を構成していくか」「そのために、どのように問題解決的な学習を行っていくか」を明確にして、題材構成を考えていくとよい。

4.2 領域横断的な視点

4.2.1 領域横断的な題材構成

　家庭科での学習を家庭や地域での実践につなげていくためには、日常生活に近いかたちで学習する必要がある。小学校学習指導要領家庭編では、「A　家族・家庭生活」「B　衣食住の生活」「C　消費生活・環境」の3つの内容が示されている。しかし、これらを一つ一つ独立させて学習するようなかたちでは、生活に即しているとは言いがたい。それぞれを関連づけて、領域横断的な題材構成を考えて学習を行っていくとよい。

　例えば、「C　消費生活・環境」の「（2）環境に配慮した生活」などは、多くの題材と結びつけやすいだろう。この内容だけで学習するよりも、衣食住などの具体的な場面と関連づけたほうがイメージしやすくなる。昨今は、SDGsの意味や環境に配慮した様々な取り組みについて日常的に聞かれるようになり、家庭科だけでなく他教科でも環境問題について学習している。そのため、日常生活だけでなく他教科での学びも踏まえて、環境に配慮した生活について家庭科での様々な学習と関連づけて題材構成を考えていくこともできる。

> **さらに詳しく ▶▶▶** 『初等家庭科の研究』第5章「3 環境に配慮した消費や暮らしを考えよう」を参照

4.2.2 家庭や地域との連携

　「B　衣食住の生活」を学習する際には、子どもの家族や地域の人々の存在も加味して考えることも問題解決的な学習につながってくる。例えば、「（3）栄養を考えた食事」のイに示される1食分の献立の工夫では、栄養バランスを考えることはもちろんだが、実際の食事場面を考えると、一緒に食べる相手によって献立を考えるときの視点が変わる。考えた献立を日常生活に活かすのであれば、「A　家族・家庭生活」と関連させて、「家族との夕食」「学校の給食」「一人で作って食べる朝食」など、食事の場面を設定して人との関わりから献立作りの題材構成を考えることで、学習に広がりが生まれてくる。「○○と一緒に、おいしく食べるためには」と課題を設定すると、栄養バランス・相手の好み・食べやすさ（幼児や高齢者への配慮）など、問題解決に向けて子どもたちが学習に取り組むことができる。

　家族だけでなく「B　衣食住の生活」で身につけた知識及び技能を活かして、地域の人々とのよりよい関わり方を考えて交流することもできるだろう（pp.115-118も参照）。

　このように、問題解決的な学習として領域横断的に題材構成を考えることにも取り組んでみるとよい。また、学習で家族や家庭生活を取り扱う際は、各家庭のプライバシーを尊重し十分に配慮して取り扱うようにする。

4.3 実践事例「おいしい野菜炒めを作ろう」

　「おいしい野菜炒めを作る」という課題に対して、「B　衣食住の生活」の「（2）調理の基礎」と、「C　消費生活・環境」の「（1）物や金銭の使い方と買物」を第2次において関連づけて題材構成を考えた実践事例を紹介する。

表4−8 「おいしい野菜炒めを作る」題材構成

	学習内容	時数
第1次	「ゆでる」と「いためる」の違いを考えよう	1
第2次	野菜炒め作りの計画を立てよう ・調理計画を立てよう（1時間） ・食材の買い方を考えよう（1時間）	2
第3次	野菜炒めを作ってみよう（調理実習）	2
第4次	朝食のおかずを考えよう	1

出所：筆者作成

　第2次では、はじめに、おいしい野菜炒めを作るためにどの食材を使ってどのように調理をしていくかを班ごとに考える。事前に子どもたちには「材料（野菜と加工品）は班ごとに決めて、各自で用意をする」ことを伝えておく。用意する材料は、1人1品として金額の違いがあまり出ないようにする。自分たちで材料を決めることで、「おいしい野菜炒めを作る」という課題の解決に向けて、様々な視点から取り組むことができる。この課題に対して食生活の視点で考えると、解決方法として子どもが検討することは以下のようなものがあるだろう。

　・どのような食材を使うか。
　・どのくらいの量が必要か。
　・見た目（いろどり）をよくするためにはどうすればよいか。
　・栄養バランスをよくするためには何に気をつければよいか。
　・どのような切り方で調理をするか。
　・炒める順番はどうするか。

　これだけでも、問題解決的な学習としては成り立っている。しかし、実生活での料理を考えると、材料を用意すること（買い物）も考えていく必要がある。

　そこで、調理実習により適した食材を自分たちで用意するために、どのように買い物をしたらよいかを考える学習を行う。実際のスーパーマーケットの陳列棚を見ると、ひとつの食材でも様々な種類の物が売られている。そのため、調理実習で使う食材を決めるだけでなく、どの品を選ぶか、よりよい選択ができる力を育成することも必要である。先ほどと同様に課題に対して消費生活の視点から考えると、以下のようなものがあるだろう。

スーパーマーケットの陳列棚の様子

- 価格は、いくらか。
- 産地はどこか。
- 分量は適切か。
- 添加物や安全性などはどう確認するか。
- 食物アレルギーの原因となる材料はないか。
- 包装や容器、エコ商品など、環境への影響はどうか。
- 新鮮な野菜はどう見分ければよいか。

このように、「おいしい野菜炒めを作る」という問題解決的な学習に、領域横断的な視点を取り入れて、食材の決定、買い物、調理実習と一連の流れで題材構成を考え学習を行うことで、より実生活に近いかたちでの学びとなっていく。

5 題材の指導計画と評価計画
── 題材を通したねらい・目標設定と育成したい資質・能力

ここまで、様々な視点に基づいた指導計画や題材構成の例を見てきた。それでは、各題材で構成された指導計画と、これに対応する評価計画について確認をしておこう。第3章で見てきたように、学習指導要領に基づくカリキュラムでは、3観点（「知識・技能」「思考・判断・表現」「主体的に学習に取り組む態度」）による観点別学習状況の評価を行う。図4−2に示すように、学力の3本柱のひとつである「学びに向かう力、人間性等」は、評価の観点である「主体的に学習に取り組む態度」以外の部分がある。これらについては、学習指導案等における「評価計画」の中には記載しないが、「個人内評価」として捉え、「日々の教育活動や総合所見等」を通して子どもに伝えたり、評価の際に参考にしたりするなどして活用する。

はじめに各題材における「ねらい・目標」に即して、どのような力を育成したいかを3観点との関わりに基づいて書き出してみよう。例えば、国立教育政策研究所の「指導と評価の一体化」の事例の中で紹介されている「冬のあったかエコライフを工夫しよう」という題材

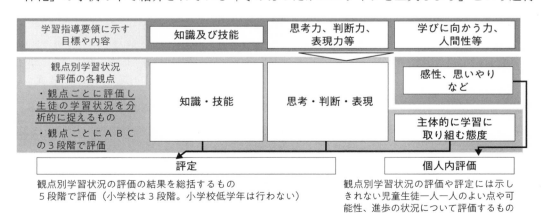

図4−2　各教科における評価の基本構造

出所：文部科学省「児童生徒の学習評価の在り方について（報告）」、2019、p.6を一部改変

では、8時間構成の授業の指導計画が示されている。この指導計画に対応した評価計画を図示したのが図4−3である。

指導計画の作成とともに、育成したい資質・能力を効果的に高めるための教材や学習方法の具体化を図る。図4−3が示すように、題材を通してどのように課題を追究するか、見通しをつけることも評価計画作成の役割のひとつである。問題（課題）設定にあたっては、学校や児童の居住地域の生活環境・実態を踏まえた設定の工夫が考えられる。この題材では、

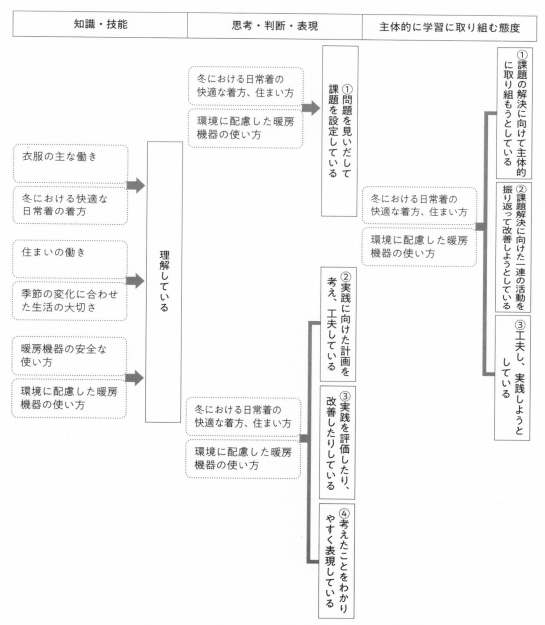

図4−3　「冬のあったかエコライフを工夫しよう」の評価計画の流れ

出所：国立教育政策研究所教育課程研究センター『「指導と評価の一体化」のための学習評価に関する参考資料—小学校家庭』東洋館出版社、2020をもとに筆者作成（一部改変）

第4章　小学校家庭科の指導計画をつくる

寒冷地や豪雪地帯の場合と温暖な地域の場合とでは、問題（課題）設定や、学習活動の詳細は変わるかもしれない。一方で、居住地域の環境に左右されない、普遍的な内容もある。このように、「いろいろな場面で役に立つ内容」「大人になっても覚えていてほしいこと」「学問の中核部分」「学習者が誤解しやすい内容」などを含む「永続的な理解」に到達するための指導計画、評価計画を考えたい。なお、表4－9は、各観点に対応した文末表現の例の一覧である（p.100参照）。

表4－9　評価規準に基づいた文末表現の例

知識・技能	思考・判断・表現	主体的に学習に取り組む態度
●…を（…について）理解している。 ●…を（…について）理解しているとともに、適切にできる。	①解決すべき課題を設定する力 ●…について問題を見いだして課題を設定している。 ②様々な解決方法を考える力 ●…について考え、工夫している。 ③実践した結果を評価・改善する力 ●…について、実践を評価したり、改善したりしている。 ④考えたことをわかりやすく表現する力 ●…についての課題解決に向けた一連の活動について、考えたことをわかりやすく表現している。	①粘り強さ ●…について、課題の解決に向けて主体的に取り組もうとしている。 ②自らの学習の調整 ●…について、課題解決に向けた一連の活動を振り返って改善しようとしている。 ③実践しようとする態度 ●…について工夫し、実践しようとしている。

　これまで見てきたように、家庭科教育における問題（課題）解決型の学習は各学校段階で展開されている。小学校では学習指導要領の内容A（4）で「家族・家庭生活についての課題と実践」が置かれたが、内容A（4）が関わる題材のみならず、各題材で問題（課題）解決場面を入れた学習活動が配列されている。問題（課題）に迫る場面では、子どもが誤解しやすい日常生活の事象（例えば、洗剤の量と洗浄力、米の吸水時間と吸水量など）に注目して問いを立てて検証したり、状況や条件を変えることで変わりうる事象（縫う布の素材に応じた糸・針・縫い方など）について、気づいたり、これまでもっていた考えをゆさぶり、問い直すような場面を設定したい。その場合、どのような評価計画を構想するか、評価をする際の評価材として何を用いるか、あらかじめ明確にしておくとよい。

[考えてみよう]

　ウェブ上で公開されている小学校家庭科の年間指導計画を例に、児童が学習を深めるための題材配列の工夫を探してみよう。また、「工夫」と感じた理由を箇条書きにしてみよう。

第5章

小学校家庭科の授業をつくる

本章のねらい ▶
□授業設計に必要な要素と視点を押さえよう。
□家庭科における「主体的・対話的で深い学び」につながる学習方法を理解しよう。
□実践的・体験的な学習の意義と授業での取り入れ方を理解しよう。

キーワード ▶ 授業目標　授業者　学習者　実践的・体験的学び
主体的・対話的で深い学び

1 授業設計の視点と学習指導過程

1.1 授業設計の視点

1.1.1 授業の要素と必要な視点

　授業設計とは、教育目標を明確にし、その目標を達成するための学習内容と学習方法とを統合的に決定し、学習過程や評価の計画、教材や教具の作成など一連の授業実施計画を立てることである。つまり、どのような資質・能力を育成するのかという教育目標に向かって、どのような学習内容を、どのような教材を用いて、どのように学習するかという学習方法を検討することが授業設計である。その際、授業を構成する3要素である教師、子ども、教材の相互作用が十分に展開されるように構想することが重要である（図5−1）。

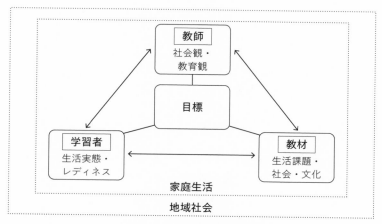

図5−1　授業の構成要素
出所：筆者作成

教師、子ども、教材の相互作用が展開されるためには、まず教師が、子どものレディネスを十分に把握することが必要である。具体的には、子どもの発達段階、生活実態、既習知識、技術の習得状況、興味や関心などの把握である。それらを踏まえ、子ども一人一人の発達課題や生活課題を捉えることによって、子どもにとって必然性のある生活課題の解決につながる学習を組み立て、主体的に学びを深められる教材や学習方法を開発することが可能となる。

　では、学習者である子どもたちを理解し、望ましい相互作用を生むために、教師はどのようなことに留意すべきだろうか。以下、具体的に整理していこう。

1.1.2 教材との相互作用を生むための留意点

　教材とは、広義には教育的資源の総称であり、教師が子どもとの関わりにおいて選定した教育内容を学ぶための文化的素材であるといえる。教材作成にあたって、まずは適切な授業目標を設定することが必要である。学習指導要領に示される教科の目標や内容などを読み解いたうえで、学習者である子どもたちの生活実態に合わせて授業目標を設定する。その授業目標を達成しうる教材として適切であるか、教科書をはじめ、授業事例集などを参考に教材の情報を集めて吟味する。その教材でなければならない理由や、教材から導き得る視点を複数あげて検討を行う。また、教材選択は、学習者の興味・関心や知識・技能のレベルなどの実態に合致しているかの検討が大切である。

　どんなに効果的といわれる教材を指導力のある教師が用いたとしても、教材が対象となる学習者の生活実態とずれていたり、技術の習得状況が不足していたりする状態であれば、学習者が学ぶことは難しい。また、学習者が主体的に教材に関わっているように見えても、教師の中で授業目標や習得させたい知識・技能が不明瞭であれば、授業が成立しているとはいえない。

　教材の検討にあたっては、教具や教室についても考える必要がある。使用する器具などに破損や不具合がないか、数が十分にあるかといったことや、実習室の設備、広さなど、安全・衛生面で環境が整っているか、子どもたちが十分学べる状態にあるか確認する必要がある（pp.204-206参照）。さらに器具や材料などの購入を伴う場合、予算面や日程の都合上、準備可能かどうかも留意する。計画的に予算を獲得したり、ミシンなどのメンテナンスは長期休みの際に定期的に行ったりしておく。家庭科の場合、特別な道具を用いなくとも日用品を教材として活用することも可能であり、常にアンテナを張っておくことも重要である。

1.1.3 学習者との相互作用における留意点

　学習者との相互作用においては、子どもたちのプライバシー、潜在的（隠れた）カリキュラムに留意する必要がある。

　家庭科の学習では、自分自身の生活を振り返って課題を見つけたり、学習した知識・技能を家庭生活の状況に応じて実践する計画を立てたりする機会が多い。プライバシーに配慮する必要があり、個々の生活状況を本人の意思に反して発表させるような場面は設定すべきではない。一方で、自分自身の生活を振り返って課題を見つけたり、各々の家庭生活の工夫を発表したりする活動は、学習内容を自分に関わるものとして理解し、生活実践につなげてい

くために欠かせないものである。子どもが本音を出せるよう、学習者と教師の信頼関係を築くだけではなく、子ども同士が互いを受け入れ、多様性を認め合えるような関係性を日ごろからつくっておく必要がある。

　また、教師が無意識のうちに発する言動により子どもに伝わる価値観や知識、行動様式を潜在的（隠れた）カリキュラムというが、家庭科では教師自身の家族観やジェンダー観、生活価値観などが言動に出やすいので、意識しておく必要がある。例えば、「お母さんは普段どのように洗濯をしていますか」という発言の背景には、家事担当者は当然母親をはじめとする女性であるという考え方があり、子どもへの刷り込みにもなりうる。また、多様な家族形態を考慮すると、必ずしも実親と一緒に生活しているとは限らない。「家の人」や「保護者」「身近な大人の人」などの表現を用いる必要がある。さらに、調理や裁縫などの基礎的な知識や技能が不足したまま指導にあたる教師や、自分が苦手な内容は女性教員に代わりに教えてもらえばよいといった考えをもつ教師も見受けられる。こういった言動は、「これらのことはできなくてもよい」という学習軽視の価値観を暗に伝えることになり、子どもの学習機会を奪うことになりかねない。小学校での調理や裁縫の学習は、生活するうえで必要な基礎的な知識と技能の習得を目的としており、高度な専門的技能を要求しているわけではない。他教科同様に、教師は学習の必要性や子どもへの指導のポイントを理解することが必要であり、そのためには、教師自身の基礎的な知識・技能の習得が、授業成立の最低限の要件である。

　また、家庭科の授業設計では、特に子どもの生活経験や事象に対する関心に注意を払う必要がある。子どもの生活は、個々の家庭だけでなく、地域社会の生活環境や時代背景にも影響を受けている。直接的観察や調査による子どもの実態把握だけでなく、教師自身が社会の動きに関心を向け、歴史的あるいは文化的文脈で現代の生活の特徴を捉えるなど、視野を広げておきたい。

1.2 学習指導過程

　1時間の授業の流れは、導入・展開・まとめの大きく3つの段階に分かれる。導入では子どもの興味・関心、展開では主課題について考え、まとめでは本時での学習によって明らかになったこと、わかったことをまとめ、次時の課題につなげる。

　その際、重要なのは「授業目標」である。授業目標が明確でなければ、本時の流れや授業の主課題、まとめが合わなくなってしまったりする。授業を考える際は、まとめにおける子どもの姿を想定し、まとめにつながる展開を考え、展開を行うための主題を設定し、主題に結びつく導入を考えるとよい。授業を構想するためには子どもの実態把握を十分に行い、課題に対してどのような考えをするのか、子どもの思考の変化を予想し、授業の流れが子どもの実態とずれていないか検討する必要がある。また授業では、子どもが課題に取り組み学習内容を理解するために、教師の支援が不可欠である。教師の支援の内容やタイミング（声掛けや、掲示物や資料の内容・提示のタイミングなど）も併せて検討する必要がある。

しかし、特に教師が学ばせたいことを主体に授業の目標を考えると、授業の流れを教師が引っ張り、学習の主体者である子どもたちは受け身になってしまう。授業の主体は子どもたちであることを考慮し、子どもたちの思考を中心に授業を考えるとよい。

　子どもが主体的に学ぶ学習方法としてどのようなものがあるか、次節で見ていく。

2 家庭科における学習方法

　学習者である子どもが主体的に学ぶ方法として「アクティブ・ラーニング」がある。アクティブ・ラーニングは「教員による一方向的な講義形式の教育とは異なり、学修者の能動的な学修への参加を取り入れた教授・学習法の総称[1]」である。学習指導要領では「主体的・対話的で深い学び」という文言で提示されており、解説の家庭編においては、以下のように説明されている[2]。

　まず家庭科における「主体的な学び」とは、「題材を通して見通しをもち、日常生活の課題の発見や解決に取り組んだり、基礎的・基本的な知識及び技能の習得に粘り強く取り組んだり、実践を振り返って新たな課題を見付け、主体的に取り組んだりする態度を育む学び」であるとされている。

　「対話的な学び」とは、「児童同士で協働したり、意見を共有して互いの考えを深めたり、家族や身近な人々などとの会話を通して考えを明確にしたりするなど、自らの考えを広げ深める学び」であるとされている。

　そして「深い学び」については、「児童が日常生活の中から問題を見いだして課題を設定し、その解決に向けて様々な解決方法を考え、計画を立てて実践し、その結果を評価・改善し、さらに家庭や地域で実践するなどの一連の学習過程の中で、「生活の営みに係る見方・考え方」を働かせながら、課題の解決に向けて自分なりに考え、表現するなどして資質・能力を身に付ける学び」であるとされている。

　このような「主体的・対話的で深い学び」となるために、家庭科では、①日常生活の課題に気づく、②思考を広げ多様な視点から考える、③課題を分類・整理する、④課題解決の方法を考える、といった学習手法が用いられてきた。これらに具体的にどのような学習方法があるかを見ていきたい。これらの学習方法は組み合わせることも可能であり、教材や学習段階、学習者の状況に合わせて選ぶとよい。基本的には①から④の順で学習が展開していくが、ひとつの題材ですべての方法を用いる必要はなく、授業の目的に合わせて、④に相当する方法を授業の早い段階で用いるといったことも可能である。

【1】文部科学省「新たな未来を築くための大学教育の質的転換に向けて―生涯学び続け、主体的に考える力を育成する大学へ（答申）用語集」、2012
【2】文部科学省『小学校学習指導要領（平成29年告示）解説 家庭編』東洋館出版社、2018、p.73

2.1 日常生活の課題に気づくための学習方法

　家庭科では、生活課題に気づくことから学習がスタートすることが多い。課題に気づくための学習方法として、インタビュー、アンケート、フィールドワーク、フォトランゲージ、新聞分析（NIE）などがある。課題に気づくために、題材の最初に行うことが多いが、課題を深めたり、解決方法を考えたりするときに用いることもできる。

2.1.1 インタビュー

　対象者に直接話を聞くことにより、人々の意見や生活実態を把握する方法である。インタビューにあたっては、何を聞きたいのか目的を明確にして、相手に説明できるようにしておく。質問内容もあらかじめ決めておく。インタビュー中は、メモを取るだけでなく、相手の了承が得られたらレコーダーなどで記録しておくとよい。具体的には、周りの大人に話を聞く（幼い頃について「初めて○○したとき」「子どもの頃に食べていたおやつ」といったことや、「洗濯機の使い方、洗濯のコツ」など）、商店などで働く人に仕事の内容について聞くといった例があげられる。家庭での聞き取りは個人で行うことが多いが、地域の人にインタビューする場合はグループで訪問することもある。事前にインタビューの了解を得ておくとスムーズである。

2.1.2 アンケート

　アンケート（質問紙）を作成し、周りの人の意識や態度を分析したり、意見を把握したりする方法である。質問文は、特定の回答を誘導するような表現や、あいまいな表現などを避けて、回答しやすい選択肢を設けるようにする。質問の仕方や質問する相手によって結果が異なってくるので、事前にしっかりと計画を立てる。例としては、同級生などの朝食習慣、家事分担状況、買物のときに大事にしていることなどがあげられる。学習者と家族の両方にアンケートを行い、回答を比較するなどの方法もある。

2.1.3 フィールドワーク

　設定した課題に即した場所を訪れ、現地で探索、採集、取材などをして具体的な情報を得る方法である。地域の実態を知っていく中で、課題を発見することができる。例えば地域の商店街で購入できる特産品マップづくり、防災マップづくり、家庭や地域・学校のごみ処理の実態調査などで活用できる。地域でフィールドワークを行う場合は、グループで活動することが多い。行く場所によっては、あらかじめ先方の許可を取り、子どもたちの活動可能な範囲を確認しておくとよいだろう。

2.1.4 フォトランゲージ

　写真や絵を使って、そこから受けたメッセージを互いに発表し合う学習方法である。写真を「読み解く」ことで、他者への共感的な理解や想像力が高まったり、同じものを見ても様々な捉え方があることに気づいたりする。自分と異なる意見を聞くことによって、自分の偏見や固定観念に気づくこともできる。また、取り上げる題材によっては、意図的に切り取られた部分的な情報であることに気づき、メディアを批判的に読み解く学習として用いるこ

ともできる。

［進め方］

　一枚の写真をもとに、「どこの地域（国）？」「ここに写っている人は何をして（考えて）いるのだろう？」といったことを考えさせたり、その土地の文化的な特徴が表れているものを探したりする。写真にキャプション（簡単な解説）をつけたり、その写真を題材にしてニュース記事を書いたりする方法もある。教材としては、絵はがきや雑誌の切り抜きのカラーコピーなどを用いる。教科書の口絵などの写真を活用するのもよい。他にも、カタログやパンフレット、チラシなども活用できる。個人で考えたあと、グループやクラス全体で、各々の意見を共有する。

2.1.5 新聞分析（NIE）

　時事ニュース記事を分析することで、生活問題を把握し、解決法を考える学習方法である。学校などで新聞を教材として活用することをNIE（Newspaper in Education）という（p.175も参照）。家庭科では、食品表示、消費者トラブル、ごみ問題、防災など、身近ではあるが学習者がイメージしにくかったり社会的な問題であったりするものを題材とする際に用いるとよいだろう。

［進め方］

　①テーマにしたがって記事を収集し、記事の出所、日付を明らかにし、記事を分類する。

　②記事を注意深く読み、要旨を記述する。

　③記事の明らかにしていること、概念、問題を明らかにする。

2.2 思考を広げ多様な視点から考えるための学習方法

　次に思考を広げるための方法について説明する。多様な視点や立場からの考えを知ることによって、思考を広げたり、新たな課題に気づいたりすることができる。ブレインストーミング、イメージマップ、ランキングなどがある。

2.2.1 ブレインストーミング

　集団でアイデアを出し合うことによって相互の連鎖反応や発想の誘発を期待する方法である。出てくるアイデアの量を求める。5～10名程度の少人数のグループで行い、議題はあらかじめ周知しておく。次の4原則を守る。

　　・判断や結論を出さない。（批判・結論の厳禁）

　　・粗野な考えを歓迎する。（自由奔放）

　　・できるだけ多くのアイデアを出す。（質より量）

　　・別々のアイデアを統合したり一部を変化させたりする。（結合改善）

2.2.2 イメージマップ（マインドマップ）

　自分の頭の中にあるイメージを絵や図にする方法である（図5−2）。視覚化することによって自分の思考や固定観念を明確にし、客観的に見つめることができる。また各々がもつイメージを比較し合うことを通して、自分のものの見方を客観的に分析したり、多様なもの

の見方に気づいたりすることができる。家庭の仕事、家族、幼児、高齢者、ごみについてなど、様々なものをキーワードとして設定して作成する。

［進め方］

①学習者にＡ４程度の大きさの白紙を配り、あるテーマについて思うままに描かせる。絵や地図などにする方法や、語句を次々とあげて関連するところを線で結び、図式化するなどの方法がある。

②描画後は学習者同士で見せ合ったり、単元の学習前後で比較したりして、共通点と相違点を考えさせたり、学習を経てどのようにイメージが変わったかを比較検討させたりする。

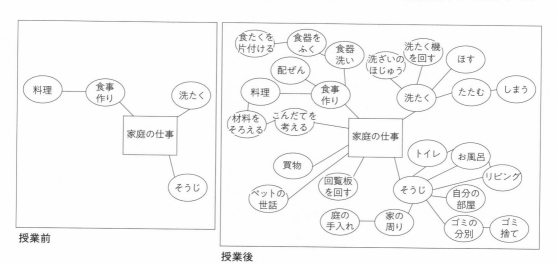

授業前

授業後

図5－2　イメージマップの例

出所：筆者作成

2.2.3 ランキング

あるテーマについて、用意された複数の選択肢を、よいと思うものから順に並べる方法である。個人で取り組んだあとに他の人と比べながら議論する他、グループで相談しながら並べ、合意形成を図るのに用いることもできる。

［進め方］

①テーマと選択肢（10個程度）を示す。

②選択肢を、自分なりの考えで順位づけしダイヤモンド型に並べる。

③順位づけの理由や根拠を書き出す。

④それぞれの答えと、そのように順位づけた理由を発表する。さらに違った考え方がないか、参加者の自由な意見を求める。

［活用しやすい題材例］

快適な住まいの条件、食品選択の基準、洋服を選ぶときに重視する条件など。

2.3 課題を分類・整理するための学習方法

　様々な課題がある場合、それらを分類・整理することによって、その問題点や要因などを明らかにする必要がある。その学習方法として、ＫＪ法、フィッシュボーン法がある。両者とも、主にグループで学習する際に用いる。

2.3.1 ＫＪ法

　カードにアイデアを書き出し、整理することで問題点を明らかにしたり、理解を深めたりする方法である。文化人類学者である川喜田二郎が考案した方法で、氏のイニシャルをとってＫＪ法と呼ばれる。ブレインストーミングで出たアイデアや、インタビューやフィールドワークで得た情報を整理する際にも用いられる。

［進め方］

①テーマについて思い浮かぶことを、カード１枚につき１つ書き出す。大きめの付箋などを用いると、そのあとの並べ替えもスムーズである。

②似た内容のカードを集めてグループを作る。初めから大きくまとめようとしない。どのグループにも入らないカードがあってもよい。

③各グループに、グループの内容が簡潔にわかる見出しをつける。

④各グループの関係性を考えながら、１枚の紙の上に載せる。近さや関連性、概念の大小などを考えて配置し、それぞれを線でつないだり囲ったりする。

⑤整理したものをもとに発表する。

2.3.2 フィッシュボーン法

　テーマ（課題や結果）に対して、どのような要因や理由が考えられるかを図に整理したものである（図５−３）。魚の骨の形に似ることから、フィッシュボーン法と呼ばれる。

［進め方］

①テーマ（課題や結果）を書き、魚の頭の部分とする。そこから背骨にあたる太い線を引く。背骨から、上下へ数本ずつ斜線（脇骨）を書く。これが大骨となる。

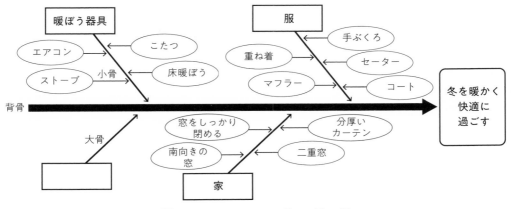

図５−３　フィッシュボーン法の例

出所：筆者作成

②大骨の先にテーマの要因として考えられるものを書き出す。さらにその要因がなぜ起きるのか、どういう課題や問題点があるかといった具体例を、大骨の途中に小骨として書き込む。付箋を使うと、書き出したものの位置を変えながら整理することができる。

2.4 課題解決の方法を考えるための学習方法

課題に気づき、その課題を多様な視点から検討して思考を深め、さらに課題解決の方法を考える学習方法として、ロールプレイング、シミュレーション、ディスカッション、ディベート、知識構成型ジグソー法といったものがある。基本的にグループ学習で用いる。

2.4.1 ロールプレイング

役割（ロール）を演じる（プレイング）ことによって学ぶ方法である。学習の対象となる場面を設定し、学習者同士が役を演じることによって場面を理解するだけでなく、役の立場になり切ることで、自分とは異なる立場の心理を客観的に考え、実感することができる。観察者は、その学習対象となる場面を疑似体験できる。

［進め方］

シナリオの作り方と演者の選定方法は複数考えられる。授業の目的に合わせて、これらを組み合わせて行う。

シナリオの作り方：

（a）場面と登場人物の役割のみを設定し、その場でセリフを自由に考えて演じる。

（b）場面と登場人物の役割を設定したうえで、セリフを考えてシナリオを完成させてから演じる。

（c）教師があらかじめシナリオを完成させて準備しておき、それをもとに演じる。

演者の選定方法：

［i］クラスの中から代表者を決めて、みんなの前で演じる。

［ii］各グループで役割を決め、グループの中で演じ合う。その際、観察者の立場の人も決めておくとよい。

2.4.2 シミュレーション

ある事象をモデル化、単純化して、それを擬似的に体験する方法である。擬似的に体験することで、問題点を明らかにするとともに、学習者がそれを実感として認識するための有効な手段として使われる。シミュレーションゲーム、ケーススタディ、疑似体験などの方法がある。

シミュレーションゲーム：

ロールプレイの特徴も併せ持ち、決定ポイントにおいてどう決断するか、意思決定能力を育成する。人生ゲーム、商品購入ゲームなどがある。

ケーススタディ：

学習者が直面するであろう事例を提示して、その解決法を考えるプロセスを通し、問題解決能力を育成するものである。教材としては、新聞記事、漫画、小説、テレビドラマなどの

既存資料、手紙や日記、対話などの形式による自作資料を用いる。事例は、地域の音のルール、食品ロス（食べのこし）、防災についてなど家庭生活で現実に起こる可能性のあるもの、意思決定場面があるもの、一般的問題解決にも役立つようなものがよい。

疑似体験：

　ある立場になった体験をし、対象者の気持ちを類推し、対象者の人権、ノーマライゼーションなどについて考えるきっかけとする。高齢者、障がい者、幼児、妊婦などの体験を取り上げることが多い。学習者が自主的に取り組み実感を伴って学ぶことができる、背景も併せて考える過程で現実社会の問題に気づくことができるなどの利点がある。ただし、特徴的な要素を取り出して、あくまで「人工的に」体験するものであり、すべてを説明することはできない。その点を踏まえておくことも重要である。

2.4.3 ディスカッション

　ある論点について議論をし、合意形成や結論を導き出す方法である。クラス全体で議論するほか、3〜5名程度のグループで、グループディスカッションを行い、グループごとに結論を発表させるといった方法もある。学習の導入として用いる場合は、考える材料となる資料を準備してから行う。

　［進め方］

　①内容と手順について簡潔に説明する。結論を出すのか、幅広く議論をすればよいのか、最後に結論を発表するかなど、到達目標を明確に示す。

　②資料などを読み、自分の意見をある程度まとめる。

　③グループに分かれて議論をする。議論に行き詰まったときは、教師が、前に進めるための質問をしたり、考えを広げる方向を示唆したりする。

　④いくつかのグループに議論の内容や結論を発表させる。

　⑤最後に振り返りや教師による補足・解説を行う。

2.4.4 ディベート

　ある特定のテーマについて、「賛成派」と「反対派」の2つのチームに分かれて討論する方法である。学習効果としては、以下のことが期待される。

　・事前に情報収集し意見をまとめることで、テーマに対する認識や関心が深まる。

　・論点の整理と立論の繰り返しによって、問題解決の能力が身につく。

　・根拠となる文献資料やデータを探し出し、活用することで、論理的に議論する能力が身につく。

　・立場の異なる他者の思考プロセスを共有することにより、異なる立場に対する共感的理解ができるようになる。

　［進め方］

　賛成派と反対派の2チームに分かれて、賛成派立論、反対尋問、反対派立論、反対尋問、作戦タイム、賛成派反駁、反対派反駁、審査タイムのプロセスで討論を行い、主張の論理性、実証性を競う。ただし、勝敗そのものよりも、事前の共同作業や事後の振り返りも含むプロ

セス全体が重要視される。その単元の最後に、テーマをよりいっそう深めるために取り入れるのが一般的だが、学習の導入として用いることもできる。

2.4.5 知識構成型ジグソー法

設定したテーマについて、グループごとに異なる視点から書かれている資料を読み込み、他のグループメンバーに説明する（図5−4）。交換した知識を組み合わせてテーマに対する理解を深め、課題を解決する活動を通して学ぶ協調学習のひとつである。

［進め方］

①各自で課題について考える：班に分かれ、課題について確認し、各自が自分の考えをもつ。

②エキスパート活動：各班から一人ずつ集まり、与えられた資料を読み込み、自分の言葉で説明できるようになる。

③ジグソー活動：①の班に戻り、それぞれがエキスパート活動を通して得た知識や自分の考えを伝え合う。

④クロストーク：各班で話し合ったことを、クラス全体で共有する。

⑤個人で振り返り：課題について、最後にもう一度自分で答えを出す。

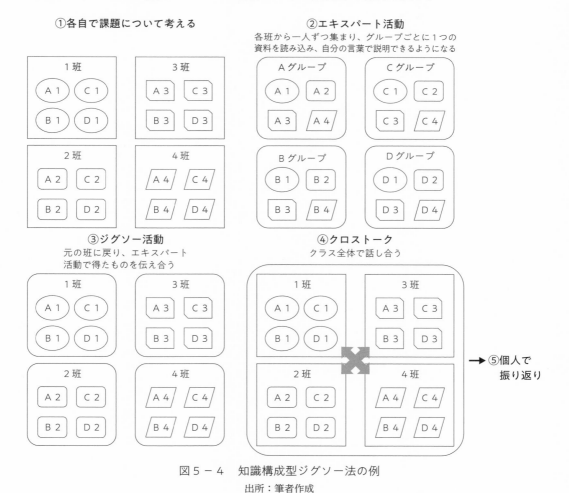

図5−4　知識構成型ジグソー法の例

出所：筆者作成

3 実践的・体験的な学習を促進する学習形態

3.1 家庭科における実践的・体験的な学習の意義

　家庭科の授業では、学習指導要領における教科の目標において、「衣食住などに関する実践的・体験的な活動を通して、生活をよりよくしようと工夫する資質・能力」を育成することを目指すと述べられている。つまり、実践的・体験的な学びを通して、基礎的な知識・技能を身につけ、生活課題を解決するための方法を考え、実践する力を身につけることが求められる。実践的・体験的な活動の具体的な方法としては、小学校学習指導要領解説家庭編において「調理、製作等の実習や観察、調査、実験など」を用いるとされている。前節で述べたような、子どもたちが主体的に学ぶ学習方法もこれに該当する。これらの実践的・体験的な学習を行うことには、以下のような意義があると考えられる。

　まず、生活課題を他人事ではなく自分に関係することとして捉える意識につながる。現代の子どもたちは生活体験の幅が様々で、体験が乏しい子どもがいる。何気なく過ごしていて意識していなかったり、親任せだったりする子どももいるだろう。観察や調査によって、普段の生活を捉え直したり、実習や実験を行うことで、子どもたちが生活事象を自分の生活に引き寄せ、実感を伴って課題に気づいたりすることができる。例えば、みそ汁を教材とした授業（表5－1）では、「おいしいみそ汁」を作るために、普段の生活で得た知識や技能をもとに、みそ汁の試し調理をまず行う。みそ汁は小学生にとっても普段からなじみのある食べ物であるが、みその他に必要な材料や、正しい手順、適切な量などは理解していない場合が多い。試し調理で、自分たちの知識があいまいであることに気づいたり、他の班の作ったものと飲み比べることによって味の違いがどこで生じるのかを考えたりする。

　また、実践的・体験的な学習には、科学的な理解を深めるという意義もある。実習や実験を行うことによって、なぜそうなるのかという根拠や、そうしなければならない必要性を知ることができる。表5－1の授業では、試し調理の際、手順や使用した量、加熱時間などを書き留める。飲み比べを行って、どの班がおいしいか投票したあと、それぞれの班の作り方を比較する。そこで得られた情報をもとに、煮干しの数や煮出し時間を変えて作ったみそ汁を飲み比べ、おいしいみそ汁を作るための科学的な知識を得る（第3次の授業の詳細についてはpp.122-125参照）。また、衣生活領域の重ね着の実験（pp.136-141参照）では、重ね着をすることで保温性が高くなることを実証的に学ぶことができる。さらに、観察や調査などで得た客観的なデータをもとに考えるということは、社会科学的な方法で生活を理解することにつながる。例えば食生活領域の食事の役割についての授業（pp.125-127参照）では、自分や家族の生活時間を記録し、振り返ることで、朝はみな忙しく、協力する必要があることに気づく。その際、朝食欠食率の全国調査のデータを示しながら、短時間かつ自分で調理できる朝食を考え、実際に作れるようになる必要性に気づかせている。

最後に、協働的な学びとしての役割があげられる。実験や実習を行う際は、グループで行うことが多い。グループで話し合ったり助け合ったりしながら課題に取り組むことで、自分とは異なる考え方に気づいたり、他者とコミュニケーションをとる能力を身につけることができる。表5－1の授業では、授業の際に班で試し調理をしたり、班ごとに作ったものを飲み比べたり、クラス全体で意見を共有することによって、「伝える力」「批判的（多面的）思考力」「メタ認知・気づき」「リーダーシップ・協力する心」といった資質・能力が育成されていた[3]。これらは、個人の実践・体験では育成することが難しい資質・能力であろう。

3.2 様々な学習形態の組み合わせ

学習形態は一般的に、一斉学習・グループ（小集団）学習・個別学習に大別される。実践的・体験的な学習を行う際は、これらの学習形態を組み合わせて行う。

例えば、先ほど取り上げたみそ汁の授業の第2次（表5－1）では、最初に一斉学習を行い、クラス全体で前時の学習内容を思い出し、みそ汁が身近な料理であることを確認する。そのあと、個別に自分の経験を踏まえてみそ汁の作り方を考え、ワークシートに記述する。次にグループ学習に移り、各々が考えた方法をもとに話し合いながら試し調理をする。道具や材料の準備、調理の手順や使った材料、時間の記録、計量、調理、片付けなどを、班の中で話し合いながら協力して進めていく。出来上がったみそ汁を互いに試食して、それぞれが自分の感覚をもとに、味の違いの理由を考える。一斉学習に戻り、どの班がおいしいと感じたか、なぜおいしいと思うのか、理由も含めて発表し、クラス全体で「おいしいおみそ汁を作るにはどのようにしたらよいか」を考える。

このように、学校における授業は、個別学習を行う場合でも、いわゆる個人教授ではなく子ども同士のつながりの中で行われる。つながりながら学ぶことにより、学習効果が上がる

表5－1 「おいしいみそ汁の作り方」の授業概要

第1次	食生活の振り返り	普段の食生活を振り返り、どのような特徴があるのか考える。
第2次	試し調理	みそ汁の作り方（煮干しの量、煮出し時間、手順など）を各班で話し合って決め、その方法でみそ汁を作り、各班の味見をしてどの班がおいしかったか考える。各班のみそ汁の作り方を発表し、どんな作り方がおいしいかを考える。
第3次	みそ汁の味比べ	煮干しの数や煮出し時間を変えたみそ汁を作り、全員で味見をして、好きな味に挙手をする。おいしいみそ汁の煮干しの量や煮出し時間などの作り方を確認する。
第4次	確認調理	第3次で確認した作り方に沿ってみそ汁を作る。

出所：東京学芸大学次世代教育研究推進機構「「OECDとの共同による次世代対応型指導モデルの研究開発」プロジェクト―平成28年度研究活動報告書」（文部科学省機能強化経費「日本における次世代対応型教育モデルの研究開発」プロジェクト報告書 Volume2）、2017（一部改変）

[3] 大竹美登利・藤田智子「小学校家庭科みそ汁の授業で育む資質・能力の分析―次世代対応型指導モデルの研究開発の一環として」『東京学芸大学紀要 総合教育科学系』70（2）、2019、pp.41-52

とともに、関係性が構築される。これをピア・エデュケーション（peer education）という。

　実践的・体験的な学習とは、ただ何かを体験させればよいということではない。個別の実践や体験を通して気づいたこと、考えたことを共有したり、集団で実践・体験したりする過程でさらに学びを深め、資質・能力の育成へとつなげていくことが重要である。子どもたちが、家庭科での活動や体験を通して、日常の中にある法則性を発見したり科学的な考え方を身につけたりできるように、教師は周到に準備する必要がある。

3.3 ICTの活用と学習形態

　様々な学習方法と学習形態について述べてきたが、ICT（Information and Communication Technology）を活用することでより効果的に授業を行える。また、現在の学校教育では、個別最適な学びと、協働的な学びの実現が求められているが、その際にもICTを活用することは有効である。[4]学習形態別にICTの活用場面をまとめたものが表5－2である。

　一斉学習の際は、電子黒板に実物投影機（書画カメラ）やタブレット、スマートフォンなどを接続し、教科書や資料、配布プリント、手元を映すことで子どもたちの興味・関心を高めるとともに、理解しやすくなる。映し出されたものに直接書き込むこともできる。

　グループ学習では、発表や話し合い、協働での意見の整理などに活用できる。第2節で紹介したイメージマップ、KJ法などは、アプリケーションソフトを利用して行うこともでき、グループごとに話し合った結果を電子黒板などに映すことで、クラス全体で共有することもできる。

　個別学習としては、家庭科の場合、調理や被服製作で用いる動画の活用がまずあげられる。一斉学習として説明する際に使うだけでなく、子どもたちが個人の端末で再生し、自分の好きなタイミングや必要に応じて繰り返し見ることができる。また、子どもたちが、実践の成果をまとめるために動画や写真を撮って資料を整理するといったことも有効だろう。クラス全体で発表するだけでなく、クラウドなどを利用し、互いにコメントを書き合うことなどもできる。

　ICTを活用する場合も、それぞれの学習形態は分離したものではない。一斉学習で足りない部分を個別学習として補うために活用する、個別学習で子どもたちが学んだものをグループ学習や一斉学習で共有するために活用するといったことが必要である。

　また、デジタル教科書では、動画や資料などへのリンクが設定されている。紙の教科書にも、掲載されているQRコードを読み込み、動画を視聴できるものがある。教材として公開されている動画も多数あるが、教員が動画を準備する場合も、スマートフォンなどで撮影することができる。その際、手元を映すときは、必ず作業をする子どもの目線から見たときの方向で映すようにする。また、左利きの子どもに合わせた動画もあるとよい。

【4】 文部科学省「「令和の日本型学校教育」の構築を目指して―全ての子供たちの可能性を引き出す、個別最適な学びと、協働的な学びの実現（答申）（中教審第228号）【令和3年4月22日更新】」、2021

表5－2　学習場面に応じたICTの活用例

一斉学習	グループ学習	個別学習
実物見本や写真などを拡大・縮小・画面への書き込みなどを活用してわかりやすく説明することにより、子どもたちの興味・関心を高めることが可能となる。	タブレットPCや電子黒板などを活用し、教室内の授業や他地域・海外の学校との交流活動において子ども同士による意見交換、発表などお互いを高め合う学びを通じて、思考力、判断力、表現力などを育成することが可能となる。	デジタル教材などの活用により、自らの疑問について深く調べることや、自分に合った進度で学習することが容易となる。また、一人一人の学習履歴を把握することにより、個々の理解や関心の程度に応じた学びを構築することが可能となる。
○教員による教材の提示 実物や画像の拡大提示や書き込み、音声、動画などの活用	○発表や話し合い グループや学級全体での発表・話し合い ○協働での意見整理 複数の意見・考えを議論して整理 ○協働制作 グループでの分担、協同による作品の制作 ○学校の壁を越えた学習 遠隔地や海外の学校との交流授業	○個に応じた学習 一人一人の習熟の程度に応じた学習 ○思考を深める学習 シミュレーションなどのデジタル教材を用いた思考を深める学習 ○調査活動 インターネットを用いた情報収集、写真や動画による記録 ○表現・制作 マルチメディアを用いた資料、作品の制作 ○家庭学習 情報端末の持ち帰りによる家庭学習

出所：文部科学省「学びのイノベーション事業実証研究報告書」、2014をもとに筆者作成

考えてみよう

　本章で取り上げた授業方法を用いて指導案を作ってみよう。実際に模擬授業を行い、授業を行ううえで気をつける点や、期待できる効果について検討しよう。

参考文献

白水 始ほか編著『協調学習 授業デザインハンドブック 第3版―知識構成型ジグソー法を用いた授業づくり』（自治体との連携による協調学習の授業づくりプロジェクト）、東京大学CoREF、2019

藤田智子「多様な価値観をぶつけ合う参加型の授業をどうつくるか」橋本美保・田中智志監修／大竹美登利編著『家庭科教育』（教科教育学シリーズ07）、一藝社、2015、pp.98-109

第6章

学習指導案の作成を通して授業を構想する

本章のねらい ▶ □学習指導案の役割を理解しよう。
　　　　　　　　□学習指導案の基本的な構成と各項目の特徴を押さえよう。
　　　　　　　　□１時間分の学習指導案が作成できるようになろう。

キーワード ▶ 学習指導案　学習の見通し

1 学習指導案とは何か

　これまで、家庭科の学習指導について様々な面から見てきた。そこで、学習指導案の作成に着手しよう。学習指導案は、教師（学習指導者・支援者）が授業を通して学習者の育成を図るために構想した、学習目標・内容・方法に関する計画書である。頭の中でふくらませた授業のイメージをかたちにして、他者と共有できるツールでもある。

　現在は多くの学習指導案がウェブ上で公開されていたり、教育に関する刊行物の中で紹介されていたりするので、関心がある実践を集めて、その記載内容を比較してみよう。

1.1 学習指導案の種類

　様々な媒体から学習指導案を集め、その構成を見ると、大きく分けて以下のタイプがあることに気づくだろう。

①題材全体の内容を詳細に記述した学習指導案

②公開授業や研究授業など、１時間の授業に焦点を合わせた学習指導案

　①のタイプの学習指導案は、指導細案、細案、②のタイプの学習指導案は指導略案、略案、時案、などと表現されることがある。本章では、①、②それぞれのタイプの学習指導案の構成とその特徴の理解を目指す。

　学習指導案は、時代・地域・状況によって記載される事柄や表現が多少異なる場合もあるが、記載すべき事項のいくつかは共通している。表６−１は、学習指導案に記載される内容の構成例を区分した一覧である。①のタイプの学習指導案はア〜ウ、②のタイプの学習指導案はアとウ（もしくはウのみ）の内容が記載されることが多い。

表６−１　学習指導案の構成例

ア	授業に関する基本的な情報：教科名、学年、実施日時、学級、授業担当者名
イ	題材（単元）全体に関する事項： 題材／単元名、題材／単元の目標、題材／単元設定の理由（教材観、題材観、児童観、指導観）、題材／単元の評価規準、指導と評価の計画
ウ	対象となる授業に関する事項：本時の目標、本時の展開、板書計画

1.2 学習指導案から授業をイメージする

　あなたの手元にある学習指導案や、本書に掲載した学習指導案に書かれている情報をもとに、授業をイメージしてみよう。あなたは学習指導案のどの部分から読み始めるだろうか。

> 題材の扱いや学習者の特徴をつかんでから、授業の流れについて考えたい

という場合は、学習指導案の記載順どおり「題材／単元の目標」「題材／単元の設定理由」から、

> 本時の授業の流れをつかんでから、題材全体の具体的内容を考えたい

という場合は、学習指導案の記載順どおりではなく、「本時の目標」「本時の展開」から読み始め、本時の授業が題材の指導計画において、どのような位置づけにあるのか、題材の目標、評価計画と合わせて確認していくことが考えられる。

　学習指導案に記載された授業を読み解くうえで、以下の事柄に注目してみよう。

　□題材の目標と指導計画や本時の目標との間に整合性・対応がとれているか。

　□児童観と指導観に記載された内容を通して見える、題材／単元を通して育成したい力は何か。

　□本時の授業でいちばんワクワクする学習活動は何か。なぜ、あなたはそのように思ったのか。

　□各学習活動の時間が確保されていそうか。

　□学習者が自分の考えをまとめる場面・時間が確保されているか。

　□学習者が実践的・体験的な学習をする場面が設定されているか。

　□実践的・体験的学習を通して得た学びは、前後の学習活動とどのようにつながっているか。

　□学習者の学習状況を見るための手立てが講じられているか。

□板書計画の中で、わかりやすい、おもしろいと思った箇所はどこか。なぜ、あなたはそのように思ったのか。

□題材／単元の目標にあげた事項が「指導と評価の計画」から達成できそうか。達成できそう／難しそうと思った理由を考えてみよう。

□授業で学んだ内容に関連して、（授業外で）学習者が応用したり深めたりする場面はありそうか。

□あなたが読んだ学習指導案の中で、ヒントになった、まねしたいと思ったところはどこか。

　ここにあげた事項以外にも、学習指導案の読み解きを通して、いろいろなことが頭に浮かんだのではないだろうか。先行実践に学び、オリジナルの学習指導案を作成してみよう。

2 学習指導案（細案）作成のポイント

　最初に①のタイプ、学習指導案の細案を作成する際のポイントを見ていこう。学習指導案は、授業者自身が授業を構想する際のツールになるが、同時に第三者が学習指導案を見たときにも授業の概要をつかみやすい表現であることが重要である。自分にとっても他の人にとってもわかりやすい表現になっているか、チェックしてみよう。

第○学年　家庭科学習指導案

○○年○月○日（曜日）　第○校時
○年○組　○名
授業者（指導者）　○○○○

授業に関する基本的な情報
（学校の書式に合わせて適宜記載する）

1 題材名

題材全体を表す名前をつける。教科書や学習指導要領の表現を用いることも可。

2 題材の目標

・題材として設定した時間を通して、身につけてほしい目標を具体的に記載する。その際に、学習指導要領に示された教科の目標を踏まえて設定する。

・題材の指導を通して、どのような資質や能力を育成したいか、3つの観点（「知識・技能」「思考・判断・表現」「主体的に学習に取り組む態度」）について記載する。

題材全体に関する事項

3 題材設定の理由
（1）教材観（あるいは題材観）

本題材で扱う教材を学習する教育的意義・価値について、社会的背景、児童の実態を踏まえて記述する。その際に、学習指導要領解説の中に示された記述を適宜引用することもある（その場合は、引用箇所がわかるように書く）。児童につけたい力もこの中に含まれる。

（2）児童観

題材に関連する児童の生活経験の状況や生活実態、教師から見た生活面の課題などを記述する。（具体的な事実を示すために、学習前にアンケートを実施して、その結果を記載する場合もある）
また、この題材に関連した児童の既習状況（知識・技能、興味・関心など）を示し、本題材の学習内容の適切性について、発達段階を勘案して記述する。

（3）指導観

題材観・児童観で記述した内容を踏まえ、本題材の指導にあたって配慮すべき事項（ねらいとする事項を達成するための指導方法の工夫、用いる資料や教具の特色など）について記述する。

4 題材の評価規準

「内容のまとまりごとの評価規準（例）」を参考に、設定した題材で扱う指導項目及び指導事項に関係する部分を抜き出し、評価の観点ごとに具体化、整理・統合するなどし、3観点別に作成する。
◎「内容のまとまりごとの評価規準（例）」は、国立教育政策研究所教育課程センターによる『「指導と評価の一体化」のための学習評価に関する参考資料─小学校家庭』（2020）を参考にするとよい。

5 指導と評価の計画（全○時間）……… 題材全体の時間数を記載

「指導計画」は題材構成の全体像（学習内容、学習順序など）が俯瞰できるものである。題材を通して学習者が追究したい内容、教師が学習者に身につけてほしい力に迫る学習内容になっているか、配当時間・配列は適切かチェックする意味でも重要である（第4章参照）。
「指導計画」と対応させた「評価計画」については、評価規準ごとに評価項目を明確に記述する。評価規準に対応した文末表現については、p.80を参照。
評価方法（例：ワークシートの内容、行動観察、ポートフォリオなど、何を見て評価するか、という情報）も記載しておく。

小題材名	時間	ねらい・学習活動	評価規準・評価方法		
			知識・技能	思考・判断・表現	主体的に学習に取り組む態度
自分の食事を見つめよう	1（本時）	（例） ○食事の役割と日常の食事の大切さについて理解するとともに、米飯及びみそ汁が我が国の伝統的な日常食であることを理解することができる。 ・日常の食事を振り返り、食事の役割について話し合う。 ・外国の食卓と日本の食卓の写真を比較し、米飯とみそ汁を日常的に食べている理由や米飯とみそ汁のよさについて考える。 対象となる授業が指導計画の中で、何時間目にあたるかを明示する。	（例） ①食事の役割がわかり、日常の食事の大切さについて**理解している。** ・ワークシート ＊ペーパーテスト 対象となる授業の時間を太枠で示すとわかりやすい。		
	2	（例） ○……（ねらい）…… ……（学習活動）…… 対応する丸数字をつける（p.80参照）。 ①日常生活の中から問題を見いだし、解決すべき課題を設定する力 ②課題解決の見通しをもって計画を立てる際、生活課題について自分の生活経験と関連付け、様々な解決方法を考える力 ③課題の解決に向けて実践した結果を評価・改善する力 ④計画や実践について評価・改善する際に考えたことをわかりやすく表現する力 対応する丸数字をつける（p.80参照）。 ①粘り強さ ②自らの学習の調整 ③実践しようとする態度	①おいしく食べるために米飯及びみそ汁の調理の仕方について**問題を見いだして課題を設定**している。 ・ワークシート	①伝統的な日常食である米飯及びみそ汁の調理の仕方について、**課題の解決に向けて主体的に取り組もうとしている。** ・ポートフォリオ ・行動観察
	3	○……（ねらい）…… ……（学習活動）…… 1時間の授業の中に評価の観点を盛り込みすぎないように設定する。			

題材全体に関する事項

＊評価規準に対応する丸数字のつけ方は、学習指導案の作成年や諸状況により異なる。

6 本時の展開（○／○時間）

（1）題目

「指導計画」に記載した小題材名を踏まえて記載。2時間以上で構成される小題材の場合は、本時の内容を最も表す題目を簡潔に記述する。

（2）本時の目標

本時で学習者が達成すべき目標について1～2項目で箇条書き、もしくは簡潔な文章で表現する。
（例）「～を～して（～に気づいて／を通して）　～することができるようにする。」
学習対象、課題における追究の対象や、育成したい力について具体的に書く。

（3）学習活動と評価

学習過程	時間	学習活動	指導上の留意点	○資料等 ■評価場面・方法
導入・展開・まとめなど、学習の過程を記述	（分） ○ ○	（例） 1 ……… 学習者の立場で表記。学習活動は、ねらいを達成するために行うものであり、活動のまとまりごとで区分。学習活動には通し番号（1 2 3…）をつける。 小学校の場合、学習過程の表現が必ずしも「導入・展開・まとめ」ではない場合がある（pp.141-144参照）。	指導者の立場で表記。箇条書きで表す。 ○や・などの記号を用いて、整理して書く。 （例） ○→中心的な働きかけ、手立て（指導内容） ・→補助的な働きかけ ○ …… ・ …… ・ ……	本時のねらいと評価場面・評価方法の整合性を確認。 評価方法、評価の観点及び番号を記載。 ⇒「5 指導と評価の計画」に記載した事柄に対応するように書く。

本時のめあては四角で囲むなどして区別する（板書を考慮して簡潔に表現）

| ○○ | ○○ | 2 ………

 3 ………

 4 ……… | ○ ……
 ・ ……

 ○ ……
 ・ ……

 ○ ……
 ・ …… | 学習活動の際に使用する資料について、具体的に記載。

（例）
○食材カード |
| ○○ | ○○ | （例）
5 本時の学習のまとめをする。 | ○…（次時への意欲につながるようにする）… | （例）
■評価方法
【ワークシート】（知識・技能①） |

（4）本時の評価

観点	おおむね満足できる状況（B）と判断される児童の姿	支援を必要とする児童への手立て
評価の観点と番号を記入する。 （例） 知識・技能①	評価規準をもとに、具体的な児童の姿を記載する。 （例） ・食事の役割がわかり、日常の食事の大切さについて理解している。	児童への具体的な手立てを記載する。 （例） ・具体的な例を紹介して助言する。

板書計画例

・授業の流れが見えるように、板書、資料の掲示について概要を記載する。

・学習者の発言、発表の内容については、あらかじめ出てきそうな事柄を想定して記載しておく。想定外の内容が出てきた場合の板書の位置や扱いについても、板書計画を通して考えておくとよい。

・家庭科の場合、横書きで板書することが多い。左上⇒右下という順で書いたり、上下移動式の黒板の場合は、上⇒下で書くこともあるが、学習内容に応じて、黒板のどの位置に書くと学習者の思考の流れがスムーズになるか考え、工夫するとよい。

　　本時の授業で使用する「ワークシート」や「資料」は、授業者、参観者共に活用方法や評価場面がイメージしやすくなるので、別途、学習指導案に添付しておくとよい。

3 学習指導案（略案／時案）作成のポイント

　教育実習では、研究授業等で指導細案の作成をすることがあるが、まずは指導略案（略案、時案）を書いてみよう。略案は、これまで見てきた学習指導案の細案のうち、主に「対象となる授業に関する事項」の内容で構成されている。

第○学年　家庭科学習指導案

「授業に関する基本的な情報」について、授業担当者名以外の情報も記載することがある。

指導者　○○○○

1 題材名

本時の内容を端的に表す題目を簡潔に記述する。

2 本時の展開（○／○時間）

（1）本時の目標

本時で学習者が達成すべき目標について、1～2項目で箇条書き、もしくは簡潔な文章で表現する。

（2）学習活動と評価

学習過程	時間	学習活動	指導上の留意点	○資料等 ■評価場面・方法
○○	（分）○○	（例） 1 ………	○ …… ・ ……	p.101を参照
		本時のめあては四角で囲むなどして区別する（板書を考慮して簡潔に表現）		
○○	○○	2 ……… 学習者の立場で表記。 文末表現例： ・話し合う ・出し合う ・考える ・作る ・さぐる ・調べる　など	記述する事柄の例： ○学習者への発問の工夫 ○実践的・体験的な学習活動への関わりを促進する工夫 ○グループ学習等での関わり ○ワークシートへの記入、整理・まとめ方の助言 ○よりよい考えの選択やアイデアを生み出すための方策 ○次時につながる指導	（例） ■評価方法 【ワークシート】（知識・技能①）

学習指導案（略案）作成チェックリスト

　学習指導案の内容をより深めたり、授業を進めやすくしたりするために、以下の項目に沿って自分が作成した学習指導案をチェックしてみよう。

学習目標・内容・方法設定に関連して

□本時の目標と「めあて」の文章について整合性がとれていますか。

□実践的・体験的な学習活動が入っていますか。

□児童の生活や、これまでの学習事項との関連を想起させる場面がありますか。

□他教科の学びをリンクさせる場面がありますか。※

□実物提示など、諸感覚を駆使した学習活動が意識されていますか。※

□問題／課題解決を目指す学習活動が意識されていますか。※

　※学習内容によっては取り入れることが難しい場合もあります。

学習指導案の形式に関連して

□（学校の状況によって変わる場合もありますが）１単位時間（45分）で学習活動が組まれていますか。

□「学習活動」に通し番号がつけられていますか。

□授業で使用する資料や教具について言及されていますか。

□「導入」「展開」「まとめ」の時間配分が適切ですか。

□学習目標と評価項目の整合性はとれていますか。

□評価項目の数は適切ですか。

□評価規準の表現は適切ですか。

□評価方法（何を用いて評価するか）が明示されていますか。

　実際の教育現場では、その地域や学校が指定した書式や、教師個人による工夫が入ることがあるため、学習指導案の形式は様々である。皆さんも本書で基礎を学んだうえで、授業実践や研究会への参加などを通して、さらに学習指導案を工夫してほしい。

考えてみよう

　第Ⅲ部の中にある学習指導案例の中から１つ選び、本章第１節で例示した視点などを用いて学習指導案を読み解いてみよう。

第Ⅲ部

教材研究を深め、授業を創る

児童の姿を想像しながら
家庭科の授業を創ってみよう。
教材や授業の流れを工夫することで、
主体的な学びを創り出そう。

第7章

家族・家庭生活の授業づくり
──他者への気づきのために

本章のねらい ▶ □子どもの実態を踏まえた授業を考えられるようになろう。
　　　　　　　　　□子どもたちが将来自分の居場所をつくるためにも家庭科の学びが
　　　　　　　　　　役立つことを理解しよう。
　　　　　　　　　□他領域と関連させながら、他者について考えられるような授業を
　　　　　　　　　　工夫しよう。
キーワード ▶ 家庭生活　居場所　地域　家族

1 家族・家庭生活を学ぶ意義

　小学校高学年期の発達的な特徴のひとつとして、抽象的な思考能力が高まり、メタ的に物事を捉えられるようになっていくことがあげられる。つまり、今まで当たり前の存在であった家族について客観的に捉えていくことが可能になる。自分の身近にいる他者の存在に改めて気づく、といえるかもしれない。そして、生活に関する「してもらって当然」であった様々なことを、可視化し議論する機会が与えられれば、家族の状況を理解し自分に何ができるかを考えることができる。また、高学年の特徴として自己肯定感が低くなる傾向にあることも知られている[1]。仲間の中での自分を客観的に捉えられるようになることも一要因であろう。自己肯定感が低いと、いろいろなことに意欲的に取り組むことが難しくなるので、自己肯定感を高めていくことが教育課題のひとつとなる。高学年の教科として位置づいている家庭科では、子どもに自分の成長を実感させ、有用感を高める機会をつくることができる。生活に関する知識と技能を身につけることで、自分自身の生活を豊かにすることができるとともに、身近な他者である家族の生活も豊かにすることができ、そのことが、自身の自己肯定感を高めることにつながっていく。

　一方で、自分の家族や家庭のことを考えにくい子どもたちもいる。家庭はホームであり、本来なら居場所となるはずだが、現時点でそのように思えない子どももいるだろう。そのような子どもにとっても、将来自分の家庭をつくるときに家庭科での学びが役に立つはずだ。家族や家庭は、将来自分でつくっていけるものでもある。特に家族・家庭生活の学びを通して、自分の居場所をつくろうとするときには他者のことも考える必要があるのだと理解でき

【1】東京都「自尊感情や自己肯定感に関する研究（1年次）」『東京都教職員研修センター紀要』8、2008

る。一緒に住む人や地域住民が生活についてどう考えているのかを知っていく中で、多様な視点・他者の視点を獲得し、自分の暮らしを見つめる機会につなげていけるだろう。

さらに詳しく▶▶▶ 『初等家庭科の研究』序章「2 小学校高学年で家庭科を学ぶ意義」を参照

2 家族・家庭生活における学習内容と系統性

　小学校で学ぶ「A 家族・家庭生活」は、「(1) 自分の成長と家族・家庭生活」、「(2) 家庭生活と仕事」、「(3) 家族や地域の人々との関わり」、「(4) 家族・家庭生活についての課題と実践」の4項目で構成されている。学習のねらいについては、「課題をもって、家族や地域の人々と協力し、よりよい家庭生活に向けて考え、工夫する活動を通して、自分の成長を自覚し、衣食住などを中心とした生活の営みの大切さに気付くとともに、家族・家庭生活に関する知識及び技能を身に付け、日常生活の課題を解決する力を養い、家庭生活をよりよくしようと工夫する実践的な態度を育成すること」(学習指導要領解説) とされている。

　図7－1に示すように、時間軸では生涯を見通す視点をもって家族・家庭生活を捉え、空間軸では、家族・家庭生活を社会の中で捉えられるように系統的に学習を展開していく。特に、家族や地域の人々との関わりに着目してみると、少子高齢化の進行という社会的な課題に対応していることがわかる。児童・生徒にとって、乳幼児や高齢者という異世代と接する機会はなかなかない。乳幼児とふれあう体験がないまま親になる人たちも増えている。小学校では異世代と交流する機会をもち、中学校では幼児の生活や発達的特徴、関わり方を学び、

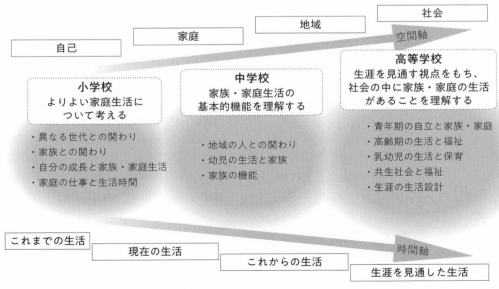

図7－1　家族・家庭生活の学びの広がりと深まり
出所：筆者作成

高等学校ではさらに乳児への理解を深め、親の役割も考えて、社会で子育てを支援していく必要性に気づくような学習となっている。このような系統的な学びによって、社会を構成する様々な世代への理解を深め、関わり方を考えられるようにする。小学校では、家庭科での学びが、自分にとっても一緒に暮らす人たちにとっても、居心地のよい空間を創出することにつながる、という実感が得られるような授業の工夫が求められる。

3 家族・家庭生活の学習で子どもにつけたい力

　家族・家庭生活の学びでは、生活していくために必要な、他者との関わりについて考えていく。小学校の段階では、自分の成長を実感しつつその成長に他者が関わっていることに気づけることが重要である。身近な家族の存在に改めて気づき、家庭での自分の生活についても家族の生活についても客観的に捉えて、自分が家族の中で何ができるのかを考えられるようにする。その際、自分や家族の生活時間にも着目させる。そうした学びの中で、家庭科で身につけた知識や技能を生かして他者を助けられる、支えられるということに気づき、実践できる機会を得られると、自信にも結びついていく。

　先述したように、家庭科での学びは、子どもたちが今後自分の居場所をつくっていくためにも重要である。現在の家庭での実践にとどまらず、将来、自分の居場所となる家庭を自分自身でつくっていくための学びでもあるという視点を、まず教師がもつことが必要であろう。

　また、子どもが自分の今の家庭では経験できないことであっても、家庭科の様々な領域を横断しながら、大切なことや必要なことを経験し学べるような授業を工夫していくことが重要である。例えば調理実習などで、みんなでおいしいものを作って楽しく食べるような経験が、団らんとは何なのか、どのような意味があるのかを理解することにつながるだろう。

4 題材構成の視点と指導案

4.1 ガイダンス

　家族・家庭生活に関する学習の一部は、家庭科を初めて学ぶ児童のガイダンスとして位置づけられる。自分の生活の健康・快適・安全、持続可能な社会の構築は様々な人によって支えられているということや、家庭科の学びによって自分で自分の生活をつくっていけるということに気がつけるようなガイダンスが期待される。

第5学年　家庭科学習指導案

ここでは、「ガイダンス」についての指導案（略案）を紹介する。

〇〇年〇月〇日（〇）　第〇校時
場所　家庭科室
授業者　福岡聡子

1　題材名「はじめよう！家庭科—家族の生活再発見—」

2　本時の展開（1／1時間）

（1）本時の目標
- ・2学年間の学習に見通しをもち、家庭科の学習の進め方について理解する。
- ・自分の生活を振り返り、自分の成長を自覚するとともに、家庭生活と家族の大切さや、家庭生活が家族の協力によって営まれていることに気づく。

（2）学習活動と評価

学習過程	時間	児童の学習活動 ◎予想される児童の反応	・指導上の留意点	〇資料等 ◆評価規準【評価方法】（観点）
導入	(分) 5	1 家庭科のイメージを話し合う。 ◎料理をする。 ◎縫って何かを作る。	・発言を領域ごとに色分けして板書する。	
		家庭科ではどんなことを学習するのだろう		
展開	15	2 教科書の目次を読み、2年間でどんなことを学習するのかを知る。	・児童が読み上げると同時に短冊を黒板に貼る。	〇領域ごとに色分けした題材名の書かれた短冊 家庭科で学ぶことをイメージしやすいように、視覚的にも工夫する。
		3「生活の見方・考え方」の4つの視点をもって学習を進めていくことを知り、家庭科の目標をワークシートに書く。 これから学ぶことを生活の中で実践することが重要であると知る。	・パワーポイントの資料で4つの視点と家庭科の目標が確認できるようにする。 ・家庭での実践について、自主的に取り組んだ場合にトライカードに記録できることを伝える。	〇教科書pp.1-2「生活の見方・考え方」、p.3「家庭科学習の進め方」（開隆堂） 〇トライカードの見本 （記入済みのものも用意できるとより参考になる）
		4 これまでの学習が家庭科につながっていることを確認する。	・他教科との関わりも多くあることにふれる。例として、社会科にふれる。	〇小学校3年生の社会科の教科書
	15	5 生活を振り返り、家族との関わりについてワークシートに〇を書き込み、気がついたことを書く。 ◎黒が多いから、ほぼ家族にしてもらっている。 ◎自分でもしているところがある。	・ワークシートの言葉を色分けして囲むように伝える。 すべて家族にしてもらっている→黒色 一部自分で行い、家族にもしてもらっている→青色 すべて自分でしている→赤色	〇小学校5年生のモデル生活表のワークシート ◆自分の生活を振り返り、自分の成長を自覚するとともに、家庭生活と家族の大切さや、家庭生活が家族の協力によって営まれていることに気づいている。（知識・技能）

| まとめ | 10 | 6 本時を振り返り、考えたことや家庭科の授業でできるようになりたいこと、がんばりたいことを書く。 | | ○ワークシート
◆2学年間の学習に見通しをもち、家庭科の学習の進め方について理解することができる。（知識・技能） |

板書計画例

○家庭科の２年間で学習すること

| 5年生
（短冊を貼っていく） | ➡ | 6年生
（短冊を貼っていく） | （4つの視点の絵：模造紙に拡大したもの） |

○家庭科の目標

トライカード

年　組　番　名前＿＿＿＿＿＿＿

| 実践した日 | 月　　　日　　　曜日 |
| テーマ | |

実践した様子・成果（写真や絵、文で表そう）
★工夫したところも書きましょう。

| 実践して気づいたこと・思ったこと | 家族から（または、サイン） |

ワークシート

5年生　家庭科の始まり　　　　　　　　　　　　　5年　組　名前＿＿＿＿＿＿＿

★家庭科で学ぶこと★

家庭生活を見つめ、よりよい生活のためにできることを増やしていくこと

★家族の生活（＝家庭生活）を見つめよう★

　右の絵は、ある小学校5年生の家庭生活です。

◆のうち、自分の家庭生活をふり返り、すべて家族にしてもらっている→黒色、

一部自分で行い、家族にもしてもらっている→青色、

すべて自分でしている→赤色　で囲みましょう。

○をつけて、気がついたことを書きましょう。

『わたしたちの家庭科5・6』（開隆堂）pp.8-9（一部改変）

★今日の授業をふり返って★

（1）◎、○、△を書きましょう。

| 2年間の家庭科で学ぶことがわかった。 | |
| 自分の家庭生活をふり返り、家族にしてもらっていること、自分がしていることがわかった。 | |

（2）今日の授業をふり返り、考えたことや家庭科の授業でできるようになりたいことを書きましょう。

| |
| |

解説・本実践の意義

　5年生は新しく始まる家庭科の授業をとても楽しみにしている。ガイダンスでは、これから学ぶことに期待をもたせると同時に、これまでの学習内容とのつながりを示すことで、児童も安心して家庭科の学習に取り組むことができる。家庭科の学びが自分の生活をよりよくすることにつながるとイメージできれば、学習への意欲を高めることができるだろう。

　家庭での実践としてトライカードを提示したが、家庭での取り組みが困難な児童がいる場合は、学校生活の中でもできることを伝え、実践の場を広げて示すことも必要だろう。大切なのは、自分や身近な人たちの生活をよりよくしていくために自分にも貢献できることがある、と児童が知ることである。家庭科で学ぶ知識や技能がそこに結びついていることを理解できるようなガイダンスが求められる。

4.2 家庭の仕事

　家族や他者を客観的に捉え、自分でできることを考える機会を提供する学びとして「家庭の仕事」がある。今まで、家庭の仕事を家族にしてもらって当たり前と思っていた児童が、生活空間などの視覚的な手がかりから、自分の生活が誰かによって支えられていることに気づくとともに、家庭科で学んだ知識や技能を使って担える仕事があるとわかることが期待される。

第5学年　家庭科学習指導案

〇〇年〇月〇日（〇）　　第〇校時
場所　5年〇組教室
授業者　古重奈央

1 題材名「家庭の仕事」
　A 家族・家庭生活（2）家庭生活と仕事　ア　イ

2 題材の目標
〇家庭の仕事の種類や量、家庭内での分担の現状について理解する。
〇家庭の仕事に関する現状を踏まえ、自分ができることについて考える。
〇生活をよりよくするために、自分ができることに取り組んだり、工夫したりする。

3 題材設定の理由
（1）教材観
　本題材では、児童が家庭の様々な仕事を見つける楽しさを感じながら、その多さや多様さに目を向けることと、それぞれの仕事を誰が担っているかという事実を押さえることに主眼を置き、家庭での実践はできる限り強制力を抑えて提案することとした。また、実践をした場合にも、その継続については、児童自身が決定していくことを重視して計画することとした。資料としては、家庭の仕事を想起する手助けとなる視覚的な情報が重要になる。ここでは、中学校家庭科の教科書に掲載されている住まいの鳥瞰図（東京書籍、2018）を用いるとともに、この資料には表れに

くい仕事もあることも伝え、資料から関連させて見つけることができるようにサポートした。

（2）児童観

　　家庭の仕事を見つける際には、次々に見つける児童も、あまり思い浮かばない児童もいる。家庭の仕事への参画についても、意欲の高い児童もいれば、そうでない児童もいる。このような現状は、家庭の仕事への興味の程度、参画する意欲といった児童自身に関する側面だけでなく、その背景に、各家庭の教育方針や状況が関係しているため、指導者はそれを理解しておく必要がある。

（3）指導観

　　多様な現状を踏まえ、見つけた仕事の共有を重視し、気づいていない仕事にも目を向けられる場を設定することは重要である。家庭内での分担は、プライベートな内容であることを指導者が自覚し、共有する場合には配慮が必要である。家庭の仕事への参画についても、家庭の教育方針が大きく影響しているため、一定の価値観を押し付けることのないよう配慮が必要である。そこで、児童自身の興味や意欲の程度を見極め、児童による決定を尊重して授業を展開していくこととする。

4　評価規準

知識・技能	思考・判断・表現	主体的に学習に取り組む態度
・家庭の仕事の種類や量、家庭内での分担の現状について理解している。	・家庭の仕事の分担について、現状を理解したり、問題を見いだしたりして、自分にできることを考えている。	・生活をよりよくするために、自分ができることに取り組んだり、工夫したりしている。

5　指導と評価の計画（全2時間）

小題材名	時間	ねらい・学習活動	評価規準・評価方法		
			知識・技能	思考・判断・表現	主体的に学習に取り組む態度
家の仕事を見つけよう	1（本時）	○家庭には、生活を成り立たせるための様々な仕事があることがわかる。 ・1つの行為の背景にある家庭の仕事を想起する。 ・家庭の様々な仕事を列挙する。 ・家庭の仕事の量や種類の多さに気づく。	①様々な家庭の仕事があることを理解している。 ・ワークシート	一定の価値観を押し付けるのではなく、児童が経験していない家庭の仕事の分担の仕方についても共有し、知識として身につけることを重視。	
興味のある仕事を担当する家族に目を向けよう	2	○家庭内での仕事分担に目を向け、自分ができることについて考える。 ・それぞれの仕事を誰が行っているかを記入する。 ・仕事の分担に関する気づきを記述する。 ○自分ができることに取り組んだり、工夫したりする。 ・自分ができる仕事にはどのようなものがあるか確認する。 ・その中で、興味がある仕事を取り上げ、チャレンジできるかどうかを考える。 ・チャレンジできた場合に記入するシートについて説明を聞く。		①仕事分担の現状から問題を見いだして課題を設定している。 ・ワークシート	①自分にできることを考え、実行しようとしている。 ・ワークシート

家庭での実践を宿題とするときは十分検討する。児童にとっての負担は大きい。どんな学びをねらいにするのかをよく考え、不要な負担を児童に強いることがないように注意する。

6 本時の展開（1／2時間）

（1）本時の目標 家庭には、生活を支える多様な仕事があることがわかる。

（2）学習活動と評価

学習過程	時間	児童の学習活動 ◎予想される児童の反応	・指導上の留意点	○資料等 ◆評価規準【評価方法】（観点）
導入	（分）7	1 朝の支度で「洋服を着る」ことを想起し、それを支えている家の仕事はどのようなものかを考える。 ◎洋服を買う、洗濯する、洗濯物をたたむ、収納する	・日常の行為が様々な家庭の仕事によって成り立っていることを捉えさせる。 **どんな家の仕事があるか、考えよう** ［できるだけ細かく家庭の仕事を捉えることで、児童は自分にもできそうな仕事について考えることができる。］	
展開	15 10 8	2 提示された絵を見ながら、家の仕事を見つけ、ワークシートに記入する。 3 グループになり、見つけた仕事を友達と共有する。 ◎「妹の遊び相手をするのも仕事かな」 ◎「うちは植物が多くて、水やりも仕事だな」 4 板書された仕事を見ながら、まだ出されていないものを全体で共有する。 ◎「チラシを見て、安い店に買いに行くのも仕事だと思った」 ◎「塾の送り迎えも家の仕事だと思う」	・「洗濯」などは細かく分け、「服を洗濯機に入れる」「洗濯物を干す」「洗濯物を取り込む」などと記入するよう伝える。 ・家の仕事を共有しながら、家庭により異なる仕事があることにも目を向けさせていく。 ・児童が見つけた家の仕事を板書していく。 ・数名の児童のみが見つけた仕事を話題に取り上げ、様々な仕事があることに気づけるようにする。	○住まいを上から眺めた絵（東京書籍、2018） ○ワークシート ［鳥瞰図などを提示すると、家の仕事について具体的にイメージしやすい。提示する図は、児童の生活の実態に合ったものにする。］ ［あとで分類できるように、分けて板書していく。］
まとめ	5	5 学習を振り返る。 出てきたものを類型化し、「洗たく関係」「住まい関係」などカテゴリー名を振る。 ［最終的にカテゴリー名を振って共有することで、家の仕事を整理して知識として定着させる。］	・家庭の仕事についてわかったことと、感じたことを記入するよう伝える。	◆家庭には、様々な仕事があることがわかる。【ワークシート】（知識・技能①）

（3）本時の評価

観点	おおむね満足できる状況（B）と判断される児童の姿	支援を必要とする児童への手立て
知識・技能①	家庭により異なる仕事があることや様々な仕事があることを理解している。	・家の鳥瞰図を示し、家庭の仕事を視覚的にイメージしやすいようにする。 ・児童の発表した内容を板書するときに、わかりやすいキーワードとなるようにする。また、書く場所を工夫し、あとでまとめやすいようにする。

板書計画例

家の仕事を見つけよう

洗たく関係	住まい関係
・服を洗たく機に入れる	・玄関そうじ
・洗たく物を干す、取り込む	・風呂そうじ
・洗たく物をたたむ、しまう	
食事関係	人関係
・食材の買い物	・塾のお迎え
・作る物を考える	・妹の遊び相手
	お金関係

スライド

ワークシート①

家の仕事を見つけよう　　名前＿＿＿＿＿＿＿

①下の絵を参考に、見つけた仕事を右の表に記入しよう。

②記入した仕事を主に担当している人を（　）に、自分でもできそうな仕事の□にチェックを入れよう。

□	（　）	□	（　）
□	（　）	□	（　）
□	（　）	□	（　）
□	（　）	□	（　）
□	（　）	□	（　）
□	（　）	□	（　）
□	（　）	□	（　）
□	（　）	□	（　）
□	（　）	□	（　）

○表に記入して気づいたこと

＿＿＿＿＿＿＿＿＿＿＿＿＿＿＿＿＿＿＿

＿＿＿＿＿＿＿＿＿＿＿＿＿＿＿＿＿＿＿

＿＿＿＿＿＿＿＿＿＿＿＿＿＿＿＿＿＿＿

ワークシート②（次時）

家の仕事にチャレンジしよう　名前＿＿＿＿＿＿＿

取り組んだ仕事	
仕事の手順	
気をつけたこと	
感想	
今後続けるかどうか （どれかに○印）	毎日やる（　　　） 決めた日だけやる（　　　） 気が向いたらやる（　　　） やらない（　　　）

解説・本実践の意義

　家庭の仕事の多さと多様さに目を向けることを重視する本題材では、それらの仕事に気づかせる資料の提示が重要である。ここでは、中学校家庭科の教科書に掲載されている住まいの鳥瞰図を用いたが、生活の様々な場面に目が向くスライドや動画など、様々な資料を用いることが考えられるだろう。また、提示した資料からイメージをさらに広げて、資料に直接表れにくい育児や金銭に関する仕事にも気づけるような指導が必要である。家庭における経験の差こそあれ、どのような仕事があるかということは多くの児童が様々に気づける内容であり、発見を楽しむ姿が見られるだろう。

　また、仕事を担っている家族に目を向ける場面では、家庭ごとに様々な違いが出てくると予想される。例えば仕事が親に偏っている家庭もあれば、家族全員で分担している家庭もある。多様な家庭の様子を知ることは重要であるが、同時に、プライバシーに踏み込む内容であることを教師が自覚する必要がある。各家庭での分担状況については、発言させず記述のみとし、記述内容にどのようなものがあったかを児童名を伏せて教師が紹介するなどの方法も考えられる。いずれにしろ、自分の家庭の現状を知るとともに、なぜそうなっているのか、問題はないかを考えることは重要である。

家庭の仕事へのチャレンジについては「（3）指導観」でも記述したが、継続した実践を強制することにはメリットとデメリットがある。ここでは、できるだけ強制力を抑えた提案とし、児童による決定を重視した。双方のメリットとデメリットを十分に検討する必要があることは言うまでもないが、その際に、児童が個別に異なる性質をもつことを理解し、できる限りの選択の余地を与えることはどのような場面にも必要である。

さらに詳しく▶▶▶　『初等家庭科の研究』第1章「2 家庭の仕事と生活時間」を参照

4.3 家族や地域の人々との関わり

　家庭生活は、地域の人々との関わりの中で成り立っている。地域に住んでいる人々について考え、よりよい関わり方について考えていくことは、生活していくうえで必要である。ここでは、低学年児との交流を取り上げた。異世代との関わり方の工夫によって、相手に楽しんでもらえるとともに、自分も楽しめるということを経験する。

第6学年　家庭科学習指導案

○○年○月○日（○）　　第○校時
場所　家庭科室
授業者　西岡里奈

1 題材名「1年生とおやつタイム」
　A 家族・家庭生活 （3）家族や地域の人々との関わり イ
　　　　　　　　　　（4）家族・家庭生活についての課題と実践 ア
　B 衣食住の生活　 （2）調理の基礎 ア（ア）（イ）

2 題材の目標
○自分の成長を自覚して、1年生とのよりよい関わり方を理解する。
○1年生との関わりや調理の仕方に課題を見いだして、1年生とよりよく関わるための方法を考え、実践を評価・改善し、考えたことを表現するなどして課題を解決する力を身につける。
○1年生との関わりに関する課題の解決に向けて主体的に取り組んだり、振り返って改善したりして、実践しようとする。

3 題材設定の理由
（1）教材観
　授業を行うにあたって、1年生との交流場面は1年生にスイートポテトの作り方を教えて一緒に食べる調理場面（「おやつタイム」）とする。1年生に教えることで調理手順を見直したり、活動の見通しをもったりして家庭科での学習を実生活に生かせるようにしていきたい。そのために、まずは児童が自分自身の成長を実感することが重要になる。今回は、児童が1年生のときと現在の写真を比べることで、自分の成長を考えるためのきっかけとする。また、5年生の初めに行った家庭の仕事のアンケートやワークシートをもとに、自分自身が変わったことを書き出すことで、見た目だけでなく内面の成長へも目を向けさせて自分自身の成長を実感できるようにしていく。
（2）児童観
　本校では、特別活動の中で1年生から6年生までの縦割り班活動を行っており、学期に数回一緒に遊んだり給食を食べたりしている。6年生の児童たちは、グループのリーダーとして下学年の児童と関わっているが、1年生とペアで長時間にわたり関わる機会は少ない。

本学級の児童たちについては、休み時間に一緒に遊んだり、給食のお手伝いをしたりとすすんで1年生と関わろうとしている姿が見られた。事前に行ったアンケートでは、1年生と関わって嬉しかったこととして、「名前で呼んでくれた」「たくさん話しかけてくれた」などがあがった。その一方で、1年生と関わって困ったこととしては、「話を聞いてくれない」「好奇心旺盛で、すぐにどこかに行ってしまう」などがあり、歳の離れた1年生とどう関わったらよいかわからなかったり、1年生に注意すべき場面で声をかけられず悩んだりしている児童も多くいる。そのため、本題材を通して、1年生とよりよい関わり方ができるようになってほしい。

（3）指導観

　指導にあたっては、見通しをもって関われるようにするために、おやつタイムを想定して、事前に6年生だけで試し調理を行う。1年生に教えるという目的を事前に示しておくことで、調理実習における基本的な観点に加えて1年生への配慮を考えながら調理が行えるようにする。また、交流前の試し調理後に関わり方の工夫点を考えることで、試し調理の経験を生かして、より現実に沿った考えをもっておやつタイムで1年生と関わることができると考える。

4 評価規準

知識・技能	思考・判断・表現	主体的に学習に取り組む態度
自分の成長を自覚して、1年生との関わり方を理解しているとともに、適切にできる。	1年生との関わりや調理の仕方に課題を見いだして、1年生とよりよく関わるための方法を考え、実践を評価・改善し、考えたことを表現するなどして課題を解決する力を身につけている。	1年生との関わりについて、課題の解決に向けて主体的に取り組んだり、振り返って改善したりして、実践しようとしている。

5 指導と評価の計画（全7時間）

小題材名	時間	ねらい・学習活動	評価規準・評価方法		
			知識・技能	思考・判断・表現	主体的に学習に取り組む態度
1年生との関わりを見直そう	1（本時）	○1年生との関わりや5年間の変化を振り返り、自己の成長を自覚することができる。 ・1年生が入学して半年が経ち、縦割りや1年生のお世話で関わったことを踏まえて、自分たちが成長したことを考える。	①1年生との関わりや5年間の変化を振り返り、自己の成長を理解している。 ・ワークシート		
	2・3・4	○調理の仕方を理解し、1年生とのよりよい関わり方を考え、工夫することができる。 ・自分たちで試し調理を行うことで、1年生と一緒に行うときに気をつけることや、どのように関わっていったら1年生が楽しむことができるかを考える。		①1年生との関わりや調理の仕方に課題を見いだしている。 ②1年生とよりよく関わるための方法を考え、工夫している。 ・行動観察	

> 試し調理を経験しておくことで、1年生と自信をもって接することができる。また、重要なのは、調理の手順に沿いながら1年生に配慮する点を考え、共有しておくことだ。

| 1年生と交流しよう | 5・6 | ○関わり方を工夫して、1年生と交流することができる。
・1年生と一緒にスイートポテトを作って、交流する。 | ②1年生との関わり方を理解しているとともに、適切にできる。
・ワークシート
・行動観察 | ③1年生とのよりよい関わりを工夫したり、改善したりできる。
・行動観察 | ①1年生との関わりについて、課題の解決に向けて主体的に取り組もうとしている。
②1年生との関わりについて、課題解決に向けた一連の活動を振り返って改善しようとしている。 |
| | 7 | ○おやつタイムの関わり方を評価・改善し、次の実践に取り組もうとする。
・交流後に記述したナラティブをもとに、関わりでうまくいった点と改善点をまとめ、今後の1年生との関わり方を考える。 | ナラティブとは、経験したことを時系列的に感想をまじえて書いたものである。 | ④1年生とのよりよい関わり方について考えたことをわかりやすく表現している。
・ナラティブ | ③1年生との関わりについて工夫し、実践しようとしている。
・行動観察 |

6 本時の展開（1／7時間）

（1）本時の目標 1年生との関わりや5年間の変化を振り返り、自己の成長を自覚することができる。

（2）学習活動と評価

学習過程	時間	児童の学習活動 ◎予想される児童の反応	・指導上の留意点	○資料等 ◆評価規準【評価方法】（観点）
導入	(分)5	1 学校生活での1年生との関わりを振り返る。 ◎1年生は小さくてかわいい。 ◎元気すぎて困る。 ◎じっとしていられない。	・関わって、嬉しかった点や課題と感じている点を意識させる。	学校生活での写真を使うと児童同士で共有しやすく、同時にプライバシーも守られる。
		1年生のころを思い出してみよう		
展開	30	2 1年生のころを振り返って、変化したこと考える。 ◎1年生のころは背が低かった。 ◎1年生のときは、自分も素直だったな。	・自分たちが1年生のころを想起させる。 ・見た目だけでなく、内面の変化についても意識させる。 自分の成長を1年生との比較だけで捉えると、相手が「幼い」だけになってしまう。自分の幼いころを、当時の気持ちも含めて振り返ると、相手への思いやりも生まれる。	○1年生のころの写真
		3 各グループで変化したことをまとめて発表する。 ◎身長が伸びて、力が強くなった。 ◎いろいろな言葉がわかるようになった。 ◎勉強が大変になった。 ◎友達が増えた。 ◎積極的になった。 ◎親に反抗的になった。	・自己の成長には、様々な変化があることに気づかせる。 ・否定的な内容でも、自己の成長の一部だと肯定的に捉えられるようにする。 （親に反抗的→自分の考えをもって伝えられるようになったなど） 変化したことについて否定的な言及があっても、それを理解できるようになったこと自体を成長として肯定的に捉える。また、ネガティブな面を自分でコントロールできることが今後の課題であると気づけるようにする。	○ワークシート ○模造紙 ○付箋紙
まとめ	10	4 今までの授業を踏まえて、考えたことをまとめる。 ◎自分が1年生だったころを思い出すことで、1年生と楽しく関わることの参考になると思った。 ◎5年前は、自分も1年生と同じようだったのだと気づいた。 ◎6年生は大変だけど、それは頼られているからだと思った。	・今後の1年生との関わりにつなげていけるようにする。 あとで整理できるように分けて板書する。特に5年間で変わったことは、自分の成長の理解ともつながるので、書いたあとにカテゴリー名をつけて整理して理解できるようにする。	◆1年生との関わりや5年間の変化を振り返り、自己の成長を自覚することができたか。【発言・ワークシート】（知識・技能①）

（3）本時の評価

観点	おおむね満足できる状況（B）と判断される児童の姿	支援を必要とする児童への手立て
知識・技能①	友達の話や写真から、自分が1年生だったときの気持ちを考え、自分が成長した点について理解できる。	・1年生のときの写真を示し、振り返りやすいようにする。 ・児童の発表した内容を板書するときに、わかりやすいキーワードとなるようにする。また、書く場所を工夫し、あとでまとめやすいようにする。

板書計画例

```
11/2    1年生のころを思い出してみよう
〈1年生と関わって〉      〈5年間で変わったところ〉    〈1年生のころを思い出してみて〉
・かわいい             ○身体面                ・見た目だけでなく、いろいろな
・すなお              ・体が大きくなった            ところで成長しているのだとわ
・元気すぎる            ○理解面                 かった。
・何を話していいかわか      ・先のことがわかるように       ・自分も1年生のころは、今の1
 らない                なった               年生のようだった。
                   ○人間関係               ・1年生の手本となるようにがん
                   ・友達が増えた              ばりたいと思った。
                   ○生活面
                   ・いそがしくなった
                   ・勉強が難しくなった
```

解説・本実践の意義

　特別活動などで異年齢の交流をしている学校は多いが、低学年への苦手意識をもったままの児童もいる。振り返りや関わり方の工夫を考える機会を設定することで相手への理解が促され、さらに学びが深まる。家庭科では、一連の授業を通して関わり方も工夫できるようにする。この授業では最初に自分の小さいころを振り返り、自分の小さいころと1年生を重ね合わせることで、1年生の気持ちを想像し自分たちの成長を実感することができる。1年生のときにどんな気持ちだったかを思い出すことで、今の1年生の言動について理解できるようになる。そして試し調理を通じて調理に必要な技能を獲得するとともに、調理の各段階でどんな関わり方の工夫ができるかを考える。試し調理をすることで、自信をもって1年生に教えることもできる。このような授業を通して、異年齢の相手を理解して関わり楽しい時間を共有するという経験ができ、また、授業後に他児の関わり方の工夫について聞くことで、自分の関わり方を考えるきっかけになるだろう。

さらに詳しく ▶▶▶ 『初等家庭科の研究』第1章「1 家庭生活とは何か」を参照

考えてみよう

　家族・家庭生活と他の領域を横断するような授業を考えよう。その際、家族・家庭について考えにくい児童もいることを想定してみよう。

第8章

食生活の授業づくり
── 健康で豊かな未来をつくるために

本章のねらい▶□主体的に食に関わろうとする態度を引き出し、健康で豊かな食生活を営むための知識や技能、考え方を身につけられる授業の展開を考えよう。

□子どもたちが生涯にわたって健康で豊かな生活を送るために、家庭科の学びが役立つことを理解しよう。

□食についての現代的な課題を理解し、食生活を、食品・調理・栄養の視点から科学的に見つめ直すことができるようになろう。

キーワード▶食品　調理　栄養　健康・快適・安全　豊かな食生活

1 食生活を学ぶ意義

　私たちは、食事から何を得ているのだろうか。人間は、生命と健康を維持し成長するために必要な「栄養素」を食物から得る。また、食品を調理し料理にする過程では、食感や味わいを変化させ、食物をより食べやすく、おいしくする。これは食事の「楽しみ」につながる。さらに、家族と食卓を囲むことは、語らいを促し団らんの機会につながる。食事から、「人と人とのつながり」や「安心感」も得ているといえる。家族との食事や学校給食、地域の人々との共食は、「社会性」を育むうえで重要である。また、地域の食材や旬の食材を味わうことで、「自然の恩恵」や「季節」を感じられる。郷土料理や行事食を食べる機会は、「地域の慣習や伝統の理解」につながる。このように、食事の役割には、生理的、社会的、文化的など様々な側面がある。

　現代の日本では、金銭を支払えば、あらゆる場面、場所で食べ物を得ることができる。つまり、栄養素について知らなくても、調理技術を有さなくても、「食べる」ことは可能である。しかしながら、経済状況や家庭状況は個々人により大きく異なり、食に関する知識や体験の幅には格差が生じている。さらに、日本全体においても、「食」を取り巻く様々な問題がある。例えば、1965（昭和40）年度には生産額ベースで86％、供給熱量ベースで73％あった日本の総合食料自給率は、2020（令和2）年度にはそれぞれ67％、37％にまで減少しており[1]、海外への「食」の依存が課題である。

　また、生活習慣病の増加に加えて、近年は「栄養不良の二重負荷（Double Burden of Malnutrition）」といわれる健康課題も深刻化している。栄養不良の二重負荷とは、同じ集

【1】農林水産省「令和2年度食料需給表」

団内で同時期に低栄養の者と過栄養の者がいる状況を指す。また、青年期は痩せ、中年期は肥満、高齢期は加齢によって心身が脆弱になった状態（フレイル）になるなど、個人の人生の中で低栄養と過栄養の時期が生じる現象も、栄養不良の二重負荷である。

　食に関する知識や技能は、これらの課題を見いだすこと、食に関する選択肢を広げること、そして、自らの価値判断のもと豊かで健康な食生活を工夫し実践していくことに役立つ。

　小学校、中学校、高等学校の家庭科食生活領域では、大きな疑問を抱かずに送ってきた食生活について、食品、調理、栄養の視点から科学的に見つめ直す。そのような学びにより、生活の中の課題を見いだし、改善に向けた手立てを考えることができるようになる。子どもが生涯にわたり健康で豊かに過ごせるように、食について実践的・体験的に学習する。

さらに詳しく ▶▶▶　『初等家庭科の研究』第2章「健康をつくる基盤となる食の知識」「1現代の食生活の課題」を参照

2 食生活における学習内容と系統性

　小学校家庭科食生活領域は、「（1）食事の役割」、「（2）調理の基礎」、「（3）栄養を考えた食事」と大きく3つの内容について学習する。「（1）食事の役割」では、子どもが食事について振り返る機会をつくり、食事の重要性について認識する機会とする。併せて、他者と楽しく食事をするために、食事のマナーや食卓の工夫を考える。「（2）調理の基礎」では、調理経験には個人差があり初めて調理をする子どももいるため、調理室内事故を未然に防ぎ、安全・安心な実習を行うことが大切である。また、材料に適したゆで方の学習としては青菜やじゃがいもなどを、日本の伝統的な日常食の学習では米飯とみそ汁の調理の仕方を取り扱う。炊飯に関する知識や、だしの役割についての知識や技能を身につけ、和食のよさに気づくようにする。「（3）栄養を考えた食事」では、健康的に生活するために必要な栄養素と、栄養素をバランスよく摂取するための食品、料理の組み合わせを学ぶ。

　図8−1には、家庭科の食に関する学びの系統性を示した。小学校では、「これまでの生活」「現在の生活」の「自分の食事」を中心に学習する。中学校、高等学校を通じて主体や時間軸は「生涯を通じた食生活」「家族を含めた食事設計」へと広がっていく。また、空間軸の観点では、中学校では食文化の継承を担う「地域の一員」としての立場、高等学校では環境の維持や持続可能な社会を構築する「社会の一員」としての立場へと広がっていく。このような展開を見据え、小学校においても、家族・家庭生活との領域横断的な学習や、社会科、特別活動などと関連づけた指導によって、身近な他者や地域、そして、これからの食生活を展望することもできるだろう。

さらに詳しく ▶▶▶　『初等家庭科の研究』第2章「1.6 授業づくりのポイント」を参照

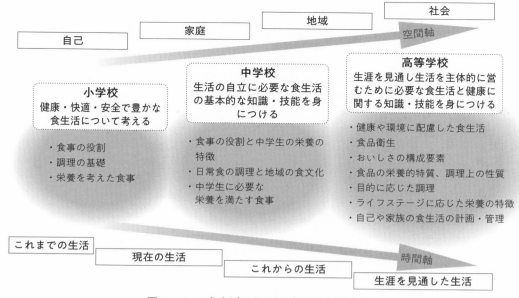

図8-1　食生活の学びの広がりと深まり

出所：筆者作成

3 食生活の学習で子どもにつけたい力

　食品の加工・貯蔵・流通技術は急速に発展している。食料の輸出入が盛んに行われ、保存性や嗜好性を向上させた加工食品が出回り、中食や外食が充実し、消費者は少ない家事労働で、あらゆる場所であらゆる食べ物を入手できるようになった。

　一見豊かに見える私たちの食生活は、食料供給に関わるリスクを常に抱えており、そのようなリスクは気候変動、大規模災害、世界情勢の悪化などの危機のたびに顕在化する。また、生産者と消費者との距離の大きさは、食べ物の産地や加工・流通の実態、食に関する問題などを見えにくくしているといえるだろう。食を取り巻く状況は複雑化し、食品を選択するうえで必要な情報量は増加しているが、食品、調理、栄養に関する知識や技術を学ぶ必要性は感じにくくなっているのではないだろうか。

　小学校家庭科食生活領域では、食事の役割、栄養素の種類と主な働き、栄養素をバランスよく摂るための食品・料理の組み合わせ、基本的な調理や調理計画、食文化に関する学習を通じて、当たり前だと思っていた食生活が、あらゆる人やモノ、環境によって支えられていることを子どもに実感させたい。さらに、子ども自身が食生活の担い手となる意識を培い、食生活をよりよくしようと工夫する実践的な態度を育みたい。

　そのためには、まず、食に対する関心を引き出すことが必要だろう。食事の役割に関する学習では、給食や家庭での食事など、身近な生活場面を思い浮かべながら語り合う活動を通じて、一緒に食べる楽しさや喜びを実感させたい。また、身近な人を楽しませる食事・食卓

の工夫が自分にもできることに気づかせたい。

　調理に関する学習では、基礎的な知識や技能を確実に定着させることを目指す。子どもの特性や調理経験、技能の習得状況に応じて、栄養教諭やTT教員、地域ボランティアの参加による少人数指導や、教材・教具の工夫などに努め、個に応じた指導を充実させたい。また、実習を通じて調理の方法を知り身につけるだけでなく、必ず科学的根拠とともに理解することが大切である。実践的・体験的な学びの中で手順の根拠について考えるなど、より深い思考を伴った指導が求められる。

　栄養に関する学習では、私たちの健康を保つうえで欠かせない食品成分である栄養素について理解させ、必要な栄養素を摂取するための食品・料理の組み合わせ方について考えられるようにすることを目指す。この学習を通じて、子どもは自分の好ききらいや欠食などの食生活の課題を見つけたり、自分のことを考えて食事を用意してくれる家族や調理員の存在に改めて気づいたりすることができるだろう。主体的に食に関わろうとする態度を引き出し、健康で豊かな食生活を営むための知識や技術、考え方を身につけられるようにしたい。

　さらに、家庭科は生活の営みを総合的に捉え、生活に係る課題を実践的に解決することができる教科である。この特性を活かし、他領域や他教科と横断的に学習することで、持続可能な社会の構築などの課題に対しても積極的に考え、他者と協働しながら解決を図っていく力を育みたい。

さらに詳しく ▶▶▶ 『初等家庭科の研究』第2章「1.6 授業づくりのポイント」を参照

4 題材構成の視点と指導案

4.1 調理の基礎

　2013（平成25）年に「和食；日本人の伝統的な食文化」がユネスコ無形文化遺産に登録され、和食は世界中で注目されている。本題材では、「みそ汁」というわが国の伝統的な日常食について取り上げた。授業にあたっては、児童が課題を見つけて、主体的・対話的で深い学びを実現するにはどのような流れを組めばよいかを検討し、他者と意見交流し、実践を評価・改善して、新たな課題を見いだす過程を大切にした指導案を作成した。

第5学年　家庭科学習指導案[2]

ここでは、「調理の基礎」についての指導案（略案）を紹介する。

〇〇年〇月〇日（〇）　　第〇校時
場所　家庭科室
授業者　西岡里奈

1 題材名「おいしいみそ汁を作ろう」（全10時間）
　B 衣食住の生活（2）調理の基礎 ア（ア）（イ）（ウ）（オ）

2 本時の展開（5／10時間）

（1）本時の目標　おいしいみそ汁を作るためには、だしのとり方が重要であることがわかる。

（2）学習活動と評価

学習過程	時間	児童の学習活動 ◎予想される児童の反応	・指導上の留意点 ☆児童への支援	○資料等 ◆評価規準【評価方法】（観点）
導入	（分） 5	1 教卓からみそ汁が入ったコップを自分の班に持っていき、班ごとに、だしが入っているみそ汁Aとお湯のみそ汁Bを試飲する。 ◎Bのほうが味が薄い。 ◎Aは魚の香りがする。	・だしの有無によって味に違いがあることに気づかせる。 児童にとって試飲は魅力的な活動だ。衛生面に気をつけて準備をする。	○A：煮干しでだしをとったみそ汁 　B：お湯にみそだけを溶いたみそ汁
		おいしいみそ汁のひみつをさぐろう		
展開	30	2 2つのみそ汁の違いは何かを考える。 ◎みその量が違うのではないか。 ◎だしが入っているのではないか。 ◎作り方が違うのではないか。	・味に違いを与える要素として、何があるかを考えさせる。 ☆味の違いから、その理由を考えていけるようにする。	○ワークシート 児童の家庭での経験の違いに配慮し、視覚的にもわかりやすい教材を用意する。
		3 Aはだしがきいていることを理解する。 ◎だしが入るとおいしくなる。 ◎味が濃く感じる。	・だしとは、食材がもっている「うま味」が水に溶け出したものであることに気づけるようにする。	○煮干し・かつおぶし・昆布の写真
		4 煮干しを煮た時間が違うAとCのみそ汁を試飲する。 ◎両方ともだしをとっているのに、味が違う。 ◎なんで味が違うのだろう。	・煮干しの有無だけでなく、だしのとり方によっても味が変わることに気づかせる。	○A：沸騰後5分煮干しを煮たみそ汁 　C：沸騰後すぐに煮干しを取り出したみそ汁
		5 だしを味わってみる。 ◎だしだけだとあまり味がしない。 ◎魚の香りがよくする。	・だしには「うま味」があり、「うま味」を引き出すためには塩分が重要であることを理解させる。	○D：沸騰後5分煮干しを煮ただし
まとめ	10	6 おいしいみそ汁を作るためには、どのように調理をしたらよいかを考える。 ◎煮干しを入れたほうがおいしい。 ◎よく煮て作ろう。 ◎ちぎったほうが味が出ると思う。 ◎しっかり味見をして、みそを調節したい。 7 今日の振り返りを記入し、食器を洗って片付ける。	・だしを味わったことを踏まえて、だしのとり方を考えられるようにする。 ☆実際の調理では、どのように行ったらよいかを具体的に考えられるように支援する。	◆おいしいみそ汁を作るためには、だしのとり方が重要であることがわかる。【ワークシート・発言内容】（知識・技能）

板書計画例

おいしいみそ汁のひみつをさぐろう

●AとBのみそ汁をくらべて　　●だしって何？
・Aのほうが味がこい　　　　　・食材のうま味が水に出たもの
・Aは魚の香りがする
・Bはみその香り　　　　　　　| にぼし | | かつおぶし | | 昆布 |

●なぜ、味がちがうのだろう　●おいしいみそ汁のひみつは
・みその量がちがう　　　　　　・しっかりだしをとる
・だしの種類がちがう　　　　　・にぼしを小さくちぎって使う
・作り方がちがう　　　　　　　・にぼしを煮る

ワークシート

おいしいみそ汁のひみつをさぐろう！

組　名前

〈みそ汁A〉　　　　　〈みそ汁B：おかわり用〉

☆AとBのちがいはどのようなことが考えられるでしょうか。〈予想〉

☆おいしいみそ汁のひみつは…

☆今日の授業から考えたこと

解説・本実践の意義

　本指導案においては、まず教師が作ったみそ汁を飲み比べ、だしの有無による違いを体験するところから始める。そこから生まれた疑問をもとに自分たちで試行錯誤し、おいしいみそ汁を作りたい思いを実現する計画をまとめる。これは、学習指導要領第3章「指導計画の作成と内容の取扱い」の1（1）における「児童の主体的・対話的で深い学びの実現を図る」プロセスにつながっている。おいしく作る過程をグループ学習につなげ、お互いの考え

【2】東京学芸大学次世代教育研究推進機構「「OECDとの共同による次世代対応型指導モデルの研究開発」プロジェクト―平成28年度研究活動報告書」（文部科学省機能強化経費「日本における次世代対応型教育モデルの研究開発」プロジェクト報告書 Volume2）、2017（一部改変）

を出し合い、ただ味わうだけではなく諸感覚を使っておいしさを理解し表現しながら、実践的・体験的な活動を通じた探究的な学びにつなげている。試飲の方法には工夫が必要である。衛生面に注意しつつ、温かいみそ汁を一人ずつ飲むにはどうしたらよいか、クラスの状況に応じて工夫してほしい。

4.2 食事の役割

給食や家庭での食事など、児童にとって身近な生活場面を具体的に提示し、「なぜ食べるのか」「食べないと困ることは何か」などのテーマについて話し合う。この学習を通じて、当たり前のように行っていた食事の重要性に気づくとともに、食生活への関心を高めることが期待される。

第6学年　家庭科学習指導案

> ここでは、「食事の役割」についての指導案（略案）を紹介する。

〇〇年〇月〇日（〇）　　第〇校時
場所　家庭科室
授業者　橋本英明

1 題材名「朝の食生活をマネジメント」（全8時間）
　Ｂ 衣食住の生活　（1）食事の役割 ア
　　　　　　　　　（3）栄養を考えた食事 ア（ア）（イ）（ウ）

2 本時の展開（1・2／8時間）
（1）本時の目標　朝食の役割がわかり、毎日の朝食の大切さと朝食のとり方を理解できる。
　　　　　　　　　献立を構成する要素として主食・主菜・副菜があることがわかる。
（2）学習活動と評価

学習過程	時間	児童の学習活動 ◎予想される児童の反応	・指導上の留意点	〇資料等 ◆評価規準【評価方法】（観点）
導入	（分）10	1 前時の「生活時間」の学習について振り返る。 ◎家族全員で協力し、必要なことを済ませられれば、家族全員のゆとりができる。	・朝の生活は「自分も家族も忙しく時間が貴重であること」と「お互いに朝、必ず済ませるべきことがあること」を復習したうえで、朝の生活改善に向けたひとつとして朝食について学習することを確認する。	日常の生活や家族との関わりの中から食生活を振り返り、課題を見つける（「Ａ家族・家庭生活」との横断的な視点）。
		朝食の役割を理解して、どのような朝食のとり方をすればよいか考えよう		
活動する	70	2 小学生の朝食の摂取状況について知る。	・「全国学力・学習状況調査」の、自校及び全国のデータを紹介し、朝食を欠食する子どもがいる現状を伝える。	〇「全国学力・学習状況調査」のデータに関するプレゼンテーション（表・グラフ） 調査結果を提示することで、客観的に課題を振り返ることができる。

		学習活動	指導上の留意点	資料・評価
		3 朝食を欠食した場合に懸念されることを考えてワークシートに記入し、発表する。	・児童の考えをもとに「運動や活動への弊害」「思考力・集中力の低下」「体調不良」「成長に必要な栄養不足」の4点を押さえる。	○ワークシート
				朝食を欠食した場合の困りごとについて話し合う活動を通して、食事の役割に気づかせる。
		4 朝食の役割を確認する。	・上記の4点と対応させて「元気に活動する」「頭を働かせる」「体調を整える」「成長のための栄養を摂取する」の4点を朝食の主な役割として確認する。	栄養素と料理の隔たりが大きく指導が難しい場合は、3つの食品のグループに関する説明を入れて整理することもできる（栄養素＜食品＜料理＜献立）。体育科（健康な生活）、食育に関する学習（給食の時間などの特別活動他）、理科（種子の中の養分）との連携を図ることもできる。
		食事の生理的な役割を担う食品成分として、栄養素があることを知る。		
		5 朝食の役割から摂取が必要な五大栄養素を考え、その組み合わせ方を確認し、ワークシートにまとめる。	・よりよい朝食の組み合わせを考えるうえで、主に炭水化物を摂取する「主食」、たんぱく質を摂取する「主菜」、ビタミン・無機質を摂取する「副菜」という考え方があることを確認する。	○ワークシート ◆献立を構成する要素として主食・主菜・副菜があることがわかる。【ワークシート・テスト（後日）】（知識・技能）
		6 中学生以降の朝食の摂取状況について知り、なぜ年齢が上がるにつれて朝食の欠食が増えるのか、原因を考えてワークシートに記入し、発表する。	・小学生・中学生・成人の欠食状況が比較しやすいように、棒グラフで示す。	○「全国学力・学習状況調査」のデータに関するプレゼンテーション（表・グラフ） ○ワークシート
		7 生活の仕方が原因で朝食を食べられない人に向けて、どのような改善のアドバイスをすればよいか考えてワークシートに記入し、発表する。	・「朝食の役割や大切さを伝える」以外の方法で、できるようになるための具体的な方法を考えるよう伝える。机間指導で、全体に紹介したい考えにシールを貼る。	○ワークシート ○色シール
		8 朝の食生活を改善するための「朝食作り」に関するポイントを確認する。	・「短時間で調理できる」「自分の力で調理できる」という2点を確認する。	「B（2）調理の基礎」（ゆでる、いためる調理、米飯及びみそ汁の調理）と関連づけることもできる。
まとめ	10	9 学習を振り返り、わかったことや気づいたことをワークシートに記入する。		◆朝食の役割がわかり、毎日の朝食の大切さと朝食のとり方を理解している。【ワークシート・発言内容】（知識・技能）

ワークシート

```
┌─────────────────────────────────┐  ┌─────────────────────────────────┐
│         朝食をマネジメント          │  │  6年  組 番 名前    ☆学習した日 ／（  ）│
│  6年  組 番 名前   ☆学習した日 ／（  ）│  │                                 │
│ ┌─────────────────────────────┐ │  │ ▌朝の食生活の課題について、その対策を考えよう│
│ │ めあて                        │ │  │                                 │
│ └─────────────────────────────┘ │  │ 課題           │ 対策            │
│ ▌朝食を食べないとどうなってしまうのか考えよう│  │                │                │
│ ○あなたの考え                    │  │                │                │
│                                 │  │                │                │
│ ▲                              │  │                │                │
│ ▲                              │  │                │                │
│ ▲                              │  │                │                │
│ ▲                              │  │                │                │
│ ▌    朝食の役割をまとめよう       │  │                │                │
│ ◎                              │  │                │                │
│ ◎                              │  │                │                │
│ ◎                              │  │ ▌    朝食の調理のポイント         │
│ ▌朝食では何を食べればよいか確認しよう│  │ ①                              │
│ ★（      ）をとりたいから         │  │ ②                              │
│ 〔         〕等を食べる           │  │ まとめ                          │
│ ★（      ）をとりたいから         │  │                                 │
│ 〔         〕等を食べる           │  │                                 │
│ ★（      ）をとりたいから         │  │                                 │
│ 〔         〕等を食べる           │  │                                 │
└─────────────────────────────────┘  └─────────────────────────────────┘
```

解説・本実践の意義

　本時のテーマである「朝食の摂取」は、規則正しい生活を送るうえでの基本であり、午前中の学習や活動のための栄養源として重要である。一方で、欠食は社会的課題となっている。このような背景を踏まえると、家庭科で取り上げるのに適したテーマであるといえる。

　本時では、前半に「食事の役割」について、後半に「栄養を考えた食事」について学習している。指導案では、五大栄養素と主食・主菜・副菜との関わりを説明しているが、目に見えない栄養素を理解することに困難を有する児童がいる場合には、既習の（赤・黄・緑の）3つの食品のグループと主食・主菜・副菜との関連を示して指導することも考えられる。これらは学校給食の献立表に記載されていることも多いので、身近な献立表を授業に活用することもできるだろう。

　本時の特徴として、「A 家族・家庭生活」と関連づけた領域横断的な学習の展開があげられる。生活の課題発見、解決方法の検討と計画が組み込まれた学習過程によって家族の中での自分の仕事を見いだし、家庭科の学びを実生活に活かそうとする意欲を高めることができる授業構成となっている。また、栄養素に関する学習は、体育科における「健康な生活」の学習や、理科における「種子の中の養分」の学習との連携を図ることもできる。

> ◆さらに詳しく▶▶▶ 『初等家庭科の研究』第2章「2 食事の役割と日常食の大切さ」を参照

4.3 栄養を考えた食事

　栄養を考えた食事の献立作成は、栄養や調理に関する学習のあとに学ぶ発展的内容であり、小学校の食生活領域の学びの集大成として6年次に位置づけられることが多い。献立作成を通じて、食生活領域の学びを総合的に振り返るとともに、自分でこれからの食生活をつくっていけることに気がつくことが期待される。

第6学年　家庭科学習指導案

　　　　　　　　　　　　　　　　　　　　　〇〇年〇月〇日（〇）　　　第〇校時
　　　　　　　　　　　　　　　　　　　　　　　　　　　　　6年〇組　〇名
　　　　　　　　　　　　　　　　　　　　　　　　　　　授業者　吉田みゆき

1 題材名 「献立を工夫して よりよい生活を」
　　B 衣食住の生活 （2）調理の基礎 イ
　　　　　　　　　　（3）栄養を考えた食事 ア（ウ）イ

2 題材の目標
○献立を構成する要素、1食分の献立作成の方法、調理に必要な材料の分量や手順、調理計画について理解するとともに、それらに係る技能を身に付ける。
○1食分の献立の栄養のバランスについて問題を見いだして課題を設定し、様々な解決方法を考え、実践を評価・改善し、考えたことを表現するなどして課題を解決する力を身に付ける。
○家族の一員として、生活をよりよくしようと栄養を考えた食事について、課題の解決に向けて主体的に取り組んだり、振り返って改善したりして、生活を工夫し、実践しようとする。

3 題材設定の理由
（1）教材観
　本題材は、内容「B 衣食住の生活」の（3）「栄養を考えた食事」における、栄養のバランスを考えた1食分の献立作成に関する題材である。栄養を考えた食事について、課題をもって、栄養素の種類と主な働き、食品の栄養的特徴及び、1食分の献立作成に関する基礎的・基本的な知識を身に付け、栄養のバランスを考えた1食分の献立を工夫できるようにすることをねらいとしている。第6学年の児童は、2学年間を通して、調理に関する基礎的・基本的な知識及び技能を身に付けてきた。また、栄養素の体内での働きについても学んできている。本題材は、それらを生かして1食分の食事の献立作成ができるようにしていきたい。
（2）児童観
　児童は、日頃食事を用意してもらう側として生活していることが多く、自分で考えて食事をとる経験はまだ少ない。食事の役割については、これまでに家庭科や保健体育、特別活動等の学習で知識を身に付けたり、生活との関連を振り返ったりする経験を重ねてきている。また、栄養の大切さに対しては関心が高い。学校給食でも様々な食経験を重ねてきている。しかし、よりよく栄養をとるための食事や食品の組み合わせについて考える機会は少ない。
（3）指導観
　指導にあたっては、段階を踏んで、栄養のバランスを考えた1食分の献立を作成できるようにする。第1次では、身近な食事である給食の献立から、献立の立て方について知り、自分の食生活を振り返って問題を見いだし、課題を設定する。その課題を解決するための献立を、栄養のバランスに着目して考えていく。第2次では、第1次で作成した献立を生かして、主菜と副菜をペアで調理する計画を立てる。2人で2品を効率よく調理する計画を考えられるようにしたい。第3次は、事前に家庭で調査してきたことをもとにして、家族の生活を応援するための献立を作成する。第1次で学んだ、栄養のバランスを考えた献立を立てたあと、旬や色どりなど、献立作成の際の様々な視

点から、よりよい献立になるように改善を図れるようにする。なお、献立作成は、ICT端末等を活用して、考えを効率よく共有できるようにし、自分の課題に合ったよりよい解決方法について考えられるようにしていきたい。

4 評価規準

知識・技能	思考・判断・表現	主体的に学習に取り組む態度
・献立を構成する要素がわかり、1食分の献立作成の方法について理解している。 ・調理に必要な材料の分量や手順がわかり、調理計画について理解している。 ・材料に適したゆで方、いため方について理解しているとともに、適切にできる。	1食分の献立の栄養のバランスについて問題を見いだして課題を設定し、様々な解決方法を考え、実践を評価・改善し、考えたことを表現するなどして課題を解決する力を身に付けている。	家族の一員として、生活をよりよくしようと栄養を考えた食事について、課題の解決に向けて主体的に取り組んだり、振り返って改善したりして、生活を工夫し、実践しようとしている。

5 指導と評価の計画（全8時間）

小題材名	時間	ねらい・学習活動	評価規準・評価方法		
			知識・技能	思考・判断・表現	主体的に学習に取り組む態度
栄養のバランスを考えて献立を考えよう	1	○献立を構成する要素を理解することができる。 ・給食の献立から、献立を構成する要素を知る。 ・1食分の献立に使われている材料を栄養素ごとに仲間分けし、栄養のバランスについて考える。	①献立を構成する要素がわかる。 ・ワークシート ・ペーパーテスト		
	2・3	○1食分の献立の栄養のバランスについて問題を見いだして課題を設定し、献立を工夫することができる。 ・自分の生活を振り返って、健康面や体作りに関する問題を見いだす。 ・栄養素の体内での主な働きを考え、自分の生活をよりよくするための献立の課題を設定する。 ・課題を解決するために、ごはんとみそ汁に合う主菜と副菜の献立を考える。	②1食分の献立作成の方法について理解している。 ・ワークシート	①1食分の献立の栄養のバランスについて問題を見いだし、課題を設定している。 ・ワークシート ②1食分の献立の栄養のバランスについて考え、工夫している。 ・ワークシート	①栄養を考えた食事について、課題の解決に向けて主体的に取り組もうとしている。 ・ポートフォリオ ・行動観察 （指導に生かす評価）
1食分の食事を調理しよう	4	○主菜と副菜の調理に必要な材料の分量や手順がわかり、調理計画を立てられる。 ・前時の献立をもとにペアを組み、2人で2品（主菜と副菜）を調理する計画を立てる。	③主菜と副菜の調理に必要な材料の分量や手順がわかり、調理計画を立てることができる。 ・ワークシート		

家族の生活を応援する献立を考えよう	5・6	○材料に適したゆで方、いため方で、主菜と副菜の調理をすることができる。 ・前時で立てた計画をもとに主菜と副菜の調理をする。	④材料に適したゆで方、いため方を理解しているとともに、適切にできる。 ・行動観察	
		家庭で家族にインタビューをしてくる。 （家族の健康面や体づくりに関する悩み、好きな食べ物など献立作成の際に生かすことができるような内容）		②栄養を考えた食事について、課題解決のための一連の活動について振り返って、改善しようとしている。 ・ポートフォリオ ・行動観察
	7（本時）	○「家族の生活を応援する献立」を工夫して立てることができる。 ・栄養バランスの他に、献立作成でどんなことを考えているか、栄養教諭の話を聞く。 ・家族の悩みや希望を踏まえて、栄養のバランスなどを考えた献立を工夫する。	②1食分の献立の栄養のバランスについて考え、工夫している。 ・家庭実践計画表	
		家庭実践「家族の生活を応援する食事を作ろう」		
	8	○「家族の生活を応援する食事を作ろう」の実践について発表し合い、評価したり、改善したりすることができる。 ・家庭での実践について、家族の生活をよりよくするために献立でどんな工夫をしたか、発表し合う。 ・「栄養のバランスはよいか」「課題に合った工夫をしているか」の視点に沿って評価し、アドバイスし合う。 ・献立や調理計画を振り返って、改善点を考える。 ・これまでの学習を振り返り、栄養を考えた食事の仕方について考える。	④1食分の献立の栄養のバランスについての課題解決のための一連の活動について、考えたことをわかりやすく表現している。 ・行動観察 ③1食分の献立の栄養のバランスについて実践を評価したり、改善したりしている。 ・ワークシート ・行動観察	③栄養を考えた食事について工夫し、実践しようとしている。 ・ポートフォリオ ・行動観察

（吹き出し）栄養教諭の協力を得ることで、食に関する専門的な知見が得られる。また、学校教育活動全体での食育を見据えた指導ができる。

（吹き出し）記録に残す評価

（吹き出し）家庭での実践は、児童・保護者の負担が大きい。勤務校の実態に応じて、例えば献立を考えることは必須とするが調理は任意とするなど配慮する必要がある。

6 本時の展開（7／8時間）

（1）**題目**「家族の生活を応援する献立を立てよう」

（2）**本時の目標**

○「家族の生活を応援する献立」を工夫して立てることができる。

○栄養を考えた食事について、課題解決のための一連の活動について振り返って、改善しようとしている。

（3）**学習活動と評価**

学習過程	時間	学習活動	指導上の留意点	○資料等 ■評価場面・方法
導入	（分）3	1 本時の課題をつかむ。	○これまでの学習を生かして、家族の生活を応援する献立を考え、家庭で実践することを確認する。	
		「家族の生活を応援する献立」を工夫して立てよう		

展開	7	2 インタビューしてきたことをもとにして、献立作成の課題を設定する。 家族からの要望をもとに課題を明確にすることで、実践への意欲を高めることができる。（「A 家族・家庭生活」との横断的な視点）。	○1次で自分の課題を設定したときの考え方を想起できるようにする。 ・改善する視点で（△を○に） 　例：部活で活躍できるように筋力がアップするような献立 ・よりよくする視点で（○を◎に） 　例：風邪をひきにくくし、元気に過ごせるような献立	○インタビュー用紙 ○スライド （1次の学習）
	5	3 献立作成の視点について、栄養教諭の話を聞く。 栄養教諭が児童のために給食の献立を作る際、気をつけていることなどを話してもらう。	○栄養のバランスを考える他にも、次のような視点で献立を工夫していることにふれる。 ・季節のもの（旬） ・色どり ・味のバランス ・好み　など	
	25	4「家族の生活を応援する献立」を工夫して立てる。 ①主食・主菜・副菜・汁物を決める。 ②栄養のバランスを確かめる。 ③課題に合わせて、工夫する。 ④グループで見合って、修正する。	○一番は、栄養のバランスを中心に考えることとし、その後、課題解決に合わせて工夫をすることを確認する。 ○自分で作ることも考え、主食はごはん・パンから、主菜と副菜は、主にゆでる調理かいためる調理等で作ることができるものとすることを確認する。 ○献立は、タブレット端末上のワークシートに入力する。 ○作成した献立は、クラス内で共有し、お互いの考えを見ることができるようにする。	タブレット端末を用いることで、教員が児童の学習の進度を把握しやすくなる。また、クラス内での共有も図りやすい。 ○タブレット端末 ■評価方法 【家庭実践計画表】 （思考・判断・表現②）
まとめ	5	5 本時のまとめをし、振り返る。 ・課題解決に合った献立を立てるために工夫したことや努力したことを書く。	○食べる人のことを考えて、栄養のバランスの他にもいろいろな工夫の視点があったことを確認する。 ○家庭実践に向けての意欲を高める。	■評価方法 【ポートフォリオ】 （主体的に学習に取り組む態度②）

（4）本時の評価

観点	おおむね満足できる状況（B）と判断される児童の姿	支援を必要とする児童への手立て
思考・判断・表現②	設定した課題を解決するために、体内での主な働きを考えて料理や食品を選んだり、栄養のバランスを考えたりして献立を立てることができている。	課題を解決するために必要な栄養素を確認し、その栄養素を含む食品を使った料理を資料等から選ぶことができるように助言する。
主体的に学習に取り組む態度②	課題解決に合った献立を立てるために工夫したことや努力したことを具体的に記述している。	献立作成の一連の活動を想起させ、課題を解決するために、どんな料理や食品を選んだのかを理由と共に記述するよう助言する。

解説・本実践の意義

　本実践の一番の特徴は、「生活の課題発見」、「解決方法の検討と計画」、「課題解決に向けた実践活動」、「実践活動の評価・改善」、「家庭・地域での実践」及び家庭での実践の振り返

りの一連の学習過程が位置づく授業構成にある。これら一連の学習を通じて、児童は課題を解決できた達成感や実践する喜びを味わうことができる。

　領域横断的な学習展開も特徴的である。本時では、「A　家族・家庭生活」の「（2）家庭生活と仕事」と関連させ、家庭における実践を取り入れている。これは、児童が家族の仕事を理解するうえでも、家庭科で学んだ知識・技能を習得するうえでも意義がある。しかしながら、家庭での実践は児童・保護者にとって負担が大きく、家庭環境によっては児童が調理をすることが困難な場合もある。勤務校の実態に応じて、例えば献立を考えることは必須とするが調理は任意とするなどの配慮が必要である。また、児童の家庭での食事の様子を取り上げる場合は、プライバシーに十分配慮する。実践内容をクラスで共有する場合は、発表活動を予定していることや発表する内容を事前に児童や保護者に伝え、児童に展望をもたせるとともに、保護者の理解・協力を得たい。

　学校給食は児童全員が共通して体験しており、また、各家庭のプライバシーに踏み込むリスクもないという優れた教材である。一部の学校では、栄養教諭との連携のもと、児童が考えた献立を給食で提供する試みも実施されている。家庭との連携が困難な場合は、給食も積極的に活用したい。

　本時では、栄養教諭との連携がなされている。食に関する指導は、理科、社会、生活、体育、総合的な学習の時間、特別活動など、あらゆる機会に実施されている。栄養教諭の協力を得ることにより、給食という児童にとってなじみのある教材から、献立作成の方法など食に関する専門的な知見が得られるだけでなく、学校教育活動全体を通じた食育の推進を見据えて家庭科を指導することができる。また、栄養教諭は児童にとって身近な働く大人である。実際に授業に招き、児童のためにどのようなことを考えて食事を作っているのかインタビューする活動は、給食に関わっている人たちの仕事を理解し、あらためて感謝する気持ちを育む。

　本時の題材である献立作成は、小学校家庭科食生活領域の集大成として位置づけられ、栄養、調理についての学びを活用し、生活をよりよくしようと工夫する実践的な態度を養う。児童の関心は高いが、生活経験が少ないと、料理や料理に用いられている食品、調理法、味のバランスなどの具体を想像しにくい。学校給食の献立やデジタル教材を活用する支援も考えられる。本時ではタブレット端末を用い、クラス内での円滑な意見の共有を図っている。タブレット端末は、児童の学習の進度を教員が把握するうえでも役立つことから、積極的に活用したい。

さらに詳しく ▶▶▶ 『初等家庭科の研究』第2章「3 栄養を考えた食事」を参照

［ 考えてみよう ］

　栄養を考えた食事についての授業を考え、指導案を書いてみよう。その際、給食を教材として活用しよう。

衣生活の授業づくり
── 衣服の科学と持続可能な社会

本章のねらい▶ □衣生活を学習し実践する意義と、学習内容の系統性を理解しよう。
　□子どもたちの日常の体験と関連させながら、小学校における学習内容の位置づけと発展を意識しよう。
　□他領域や他教科とのつながりに気づき、将来にわたって生活に役立つ授業を考えられるようになろう。

キーワード▶ 衣服　着用　手入れ　布を用いた製作　環境に配慮した衣生活

1 衣生活を学ぶ意義

　「衣生活」とは、衣服に関わる、私たちが行うすべての生活活動を示す言葉である。では、衣服に関わる生活活動について、まず思い浮かぶのは何だろうか。例えば「衣服を選ぶ」「着用する」「洗濯をする」という活動が思いつくかもしれない。他にも、「衣服を購入する」「季節や状況に応じた衣服を考える」「汚れやほころびの点検をする」「洗濯洗剤を選ぶ」「衣服を修繕する」「廃棄する」など、私たちは日常生活の中で衣服に関わる様々な活動を行っている。衣生活の学習では、このような衣服に関わる日常の行動を、なぜこうしたほうがよいのかと科学的に考え、課題解決のために工夫して実践する力を養うことを目指す。

　また、現在は、家庭内で衣服や布を用いた小物などを製作する機会が以前ほど多くないものの、衣生活には「製作」の学習が含まれている。家庭科で布を用いた「製作」を学習する意義としては、「縫う」「ボタンを付ける」などの基礎的・基本的な知識・技能の習得とともに、創造力や段取りを考える力を身につけ、衣生活文化への関心を高めたり、作品を完成させる達成感や製作の喜びを味わったりできることがあげられる。さらに、手入れをしながら長く使う大切さや、消費者として商品を購入する際に適切な選択（例えば、縫製やボタンの付け方がしっかりしているかなど）をするための知識を学べることもあげられる。

　近年では持続可能な社会の形成を目指す価値観が浸透し、衣生活においても環境との関わりを考えることが重要である。科学的な根拠をもって衣生活を捉えることは、一人一人が生涯にわたって社会や環境と調和した衣生活を楽しむことにつながるだろう。

2 衣生活における学習内容と系統性

　小学校家庭科衣生活領域では、主に衣服の着用と手入れに関することと、布を用いた製作について学習する（図9－1）。衣服の着用については、衣服の働きを理解したうえで季節や状況に合わせた着方について学習する。衣服の働きに関して、小学校では「保健衛生上の働き」と「生活活動上の働き」を中心に扱い、中学校以降で衣服の「社会生活上の働き」について取り上げる。衣服の手入れについては、小学校ではボタン付け及び手洗いを中心とした洗濯の仕方について学習し、中学校では衣服の材料について学ぶとともに、電気洗濯機の特徴や洗剤の働きなどを扱い、適切な方法について学習する。このように、小学校で扱う衣服の着用と手入れは被服衛生学、被服管理学的な要素が強く、子どもたち自身の衣生活を原点にする内容である。中学校、高等学校では、衣服の購入から廃棄までを見通し、社会や環境を意識してより広範な空間から学びを捉えるようになる。

　布を用いた製作については、小学校では手縫いやミシン縫いの基礎を学習する。「袋など」の製作が題材指定されており、ゆとりや縫いしろの必要性についても理解を深める。中学校以降は題材指定がなく、小学校での学習を踏まえて、「持続可能な社会の構築」という観点や物を長く使用する観点から、補修のために活用できる生活技術として、日常着の手入れとも関連させて展開していく。

　指導にあたり、「日頃の経験と学習内容を結びつける」「観察、実験、実習を通して実感を

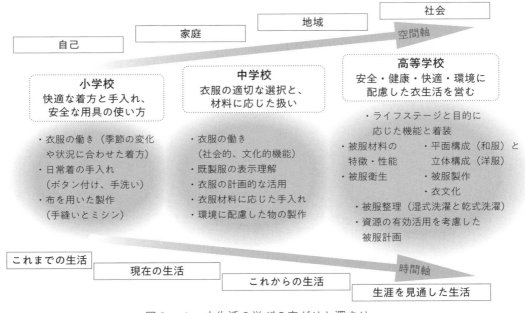

図9－1　衣生活の学びの広がりと深まり
出所：筆者作成

もって理解する」「意見交換による多角的な見方・考え方を養成する」「児童が課題を設定し、解決に向けた計画、実行、評価、改善を行う機会を設ける」の4つを重視したい。また、日本の伝統文化や環境に配慮した生活と関連づけ、多面的な要素を捉える基礎を養いたい。

さらに詳しく ▶▶▶ 『初等家庭科の研究』第3章「1.1 衣服の働き」「2.1 衣服を手入れする目的」を参照

3 衣生活の学習で子どもにつけたい力

　小学校高学年は自分でできることが増え、他者から見える自身の姿に意識が向く年齢である。衣服の着用と手入れに関しては、家庭生活の中で、自分の意思をある程度反映してきた子どももいる。例えば、寒い日にどのような重ね着をしたか、野外で活動するときには何を選んだか、お気に入りの服をどのように組み合わせて着たか、ボタンが取れたり服が汚れたりしたときにどうしたか、といった経験を蓄積していると考えられる。衣服に関する経験をクラスの中で共有したうえで、実験や実習などによる学びの経験を積むことにより、学習に裏打ちされた自信と工夫する意欲をもたせたい。

　衣服の着用については、皮膚の衛生や体温、動静の活動を快適に保つ働きを理解すること、季節や状況に応じた着方や活動内容に合わせた着方を工夫する力を育成したい。衣服の手入れについての学習では、衛生と快適性を保つための衣服の点検や、環境や資源についての観点を取り入れ、適切に手入れができる力を育成したい。小学校では、手洗いを中心とした「洗濯の仕方」と「ボタン付け」を主に扱うが、学習したことだけにとどまらず家族生活や日頃の経験からも衣服の手入れの意義とよりよい工夫に気づけるようにしたい。

　布を用いた製作の学習は、製作計画を立てるところから始まり、製作後の振り返りまでが一連の流れとなる。製作計画では、目的に応じて機能や形、大きさを考えるため、先を見通す力をつけるようにしたい。製作に必要な知識及び技能は、生活に活用できる技術として習得させるとともに、生活の中で実践したいと思うような指導の工夫が求められる。子どもは試行錯誤を繰り返すことで作品を完成させた達成感や成就感を得る。また、手作りすることの価値の認識や物への愛着心を育むことにつなげていきたい。

　こうした学習を家庭での実践へつなげることが望ましいが、様々な家庭があることを念頭におき、体操着など子どもたちが共通して学校生活で使用しているものを題材にするなど、生活での活用に結びつくような授業づくりが望まれる。

さらに詳しく ▶▶▶ 『初等家庭科の研究』第3章「1 衣服の着用」「2 衣服の手入れ」を参照

4 題材構成の視点と指導案

4.1 衣服の着用と手入れ

　以下に紹介する学習指導案では全12回の授業の中で、状況に応じた快適な着方と衣服の調節について考える回を、本時の展開として取り上げている。児童の生活経験からの気づきや再発見が期待される。快適性や調節について、児童がイメージしやすいように共通の条件を提示することや、観察、実験実習の時間を設けて児童に経験させ、具体的な理解を促す工夫が必要である。

第5学年　家庭科学習指導案

○○年○月○日（○）　　第○校時
場所　家庭科室
授業者　八重樫英広

1 題材名「考えよう、さわやか生活－気持ちのよい衣服－」
　B 衣食住の生活（4）衣服の着用と手入れ ア（ア）（イ）イ

2 題材の目標
○衣服の主な働き、季節や状況に応じた日常着の快適な着方、日常着の手入れの仕方について理解するとともに、それらに係る技能を身につける。
○日常着の快適な着方や手入れの仕方について問題を見いだして課題を設定し、様々な解決方法を考え、実践を評価・改善し、考えたことを表現するなどして課題を解決する力を身につける。
○家族の一員として、生活をよりよくしようと、衣服の着用と手入れについて、課題の解決に向けて主体的に取り組んだり、振り返ったりして生活を工夫し、実践しようとする。

3 題材設定の理由
（1）教材観

> 「C 消費生活・環境」との関連付け

　本題材「考えよう、さわやか生活－気持ちのよい衣服－」は、「着こなそう、林間ルック」「ととのえよう、さわやか衣服」の2つの小題材から構成されている。
　小題材「着こなそう、林間ルック」では、健康で快適に過ごすために、季節や気候に応じて衣服を調整する必要性を実践的・体験的な活動を通して考えさせるとともに、生活の中でも応用できるようにしたい。また、「C 消費生活・環境」の（1）（イ）「身近な物の選び方、買い方を理解し、購入するために必要な情報の収集・整理が適切にできること」と関連させ、豊富に出回っている既製服の中から目的や季節、好みに合った服を選択するためにはどうしたらよいかを考えさせたい。
　「ととのえよう、さわやか衣服」では、衣服を衛生的に心地よく着続けるためには手入れが必要であることに気づかせるようにする。洗濯やほころび直しなどの衣服の手入れも家庭生活においては大事な仕事であることを意識させ、衣服を整えていくための基本的な知識と技能を身につけさせていきたい。これらの活動を通して、自分の衣服を工夫して整える能力を養い、家族と協力して衣生活をよりよくしていこうとする実践的な態度を育てていきたい。
（2）児童観
　児童は、5年生になって初めての家庭科に大変興味と意欲をもって取り組んでいる。
　しかし、製作活動に大きな関心を示す一方で、普段の衣生活に対する関心が高いとはいえない。衣服の選択に関しては、親任せであったり好みを重視したりする一方で、なぜ着るのか、どのよ

うに着るのかまで意識している児童は多くはない。また、衣服の手入れに関しても、汚れ方に応じた洗濯の仕方、衣服の管理の仕方までが衣服の手入れに含まれるという意識が薄いのが現状である。

　そこで、児童の衣生活を振り返り、衣服の特性を実感したり、気候に合わせて衣服を選択したりする過程を通して衣生活への関心を高め、快適な衣服の着方についての基礎的な知識及び技能を習得させたい。また、衣服の汚れを実感させ、大切な服を自分で手入れ・洗濯する必要性を実感させていきたい。必要感をもたせることで、学んだことを家庭生活で意欲的に実践しようとする態度を育みたい。

（3）指導観

　本題材では学校行事の林間学校と衣服の着方や手入れを関連づけて考えさせていく。林間学校での衣服の着方を通して、衣服の選択・購入の仕方、管理・手入れの仕方など自分自身の衣生活を見つめさせていきたい。その中でより快適な衣生活を営むために解決すべき問題を自覚させ、主体的に課題に向き合うことができるようにする。今まで無意識だったり、家族に任せきりだったりしていた衣服の選択や管理が自分でできるようになることで、児童に達成感と充実感を味わわせたい。さらに、実践場面においては、衣服の着方や洗濯などお互いの実践を交流する機会を設けることで、学びを共有し、改善策やさらなる工夫を児童が見いだせるようにしたい。これらの活動を通して、より自信をもって家族のために実践し、喜びを味わえるようにしたい。

　「着こなそう、林間ルック」では、季節や気候・活動に合った衣服の着方を身につけさせるために、布地を使った実験や、林間学校での服装の検討、購入の体験活動などを通して、よりよい衣生活への意識化を目指したい。「ととのえよう、さわやか衣服」では、洗濯の必要性、洗濯の仕方や衣服の手入れの仕方の学習において、実験的・体験的活動を取り入れ、思考・判断の場面を意図的に段階的に組み入れていきたい。学校での体験的な学びと家庭での実践を繰り返し行い、振り返り、改善・工夫していくことで、自分たちの生活に合わせて学習したことを工夫したり、創造的に発展させたりすることのできる児童を育成できると考える。

　また、児童を取り巻く生活環境は様々であり、衣服の着方についての考え方、購入の仕方、選び方も多様である。そこで、林間学校という全員が同じ条件で活動する場を題材に選び、その環境に合った衣服を選ぶ活動を設定した。登山という気温や天気・環境の変化がある状況だからこそ、衣服を調整する必要性が生まれ、暖かい着方、涼しい着方、衣服の調節について見直すことができると考えた。そのことをもとに、一人一人が自分の家庭の実態に応じて「快適に着る」ことについて見直し、実践へとつなげてほしいと考えた。

　「快適に着る」ためには、衣服を整えることも必要である。衣服の整え方も様々ではあるが、学校での共通の実験・体験活動と家庭での実践を繰り返していくことで、基礎的・基本的な知識と技能を確実に習得させることができると考える。

4 評価規準

知識・技能	思考・判断・表現	主体的に学習に取り組む態度
・衣服の主な働きがわかり、季節や状況に応じた日常着の快適な着方について理解している。 ・日常着の手入れが必要であることや、ボタンの付け方及び洗濯の仕方を理解しているとともに、適切にできる。	日常着の快適な着方や手入れの仕方について問題を見いだして課題を設定し、様々な解決方法を考え、実践を評価・改善し、考えたことを表現するなどして課題を解決する力を身につけている。	家族の一員として、生活をよりよくしようと、衣服の着用と手入れについて、課題の解決に向けて主体的に取り組んだり、振り返って改善したりして、生活を工夫し、実践しようとしている。

5 指導と評価の計画（全12時間）

小題材名	時間	ねらい・学習活動	評価規準・評価方法		
			知識・技能	思考・判断・表現	主体的に学習に取り組む態度
着こなそう、林間ルック	1	○毎日着ている衣服について考え自分たちの課題を見いだす。 ・衣服の基本的な働きがわかる。	①衣服の主な働きがわかり、季節や状況に応じた日常着の快適な着方について理解している。 実験実習を、計４回の授業で取り入れ、具体的な理解を促している。 ・ノート	①日常着の快適な着方について問題を見いだして課題を設定している。・ノート	①家族の一員として、生活をよりよくしようと、衣服の着用について、課題の解決に向けて主体的に取り組もうとしている。・行動観察
	2・3	○活動や目的によって素材を選ぶことができる。 ・布地の種類による違いについて観察や実験を行う。 ・目的に合った着方をするために必要な条件を考える。		②快適な着方について考え、工夫している。・ノート	②家族の一員として、生活をよりよくしようと、衣服の着用について、課題解決に向けた一連の活動を振り返って改善しようとしている。・ノート
	4（本時）	○状況に応じた快適な着方を考えることができる。 ・気候や活動などを踏まえた衣服の着方について考える。 ・衣服の調節の仕方についての実験を行う。		④快適な着方について課題の解決に向けた一連の活動について、考えたことをわかりやすく表現している。・ノート	③家族の一員として、生活をよりよくしようと、衣服の着用について工夫し、実践しようとしている。・行動観察、ノート
	5	○目的に応じた衣服の選び方がわかる。 ・これまでの学習を生かし、夏の衣服の選び方を考え、交流する。		③日常着の快適な着方、選び方について、実践を評価したり、改善したりしている。・ノート	
ととのえよう、さわやか衣服	6	○清潔に着続けるための衣服の手入れの必要性がわかる。 ・衣服のサイクルをもとに、衣服を着続けるための手入れの必要性に気づく。	②日常着の手入れが必要であることを理解している。・ノート	①日常着の手入れの仕方について問題を見いだして課題を設定している。・ノート	①家族の一員として、生活をよりよくしようと、衣服の手入れについて、課題の解決に向けて主体的に取り組もうとしている。・行動観察
	7	○洗濯の仕方を調べ、洗濯の仕組みを考える。 ・衣服をより清潔に保つための洗濯の手順や方法を調べる。 ・取扱い絵表示の見方がわかる。	③洗濯の仕方を理解しているとともに、適切にできる。・ノート	②日常着の手入れの仕方について考え、工夫している。	
	8	○手洗いで衣服を洗うことができる。（洗濯実習） ・適量の洗剤液と水で衣服を手洗いし、違いを比べる。			②家族の一員として、生活をよりよくしようと、衣服の手入れについて、課題解決に向けた一連の活動を振り返って改善しようとしている。・ノート
	9	○衣服の補修の必要性がわかる。 ・衣服のほころびやすい場所と原因について考える。	④ボタンの付け方を理解しているとともに、適切にできる。・製作物		
	10	○衣服の補修ができる。 ・ボタンの働きを考え、ボタン付けを行う。			
	11	○家庭での実践計画を立てる。 ・夏の衣服の着方及び手入れについての計画を立てる。		③日常着の快適な着方や手入れの仕方について、実践を評価したり、改善したりしている。	③家族の一員として、生活をよりよくしようと、衣服の手入れについて工夫し、実践しようとしている。・ノート
	12	○各家庭での実践の交流をし、実践の評価・改善を行うことができる。 ・家庭で実践したことを交流し、よりよい実践になるよう見直しをする。 家庭での実践に向けた計画と評価・改善の交流を実施することで、多角的な見方・考え方を育てる。		④日常着の快適な着方や手入れの仕方について課題の解決に向けた一連の活動で、考えたことをわかりやすく表現している。・ノート	

6 本時の展開（4 /12 時間）

（1）**題目**「着こなそう、林間ルック」

（2）**本時の目標** 衣服の重ね着の実験を通して、状況に応じた快適な着方を考えることができるようにする。

（3）**学習活動と評価**

学習過程	時間	学習活動	指導上の留意点	○資料等 ■評価場面・方法
導入	(分)5	1 本時の学習課題を確認する。	○衣服を選ぶときのポイントを思い出させる。 時・季節、場所、目的・活動 ○林間学校で登る兜明神岳の写真を提示し、活動に適した服装を考えさせる。	○兜明神岳の写真
		登山に合った着方を考えよう		
展開	25	2 どんな着方がよいのか考える。 ・活動に合った着方 3 兜明神岳登山を快適にするための服装を考える。 ・気温と着方	・7月であること、昨年は天気が晴れのち曇りであったことを必要に応じて伝える。 ○気温・風速から、予想した着方が合っているか検討させる。 ・盛岡に比べて区界高原は温度が低いことに気づかせる。 ・風速により体感温度が下がったり、標高により気温が低くなったりすることから、重ね着などによる衣服の調整が必要であることにも気づかせる。	○ノート ○区界高原の気温の資料 ○風速・標高の違いによる温度の変化の資料
		4 重ね着の効果と衣服を調節する必要性について考える。 ・重ね着の効果・暖かい着方 ・涼しい着方	○重ね着と保温性についての簡易実験を行い、重ね着のよさに気づかせる。 ・重ね着で暖かさを保つ一方で、登山では活動により暑くなったり、汗をかいたりすることに気づかせ、衣服を調節することの必要性を考えさせる。 ・重ね着により、空気の層が熱を保つことを教え、暑くなった場合についても考えさせる。 ・部屋の換気をイメージさせ、開口部を調節することで、衣服を脱がなくても暖かさ・涼しさを調節できることに気づかせる。	○簡易実験で使用するもの ・綿製の腕ぬき ・ポリエステル製の腕ぬき ・ナイロン製の腕ぬき ・デジタル温度計（ペン型） ○衣服の空気の層の資料 ○ノート
まとめ	15	5 兜明神岳に登るときの服装を絵や言葉でまとめる。 6 学習のまとめをし、次時の学習内容の確認をする。	○学習を振り返らせ、兜明神岳に登るときの服装を考えさせる。 ○重ね着や衣服の調節は登山のときだけではないということに気づかせる。 ○次は衣服の選び方について学習していくことを確認する。	■評価方法 【ノート】（思考・判断・表現④）

着用の目的を明確にイメージできるような工夫として、画像や資料を用いている。表やグラフを読み取る練習も可能である。

空気層の暖かさを実感しやすい素材として、毛（ウール）がある。また、高機能性素材についても押さえておきたい。

時間内に、授業内容と矛盾のない明確な実験結果を得る必要がある。事前に入念な予備実験と、予想されるトラブルと対処法を考えておくことがポイントとなるだろう。

（4）本時の評価

観点	おおむね満足できる状況（B）と判断される児童の姿	支援を必要とする児童への手立て
思考・判断・表現④	状況に応じた快適な着方について、考えたことを図や文章でわかりやすく表現している。	資料により、気温が変化することを捉えさせたり、重ね着の実験により、その効果を空気の層と関連させて捉えさせたりし、衣服の調整の仕方についてのイメージをもたせるようにする。

板書計画例

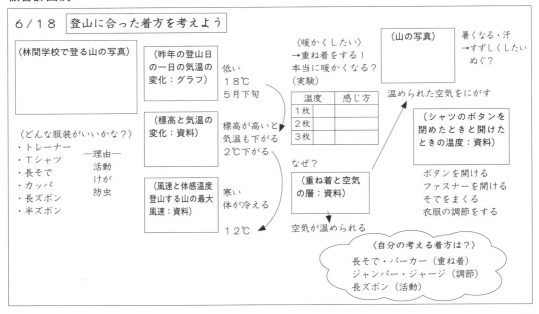

解説・本実践の意義

　本時の特徴は、学校行事である林間学校の状況を想定して児童に共通した条件を提示し、衣服を考え、暖かくする工夫を実験によって具体的に理解することである。前半に、写真、気温や風速の資料を提示し、目的地である山中はどれほど寒く風が強いのか、イメージしやすいよう工夫している。実際の学校行事と関連づけることで目的が明確になり、児童が楽しみをもって学習に臨む姿が想像できる。

　後半に、重ね着による暖かさを理解する実験として、腕ぬき（アームカバー）の素材と重ねる枚数を変え、児童自身の体感としての暖かさ（官能評価）と温度計の数値（定量評価）を調べている。学習内容に合わせた実験を行うために、教師は事前に様々な材料や方法で試行している。また、寒暖の感じ方には個人差があることを踏まえて考察する。

　まとめとして、ここではノートに絵と言葉で表現させているが、各学校のICT設備に応じて、例えばタブレットを用いて写真やイラスト素材を加工してまとめたり、重ね着の実験結果をグラフにして表したりすることや、理科の「B　生命・地球」の「（4）天気の変化」

（第5学年）、社会の第3・4学年で扱う地域の地理に係る学習内容などとの関連づけも考えられる。

　また、今回の場合、林間学校が実際の学校行事であるため、児童が本時で学んだことを実践したあと、振り返りを行う機会に恵まれているということになる。授業計画の都合がつくならば、実際に着用した衣服の紹介と感想や反省を発表し評価し合う時間を設けることで、達成感を味わうことができ、さらに深い学びにつながるだろう。

4.2 生活を豊かにするための布を用いた製作（手縫い）

　5年生になった児童は裁縫用具を手にして、「何かを作ってみたい」と学習への興味・関心が高まっている。このような時期に、用具の安全な使い方を含めた製作学習の基礎的・基本的な知識及び技能を習得できるとともに、製作したものや身についた技能を生活に生かそうとする意欲を引き出せる授業をつくっていきたい。

第5学年　家庭科学習指導案

ここでは、布を用いた製作（手縫い）についての略案を紹介する。

〇〇年〇月〇日（〇）　第〇校時
場所　家庭科室
授業者　横山みどり

1 題材名「何選ぶ？　どう作る？　マイソーイングセット」（全8時間）
　B 衣食住の生活（5）生活を豊かにするための布を用いた製作 ア（ア）（イ）イ

2 本時の展開（3／8時間）
（1）本時の目標　目的に応じた縫い方やゆとりについて考えたり自分なりに工夫したりできる。
（2）学習活動と評価

学習過程	時間	・児童の学習活動 ◎予想される児童の反応	・指導上の留意点 ☆児童への支援	〇資料等 ◆評価規準【評価方法】（観点）
（意欲を高める）見つめる	（分）10	1 携帯用裁縫セットについて考える。 ◎先生が裁縫セットを持っていたのは準備がいい。 ◎準備をしていても、使いにくかったらだめだと思う。 ◎災害時には新しい服が買えないから自分で直す。 2 教師が作ったマイソーイングセットを見て、感じたことを話し合う。 ◎作ってみたい。 ◎入れる物は自由に決めたい。	・宿泊行事で携帯用裁縫セットを教師が児童に貸し出したこと、その裁縫用具が使いにくかったことを伝える。 ・災害時の非常持ち出し袋に入れる物として「裁縫用具」があげられている例を示す。 ・教師が裁縫セットに入れる物を決めた理由を、ひとつずつ説明する。 「携帯用裁縫セット」の活用場面と日常の生活場面を結びつけることにより、学習の動機づけとしている。	〇宿泊行事で使うゼッケンを児童が手縫いで縫いつけたことを報告したノート 〇児童に貸し出した携帯用裁縫セット 〇非常持ち出し袋の内容例 〇教師が作ったマイソーイングセット
		製作計画を立てよう		

	30	3 実物大のアイデアスケッチを描く。（マイソーイングセットに入れたい物・デザイン） 4 用具などの形や大きさから、フェルトの大きさや縫う位置を考える。（使いやすさ・安全・ゆとり） 5 アイデアスケッチをもとにフェルトを選ぶ。	☆基本的なデザインを紹介する。（ゆとりについてもふれる） ☆針については安全に収納できるよう個別にアドバイスする。 ・入れる用具などの大きさがイメージできるように、見本を準備する。	○学習で使っている裁縫用具以外の物の見本（ゴム・布・色々なデザインの小型ハサミなど）
活動する				
見通しをもつ	5	6 次の授業までに準備する物や確かめておくことをノートに書く。	・実際に入れるものをできる範囲で準備してくること、準備できない物は大きさを調べてくることを伝える。	◆目的に応じた縫い方やゆとりについて考えたり自分なりに工夫したりしている。【アイデアスケッチ】（思考・判断・表現）

> 製作計画を立てる観点を示すことで、児童が自分なりに工夫することを考えやすくしている。

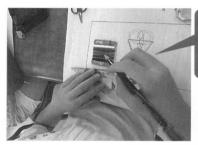

> 実物大で計画を立てることで、完成した状態をイメージしやすくしている。

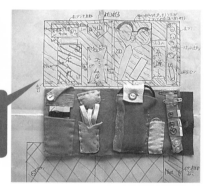

> 製作工程を書き込むことで、各児童が先の見通しをもてるようにしている。

解説・本実践の意義

　本時は、前時までに学習した基本的な手縫いの縫い方を踏まえて、生活で活用できる物として「マイソーイングセット」の製作計画を立てる授業である。製作の動機づけとして、緊急時や災害時などには「携帯用裁縫セット」を活用する場面があることを取り上げ、「マイソーイングセット」に興味をもたせるという工夫がされている。学習活動では製作計画を実物大にすることで完成した作品をイメージしながら計画を立てられるようになっており、製作計画を立てるうえでは、目的に応じた機能や形、大きさ、さらに使いやすさや安全性に着目することなどを指導している。さらに、製作計画のスケッチには、製作手順（縫いつける順番）が書かれており、児童が先の見通しを立てられるようにしている。また、「マイソーイングセット」は家族で使う場面も想定されることから、「Ａ　家族・家庭生活」の「（3）家族や地域の人々との関わり」とも関連させることができる内容である。なお、次時以降は、製作計画を活かして作品を製作したあと、実際に使ってみて改善し、振り返りとして気づい

たことについてクラスで意見交換を行っている。

　本題材では、布の種類としてフェルト（不織布）を使用している。フェルトは布端がほつれにくい、扱いやすいなどの特徴があるため、初めて布を用いた製作学習を行う場合に適していると考えられ、多くの教育現場で導入の教材として用いられている。製作学習では学習内容に応じた適切な教材を選ぶことも重要である。

さらに詳しく▶▶▶ 『初等家庭科の研究』第3章「1.2 衣服の素材」「3 布を用いた製作学習」を参照

4.3 生活を豊かにするための布を用いた製作（ミシン縫い）

　ミシン縫いは、丈夫で美しい縫い目が速く縫え、完成度の高い作品を作ることができる。衣服をはじめ身の回りにはミシンで縫われているものが多く、生活経験とも結びつけやすい。一方で、ミシンの取り扱いへの苦手意識から製作意欲が低下する児童もいる。教師はミシンの仕組みを十分に理解したうえで、安全な取り扱いに留意した適切な指導を行うことが大切である。

第9章　衣生活の授業づくり

第5学年　家庭科学習指導案

> ここでは、布を用いた製作（ミシン縫い）についての略案を紹介する。

〇〇年〇月〇日（〇）　　第〇校時
場所　家庭科室
授業者　橋本英明

1 題材名「めざせ！ ソーイングマスター －ミシンでぬって作ろう！－」（全11時間）
　B 衣食住の生活（5）生活を豊かにするための布を用いた製作 ア（ア）（イ）イ

2 本時の展開（6 /11時間）
（1）本時の目標　上糸と下糸を正しく準備し、縫い始めと縫い終わりに「返し縫い」を施した直線縫いができる。
（2）学習活動と評価

学習過程	時間	児童の学習活動	・指導上の留意点 ☆児童への支援	〇資料等 ◆評価規準【評価方法】（観点）
見つめる	(分)10	1 ミシン縫いで作った「バンダナ巾着」の実物を見る。 2 めあてと今日の達成目標を確認する。	・実物投影機で拡大し、ミシンで縫ってある部分を確認できるようにする。 ・製作に使用する布と、印付け用の型紙を配布する。めあてを記入した児童から、カードに記名する。	視覚教材は見本や標本を示す際に有効な機器である。 〇製作用の布、印付け用の型紙 〇ワークシート
		直線ぬいと返しぬいを生かして、生活で役立つ小物を作ろう		
活動する	30	3 バンダナの角4か所に折り目を付け、直線縫いをする箇所にチャコで印を付ける。	・実物投影機で手順を示しながら説明する。その際、どの部分に返し縫いを施せばよいか考えさせ、児童の意見を聞く。	返し縫いの目的について考えている。必要性を示すことは児童の理解を促すことにつながる。

143

		4 印付けが終わったら、4か所を、ミシンで丁寧に縫う。	・縫い始めと縫い終わりの糸の始末の仕方を確認する。 ・待つ間にタブレット端末にログインし、ストリーム欄の振り返りアンケートを開けておく。 ☆糸かけや下糸の出し方に苦戦している児童には、個別に指導する。 ☆縫う場所を間違えたり、大きくずれてしまったりした児童がいたら、その部分に赤色のシールを貼るように伝え、あとで手直しの支援をする。	糸のかけ方の間違いは、ミシンの縫い目が整わなくなる原因となる。※正しく糸をかけていれば糸のバランスが表と裏で同じ状態になる。
		5 安全に気をつけながらミシンを片付ける。	・「糸の片付け方」「コードの収納方法」について、呼びかける。	事故やけがの防止のために、安全指導は毎時間行うようにする。
		6 ひも通しを使って、ひもを2本通し、結ぶ。	・布が伸縮するため、バンダナの周囲よりも短いひもで結べることを確認する。	
まとめ	5	7 今日の学習の振り返りを、ワークシートに記入する。	・今日の学習を振り返って、努力した点や次に生かしたい点を入力する。 ・疑問点や質問があれば追記するように伝える。	◆上糸と下糸を正しく準備し、縫い始めと終わりに「返し縫い」を施した直線縫いができている。【児童の製作物の実物】(知識・技能)

ワークシート

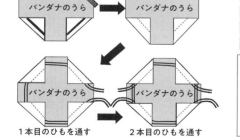

めざせ！ソーイングマスター ～ミシンでぬって作ろう①～

5年 組 番 名前 ☆学習した日 ／ （ ）

めあて

斜辺（しゃへん）が15cmの
直角二等辺三角形

バンダナのうら → バンダナのうら

はば2cmの型紙でしるし

バンダナのうら バンダナのうら しるしの上をぬう

バンダナのうら バンダナのうら

1本目のひもを通す 2本目のひもを通す

ミシンでぬって作ろう① ふりかえりカード

◎…自分の力で解決できた
今日のポイントふりかえり ○…先生や友達の力を借りてできた
△…まだできていない部分がある

①表・うらをまちがえず、正しく布をおった。
②アイロンできれいにおり目を付けた。
③しるし付け用の型紙とチャコで、ぬう線をかけた。
④ミシンの上糸を、自分でかけられた。
⑤ミシンの下糸を、自分でかけられた。
⑥ミシンの下糸を、上に引き出せた。
⑦ミシンで直線ぬいする場所がわかり、ぬえた。
⑧ミシンで返しぬいする場所がわかり、ぬえた。
⑨ひも通しで、ひもを正しく通すことができた。
⑩時間内に完成することができた。

○今日の学習をふりかえりましょう。
（努力した点や次に生かしたい点、疑問や質問など）

振り返りではポイントを明確にしたうえで、児童自身が到達度を評価できるようにする。

解説・本実践の意義

　本時はミシンの基本的な使い方について学習したあと、小物の製作を通して、糸かけ、直線縫い、返し縫いなどを習得することを目標としている。ミシンは児童にとって初めて扱う精密で大きな機械であり、丁寧な指導が求められる。特にミシンの糸かけは、つまずく児童が多いため指導にも工夫が必要となる。

　糸かけやミシン縫いは、繰り返し行うことで習得していく。小物などの作品作りを通して技能の習得を目指すと、授業が単調にならずに学習意欲を高めることが期待できる。本時の「バンダナ巾着」の製作順序は、印付け→直線縫い・返し縫い→ひも通しである。印付け、直線縫い、返し縫いは既習事項、ひもの通し方の習得は今後の袋などの製作にもつながる学習となっている。本時のように基礎的・基本的な技能の習得を目標とする授業では、教師が製作計画を立てて、少ない工程で複数の要素を学習できる内容にすることが望まれる。本時では教材として既製品のバンダナを使用しているが、バンダナは布端がほつれないようにすでに始末をしてある。学習活動に応じて、既製品を取り入れるのも工夫のひとつである。バンダナ巾着の製作を通して基本的なミシン縫いの製作技術を身につけた児童は、このあとの授業でランチョンマットを製作する。ランチョンマットの製作では、目的に応じた大きさを決め、布端を三つ折りにして縫うなどの始末を行ったり、ししゅうやアップリケなど工夫したりすることもできる。このように、学習過程に合わせた題材設定が求められる。ミシン縫いの習得によって作品の幅が広がるため、今後の展開として家庭にある布や不要な衣服の一部を活用したりすることで、「Ｃ　消費生活・環境」の「（２）環境に配慮した生活」と関連させることも考えられる。

さらに詳しく ▶▶▶ 『初等家庭科の研究』第3章「3 布を用いた製作学習」を参照

考えてみよう

　家族や身近な人が喜ぶ物を製作するために、製作計画を立てる授業を考えてみよう。可能であれば、実際に製作をしてみよう。

第10章

住生活の授業づくり
—— 人と地球にやさしい快適さの追求

本章のねらい ▶ □住生活を学ぶ意義や指導内容を理解しよう。

□住生活に関する学習内容を理解し、体験的な活動を取り入れた授業の展開を考えられるようにしよう。

□他領域との関連性を意識し、他者や地球環境にも配慮した快適な住まい方につながる指導案を考えよう。

キーワード ▶ 快適　住まいの働き　整理・整頓　清掃　住まい方の工夫

1 住生活を学ぶ意義

　あなたにとって住まいはどのような場所だろうか。落ち着く場所、リラックスできる場所、自分らしくいられる場所、などと考えた人が多いのではないだろうか。私たちは生活時間の大半を屋内で過ごしており、住宅内で過ごす時間も長い。また、私たちは住まいで休養をとり、調理や食事をし、衣服や家財を管理し、家族で団らんしたりする。住まいは「生活の器」ともいわれ、生活を営むうえで欠かすことのできない大切な場所である。

　初めて自分で住まいの選択をするのは高等学校卒業後の一人暮らしを始めるときかもしれないし、もっと先かもしれない。いずれにしても、私たちは日々住まいで生活し、住生活を営んでいる。そのため、小学校の家庭科住生活領域では、身の回りを整え、日々を快適に過ごすための住まい方の工夫について学ぶ。また、中学校や高等学校では、生涯にわたり安全・健康に暮らしていくために、様々な住まい方や住まいの計画・選択について学習する。家庭科で住まいについて学習することは、日々の暮らしをよりよくする力のみならず、将来を見据えて、自分らしい住まいや暮らし方をデザインする力を身につけることになる。

2 住生活における学習内容と系統性

　小学校家庭科住生活領域では、「快適に住まう」をキーワードとし、住まいの働き、季節の変化に合わせた住まい方、整理・整頓や清掃の仕方について学習する。

　住まいの働き及び季節の変化に合わせた住まい方については、風雨や寒暑などの自然から保護する働き（保護的機能）を理解したうえで、健康・快適に住まうための、暑さ・寒さへ

の対処方法や、通風・換気の方法、採光や明るさの調整、音と生活の関わりについて学習する。また、身の回りを整えて気持ちよく生活するために、整理・整頓や清掃の目的及び方法についても学習する。

　家庭科住生活領域では、小学校で、まず子ども自身の身の回りの整理・整頓や清掃の学習から始まり、季節の変化に合わせた住まい方について学習していく。中学校や高等学校では住まい全体を扱うとともに、地域やまちづくり、世界の住まいや地球環境へと扱う範囲が広がっていく。また、住まいの働きについては、小学校では保護的機能を扱うが、中学校・高等学校では家族生活を営み文化・技術を継承する生活的機能、個人発達や自己実現の場である文化的機能についても学習する。さらに、中学校では自分以外の家族の住生活について、高等学校ではライフステージやライフスタイルに合わせた住まいや地域の人々との関わりについて学び、将来の自身の住生活へとつながっていく（図10－1）。中学校・高等学校での学習内容を見据えて、小学校においても、家族・家庭生活領域との横断的な学習によって、家族と暮らす住まいを快適にする工夫やそのために自分ができることを考えたり、自分や家族の生活と地域とのつながりを意識したりすることもできるだろう。

さらに詳しく ▶▶▶ 『初等家庭科の研究』第4章「主体的に住まう力を育む住教育」を参照

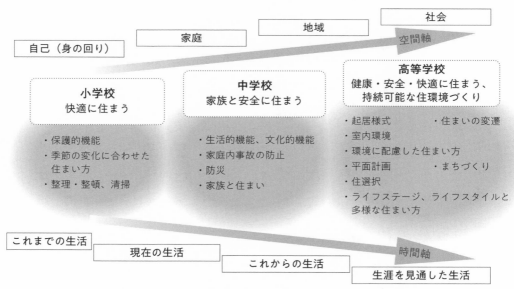

図10－1　住生活の学びの広がりと深まり

出所：筆者作成

3 住生活の学習で子どもにつけたい力

　近年、エアコンやロボット掃除機など様々な家電製品の普及により、私たちの生活は便利に快適になってきている。そのような中で生活をしてきた子どもたちにとって、「快適」な住まい方の工夫を学ぶ意義は感じにくいかもしれない。一方で、利便性や快適性を求めるライフスタイルによって家庭におけるエネルギー消費は増加してきた。近年、地震や水害など大規模災害が多く発生し、避難生活で、夏の暑さ・冬の寒さ、衛生面、プライバシーの確保などの住生活に関する課題に直面することもある。

　小学校家庭科住生活領域の授業を通して、身の回りの整理・整頓や清掃、季節の変化に合わせた生活の工夫による心地良さを実感し、その大切さに気づくきっかけとしたい。通風や採光など自然の力を活かした住まい方の工夫について学び、冷暖房機器に頼り過ぎず、季節の変化を楽しみながら環境に配慮して快適に過ごす方法を提案できるようになりたい。また、近年では生活の洋風化や効率化、小世帯化や地域のつながりの希薄化によって、日々の住まい方の工夫や季節の室礼、行事などをこれまでのように家庭や地域で自然に受け継ぐことが難しくなってきている。そのため、授業内でも畳や障子、風鈴など生活文化やそのよさにふれる機会をつくりたい。

　さらに、住まいでは様々な生活行為が行われるように、住生活領域は家庭科で学習する他領域との結びつきが強い。他領域とのつながりや領域横断的な視点をもつことで、住まいを多角的な視点で捉えることができるだろう。これらの学習を通して、自分なりの「快適」な生活を見つめ直すとともに、持続可能な社会づくりの担い手として、健康・快適・安全かつ環境に配慮した住生活を営む力を身につけてほしい。

さらに詳しく ▶▶▶ 『初等家庭科の研究』第4章「1 住まいの働きと役割」を参照

4 題材構成の視点と指導案

4.1 整理・整頓

　整理・整頓は小学校家庭科住生活領域の中で最初に学習する題材であり、児童にとっても日々の生活や家庭での役割として実践の機会が多い内容である。整理・整頓の学習を通して、身の回りを整えることの気持ちよさを実感し、住生活への関心をもつことも期待される。

第５学年　家庭科学習指導案

ここでは、「整理・整頓の目的と手順」についての指導案（略案）を紹介する。

〇〇年〇月〇日（〇）　第〇校時
場所　５年〇組教室
授業者　橋本英明

1 題材名「めざせ！ 住まいの整理・整頓マスター」（全４時間）
　B 衣食住の生活（6）快適な住まい方 ア（イ）イ
　A 家族・家庭生活（2）家庭生活と仕事 イ
　C 消費生活・環境（2）環境に配慮した生活 ア

2 本時の展開（1／4時間）
（1）本時の目標　住まいの整理・整頓の仕方について問題を見いだし、課題を設定する。
（2）学習活動と評価

学習過程	時間	児童の学習活動 ◎予想される児童の反応	・指導上の留意点	〇資料等 ◆評価規準【評価方法】（観点）
見つめる	(分)10	1 教室や廊下の様子を撮影した写真を見て、気づいた点を発表する。 ◎きたない。 ◎ごちゃごちゃしている。 2 今日のめあてを確認する。	・物が収納場所に入っていない点や、収納方法が乱雑である点に気づけるよう、写真を繰り返し見せる。 ・ワークシートを配付する。	〇教室や廊下の写真 視覚教材により、身近な場所を意識化する。 〇ワークシート
		自分の持ち物を見つめ直し、身の回りを整える必要性や手順を考えよう		
活動する	30	3 物が散らかっている子ども部屋の写真を見て、生活するうえで困ることを考え、伝え合う。 ◎けがをしてしまうかも。 ◎物を探すときに時間がかかりそう。 ◎落ち着かない。 4 部屋の中を整えるためには何をすればよいか考え、意見を出し合う。 5 部屋の中を効率的に整えるための手順を知り、まとめる。	・物が散らかっていることによってもたらされる弊害に着目して考えをまとめるように助言する。 ・分類して板書し、「健康・快適・安全」な住環境を維持するために整理・整頓が必要であることに気づけるようにする。 ・「健康・快適・安全」の視点に加え、「環境」にも配慮した改善方法について考えるように助言する。 ・教室の中にある具体物を提示しながら「整理⇒整頓」の手順を指導する。 ・学習活動4で出た児童の意見を見直し、どの手順に相当する方法であるか確認する。 ・学習活動4で児童から「掃除をする」という考えが出た場合は、整理・整頓・片付けとの違いを補足説明する。	〇子ども部屋の写真 教科書にも掲載されている写真を活用し、困ることを考える（整理・整頓の必要性に気づく）。 整理・整頓の目的と手順を考える。 整理：不要なものを取り除く。 整頓：置き場所を決めて整える。

| | 5 | 6 今日の学習でわかったことをワークシートに記入し、まとめをする。 | ・児童の言葉を生かして、学習内容をまとめる。
・今後の学習でできるようになりたいことについて意見を募り、学習への見通しと課題意識をもたせる。 | ◆住まいの整理・整頓の仕方について問題を見いだし、課題を設定することができる。【発言内容・ワークシート】(思考・判断・表現①) |
| まとめ | | | | |

板書計画例

めざせ！住まいの整理・整とんマスター

めあて

> 自分の持ち物を見つめ直し、
> 身の回りを整える方法を考えよう

〈生活する上で困ること〉

○物がよごれて、不衛生
○兄弟にめいわくがかかる
○物が見つけにくい、
　どこに何があるかわからない
○学習や作業がしにくい
○物をなくしそう
　→むだな物を買ってしまう
○けがをするかもしれない

〈改ぜんへの見通し〉健康・快適・安全・環境

☆いらない物はすてる　☆種類別に分ける
☆分別して箱に分ける
☆物の位置を決める　☆決められた入れ物にしまう
☆いらなくなった箱などを使ってしきりを作る
☆よく使うものとそうでないもので、しまい方を変える
☆不要なものはリサイクルを考える

整理	〈必要かどうか〉を判断し、〈必要な物〉だけにする。
整とん	必要な物の〈収のう場所〉を考えて置く。
そうじ	身の回りの〈ごみやよごれ〉を取りのぞくこと。

まとめ

> 自分の持ち物の種類や量をはあくして、
> 必要な物を整理→整とん

解説・本実践の意義

　本時では、あらかじめ教師が撮影しておいた教室や廊下の写真を示し、普段生活している場所が整っているかどうかを意識化させる。また、教科書に掲載されている散らかった子ども部屋の写真を示し、問題点を考える活動から、整理・整頓の目的の理解につなげている。いずれも視覚教材を効果的に用いている。その後の授業では、まず共通の課題（児童が普段使用している道具箱）を通して、整理・整頓の基本的な手順や方法について学習する。そして、各自が家庭の中で具体的な課題を設定し、計画を立てて実践し、評価・改善を行う予定である。基礎的な知識・技術と家庭実践を往還しながら、自らの生活を工夫・改善する実践力をつけていくことが特徴である。「A　家族・家庭生活」と関連づけることで、家族との関わりによって実践する喜びを感じたり、「C　消費生活・環境」と関連づけて、不要品を生かす方法や環境に配慮した物の使い方について理解を深めたりすることもできる。

さらに詳しく▶▶▶　『初等家庭科の研究』第4章「3.1 整理・整頓」「3.3 授業づくりのポイント」を参照

4.2 清掃

　清掃も掃除も、ごみや汚れを取り除くことを指す。学習指導要領では「清掃」が用いられているが、小学校の教科書等では児童にとってより身近な「そうじ」という言葉が使用される。なお、掃除は整理・整頓と連続するひとつの題材として学習する場合と、整理・整頓を第5学年で、掃除を第6学年で学習する場合などがある。ここでは、後者の場合の指導案を紹介する。

第6学年　家庭科学習指導案

○○年○月○日（○）　　第○校時

場所　家庭科室

授業者　吉川奏子

1 題材名「クリーン大作戦」
　B 衣食住の生活（6）快適な住まい方 ア（イ）イ
　A 家族・家庭生活（2）家庭生活と仕事 イ
　C 消費生活・環境（2）環境に配慮した生活 ア イ

2 題材の目標
○住まいの掃除の仕方を理解しているとともに、適切にできる。
○掃除の仕方について問題を見いだして課題を設定し、様々な解決方法を考え、実践を評価・改善し、考えたことを表現するなどして課題を解決する力を身につける。
○家族の一員として、生活をよりよくしようと、快適な住まい方について、課題の解決に向けて主体的に取り組んだり、振り返って改善したりして、生活を工夫し、実践しようとする。

3 題材設定の理由
（1）教材観

　住まいの掃除の仕方を身につける。学校や家庭での体験をもとに掃除を見直し、なぜ汚れるのか、何のために掃除するのかを考えさせる。また、状況に応じた掃除の仕方を理解し、適切にできるようにする。なお、関連する整理・整頓の学習は第5学年で学習した。

（2）児童観

　本校は全校での縦割り班の掃除を週に3回実施している。第6学年である今年度は全員が班長の経験をしており、掃除の流れを把握して、時間内に行うように進めることができる。一方、なぜ掃除をするのか、汚れ方に応じた掃除の方法を検討するよさなどを考える機会はあまりなかった。家庭の一員として住まいの掃除に必要なことを身につけさせたい。

（3）指導観

　班活動とICT機器を取り入れる。児童にとって身近な校内での掃除の活動を通して課題解決の力を育みたい。4人班編成をし、班ごとに課題（汚れ）を見つけて解決する（適した方法で掃除する）よう展開する。考えを伝え合ったり互いの実習の取り組みを見合ったりする班活動のよさを取り入れたい。適宜、家庭の掃除の仕方を家の人に聞いて活動に取り入れる。また、タブレット端末等を用いて自分たちで掃除の前後の違いを記録し、学級全体で共有する。

4 評価規準

知識・技能	思考・判断・表現	主体的に学習に取り組む態度
住まいの掃除の仕方を理解しているとともに、適切にしている。	掃除の仕方について問題を見いだして課題を設定し、様々な解決方法を考え、実践を評価・改善し、考えたことを表現するなどして課題を解決する力を身につけている。	家族の一員として、生活をよりよくしようと、快適な住まい方について、課題の解決に向けて主体的に取り組んだり、振り返って改善したりして、生活を工夫し、実践しようとしている。

5 指導と評価の計画（全5時間）

小題材名	時間	ねらい・学習活動	評価規準・評価方法 知識・技能	思考・判断・表現	主体的に学習に取り組む態度
掃除の仕方を見直そう	1	○住まいの掃除の必要性に気づき、汚れの特徴を知り、掃除の仕方について課題をもって見直すことができる。 ・掃除経験について話し合う。	①学校や家庭での掃除の手順や用具の使い方など掃除の仕方がわかる。 ・ワークシート		①家族の一員として、生活をよりよくしようと、掃除の仕方について、課題の解決に向けて主体的に取り組もうとしている。 ・ワークシート ・行動観察
	2	○場所ごとの汚れの種類や特徴を考え、生活の仕方や掃除の仕方を見直す。 ・学校内の汚れ調べをする。 ・なぜ、掃除をするのかを考える。 ・汚れに応じた掃除用具や方法を知る。 共通認識をもちやすく、学校清掃との連携もできる。		①汚れの種類や汚れ方に応じた掃除の仕方について問題を見いだし、課題を設定している。 ・ワークシート	
掃除の仕方を工夫しよう	3 （本時）	○汚れやごみの種類、その場所に合った掃除の仕方を考えて計画を立てる。 ・場所を分担して掃除の手順や工夫を調べ、記録する。 ・汚れに合わせた掃除計画を立てる。 ・計画を発表し合い、友達の工夫やアドバイスをもとに改善する。家族にも見せて、アドバイスをもらう。	②汚れの種類や汚れ方に応じた掃除の仕方がわかる。 ・ワークシート	②汚れの種類や汚れ方に応じた掃除の仕方について考え、工夫している。 ・ワークシート	②家族の一員として、生活をよりよくしようと、掃除の仕方について課題の解決に向けた一連の活動を振り返って改善しようとしている。 ・ワークシート ・行動観察
	4	○前時に立てた計画に沿って、掃除をする。 ・汚れの種類や汚れ方に応じ、工夫して掃除をする。			

| | 5 | ○活動を評価・改善し、課題解決する力を身につけ、生活を工夫し、実践しようとする。
・掃除を振り返り、感想等を記入する。
・家族からメッセージを書いてもらう。 | | ③汚れの種類や汚れ方に応じた掃除の仕方について、実践を評価したり、改善したりしている。
・ワークシート
④汚れの種類や汚れ方に応じた掃除の仕方について課題の解決に向けた一連の活動について、考えたことをわかりやすく表現している。
・ワークシート | ③家族の一員として、生活をよりよくしようと、掃除の仕方について工夫し、実践しようとしている。
・ワークシート
・行動観察 |

6 本時の展開（3／5時間）

（1）本時の目標 汚れに合わせた掃除の仕方を考え、掃除の計画を立てることができる。

（2）学習活動と評価

学習過程	時間	児童の学習活動 ◎予想される児童の反応	・指導上の留意点	○資料等 ◆評価規準【評価方法】（観点）
導入	（分）10	1 活動の見通しをもつ。	・前時の汚れ調べの結果から、班ごとに掃除する場所を決める。	
		<div align="center">よごれに合ったそうじの計画を立てよう</div>		
展開	30	2 掃除する場所を観察し、汚れや場所に合った掃除の方法や用具を、調べたり話し合ったりする。 ・どのような汚れがあるか ・どのような状態を目指すか ・どうすれば落ちるか ◎棚の上にほこりがたまっているのをきれいにしたい。 3 掃除の計画を立てる。 ・使う用具 ・掃除の方法 ◎教室の掃除は、どの順番で進めたらよいかな。 4 全体で共有する。 ・各班から計画を簡単に発表する。 ・他の班の児童からアドバイスがあれば伝え合う。	・実際に児童が汚れを観察し、汚れの種類や汚れに応じた掃除の仕方を考えられるようにする。（ワークシートへの記入） ・掃除前後の比較をするために、班ごとにタブレット端末等で汚れを画像に残すようにする。 ・汚れに応じた掃除になるよう、前時の学習や家庭で聞いてきた方法を生かすよう声をかける。 ・班ごとの計画をワークシートにまとめる。 ・汚れの種類や場所の違う計画を互いに聞き合うようにする。よりよい掃除になるために知っていることがあれば伝え合う。	○ワークシート タブレットの活用により、汚れ調べ結果の共有や、実践後との比較がしやすくなる。 ○タブレット ◆課題となった汚れに対する掃除の仕方を考えることができる。【ワークシート、行動観察】（思考・判断・表現②） 発表し、他の児童からアドバイスをもらうことで気づきが広がる（学び合い）。
まとめ	5	5 本時のまとめをする。	・本時を振り返り、次時に向けて取り組みの意欲を高める。	

（3）本時の評価

観点	おおむね満足できる状況（B）と判断される児童の姿	支援を必要とする児童への手立て
思考・判断・表現②	住まいや学校の掃除の仕方について、場所や汚れの種類に合った様々な掃除方法を考え、工夫している。	・掃除の手順や、汚れに合った掃除のポイントを板書にまとめて示す。 ・健康に気持ちよく生活するための方法を考えさせることで、掃除の目的や掃除をする理由について理解するとともに、掃除の手順や仕方についても、なぜそうするのかという理由を考えさせることで理解を深め、適切にできるようにする。

板書計画例

クリーン大作戦

めあて <u>よごれに合わせたそうじの仕方</u>を考え、そうじ計画を立てよう。

そうじが必要な場所（担当）　よごれの種類　　　　　　　　　ふだん使用しているそうじ用具
・玄関（○班）――――――――砂ぼこり、土 ――――――――ほうき
・教室（○班）――――――――消しゴムのカス、チョーク ――ほうき、ぞうきん
・家庭科室（○班）――――――ほこり、石けんかす ――――――ほうき、ぞうきん、スポンジ
・図書室（○班）――――――――ほこり、髪の毛 ――――――――ほうき
・音楽室（○班）――――――――ほこり ――――――――――――そうじき

どのような状態にしたいか　　　　　　　　　　そうじのポイント
○すみまできれいに　　　　　　　　　　　　　☆ほうきではいてから、ふきそうじ
○たなの上のほこりをなくす…健康（アレルギー）　☆道具の使い分け
○流しをピカピカに　　　　　　　　　　　　　☆上から下へ、おくから手前へ

ワークシート

6年家庭科「クリーン大作戦」③　ワークシート（　組　番名前　　　　　　　）

よごれに合わせたそうじの仕方を考え、そうじ計画を立てよう。

①そうじをしたい場所を決め、観察しよう。　場所…（　　　　　　　　　　　　　）
どのようなよごれがありましたか？

いつものそうじ方法

どのような状態を目指したいですか？

②そうじの方法と手順を考えよう。

順番	方法	ポイント	用具
1			
2			
3			

③そうじ計画を発表しよう。

他の班の発表を聞いて…

解説・本実践の意義

　本題材は、児童にとって身近な学校内の汚れ調べをしたあと、掃除計画を立てて実践するという流れである。学校内の汚れ調べや掃除計画は、児童自身が行っている日々の学校清掃の改善にもつながる。汚れ調べでは、汚れの種類や蓄積しやすい場所を知り、掃除の目的を理解するとともに、汚れに合った掃除方法の計画につなげる。本題材では、汚れ調べの結果を共有したり、掃除の実践前後で比較をするためにタブレット（ICT機器）を使用している。

　また、「A　家族・家庭生活」と関連づけて、掃除計画を立てたあとに家族に見せて掃除の工夫についてアドバイスをもらう機会や、掃除の実践の振り返りの中で家族からコメントをもらう機会を設けている。さらに、本題材では班活動を多く取り入れ、掃除計画を発表し合い他の班の児童からアドバイスをもらうなど、児童同士の学び合いにより理解を深めようとしていることも特徴である。

さらに詳しく ▶▶▶ 『初等家庭科の研究』第4章「3.2 清掃」「3.3 授業づくりのポイント」を参照

4.3 季節の変化に合わせた住まい方——暑い季節の住まい方

　住まいには、日射や風雨を防ぎ、暑さや寒さを和らげる保護的機能がある。また、私たちは暑いときには窓を開けて風を通したり、寒いときには日射を取り入れて暖房を使用したりと、快適に住まうために様々な工夫を行っている。季節の変化に合わせた住まい方の学習では、主に暑い季節と寒い季節の住まい方の工夫について学習する。ここでは暑い季節の住まい方を題材とした、音の学習の指導案を紹介する。音環境については、以前は中学校で学習していたが、2017（平成29）年の学習指導要領改訂によって小学校で扱うこととなった。

第6学年　家庭科学習指導案

ここでは、季節の変化に合わせた生活の大切さや住まい方に関して、音環境についての指導案（略案）を紹介する。

〇〇年〇月〇日（〇）　第〇校時
場所　家庭科室
授業者　谷口紗矢佳

1 題材名 「夏をすずしく さわやかに－京町家から学ぶ－」（全6時間）
　B 衣食住の生活　（4）衣服の着用と手入れ ア（ア）
　　　　　　　　　（6）快適な住まい方 ア（ア）イ
　C 消費生活・環境　（2）環境に配慮した生活 ア イ

2 本時の展開（5／6時間）
（1）本時の目標　生活の中の音から、快適に暮らすための工夫について考えることができる。

（2）学習活動と評価

学習過程	時間	児童の学習活動 ◎予想される児童の反応	・指導上の留意点	○資料等 ◆評価規準【評価方法】（観点）
導入	（分） 10	1 学習のめあてを確認する。	・いくつかの生活の音を聞き、生活の音の問題点について気づけるようにする。	○PC、スピーカー、生活音のデータ
		生活と音の関係について知り、みんなが快適にくらす方法を考えよう		
展開	30	2 生活の中の音について考える。 ・生活の中で聞こえる音を想起する。 ・班で、「心地よい音」と「心地よくない音」や、「家の中から聞こえる音」と「家の外から聞こえる音」に分ける。 ◎掃除機の音は嫌だな。 ◎好きな音楽の音は心地よいな。	・音のカードを用意し、班で話し合えるようにする。 ・「家の中から聞こえる音」「家の外から聞こえる音」で分けて考えられるようにする。	○ワークシート ○音のカード（テレビや音楽の音、話し声、楽器［ピアノなど］の音、洗濯機の音、掃除機の音、虫の声、祭りの音、車の音、工事の音、ペットの鳴き声）
		3 生活と音の関わりについて気づいたことを話し合う。 ◎祭りの音を聞くと夏が来たなと思う！ ◎風鈴の音は涼しく感じる。	・ミニホワイトボード上の座標軸と音カードを用いて、班で話し合うことで生活と音の関わりや感じ方の違いを考えられるようにする。 ・各班で話し合った結果を、黒板に掲示した模造紙上の座標軸に貼っていく。 ・生活を豊かにする音を大切にしてきた日本文化に気づくようにする。 ・人によって感じ方が違うこと、時間帯によっても感じ方が変わることに気づくようにする。	○座標軸の書かれたミニホワイトボード ○座標軸を書いた模造紙（黒板に掲示） 座標軸上に、それぞれの音の感じ方をプロットし、人によって感じ方が違うことに気づく。
		4 音と生活の関わりで気づいたことをもとにみんなが気持ちよく過ごすための工夫を話し合う。 ◎音量に気をつける。 ◎時間帯に気をつける。 ◎窓を閉める。 ◎じゅうたんを敷く。	・住宅模型を使って、敷物の効果やカーテンの効果についてふれる。 模型を使った実験によって、敷物やカーテンの効果を実感し、科学的に理解する。	○住宅模型
まとめ	5	5 本時の学習を振り返る。 ・ワークシートに自己評価と振り返りを書く。 ◎他の人のことを考えて、テレビを見るときは音量に気をつけたり、時間帯を考えたりしたい。 ◎防音のため、ピアノの練習のときは窓を閉めたい。 ◎涼しく感じるように、風鈴をつけたい。	・本時の学習内容を振り返り、次時での課題意識をもてるようにする。	◆生活と音の関わりから、快適に住まうための具体的な工夫を記述できている。【発言内容、ワークシートの記述】（知識・技能）（思考・判断・表現②）

座標軸を用いた演習例

家の中	ペットのなき声 / テレビの音 / 人の話し声 / 楽器の音

洗たく機の音

お風呂の音　そうじ機の音

心地よい ――――――――――――――――――――――――― 心地よくない

楽器の音　　お風呂の音

ペットのなき声　　テレビの音

家の外　　　　人の話し声　　洗たく機の音

虫の声　　　　　　　　そうじ機の音

車の音

> 班で、マグネット付き音カードを座標軸（心地よい—心地よくない）が示されたミニホワイトボードに貼っていく。
> 音の発生源によって感じ方が違うことや、班（人）によって感じ方が違うことに気づく。

解説・本実践の意義

　本時では、生活と音の関わりについて取り上げている。導入として、タブレットなどであらかじめ録っておいた生活音を流し、音を聞いてどのように感じたかを意識化し、児童の興味を引く工夫をしている。また、音カードを用意し、「家の中から聞こえる音」と「家の外から聞こえる音」に分類したあと、両端に「心地よい」「心地よくない」と書かれた座標軸を貼ったミニホワイトボードに、それぞれの音をどのように感じるか班で話し合いながらプロットする。今回は班で話し合いながらホワイトボードに貼っていく例を示したが、タブレット上で座標軸アプリ等を使うことで各自の考えを視覚的に共有することもできるだろう。これらの活動を通して音の感じ方は人によって異なること、時間帯や家の中／外のどちらから聞こえるかなどで感じ方が変わること、そのため周囲の人に配慮する必要があることに気づく。「A　家族・家庭生活」との領域横断的な学習によって、地域の学習に発展させることもできる。さらに、住宅模型の実験によってカーテンやカーペットの遮音効果を実感することができる。季節の変化に合わせた住まい方についての学習では、実験や測定（温湿度計、騒音計、照度計など）によって科学的な理解を促すとともに、理科や社会など他教科とも関連づけて学びを深めたい。

さらに詳しく ▶▶▶ 『初等家庭科の研究』第4章「2 室内環境とその調整」を参照

4.4 季節の変化に合わせた住まい方 —— 寒い季節の住まい方

　ここでは寒い季節の住まい方の指導案を紹介する。暑い／寒い季節を快適に過ごすために、着方や食べ方の工夫をしている人も多いだろう。特に着方との関連性が強いことから、住まい方（住生活）と着方（衣生活）を組み合わせた題材設定をすることも多い。

ここでは、季節の変化に合わせた生活の大切さや住まい方に関して、「寒い季節を快適に住まうための工夫」についての指導案（略案）を紹介する。

○○年○月○日（○）　　第○校時
場所　家庭科室、理科室、図書室など
授業者　横山みどり

1 題材名「冬を明るく暖かく－今、ここを快適に！－」（全8時間）
　B 衣食住の生活　（4）衣服の着用と手入れ ア（ア）イ
　　　　　　　　　　（6）快適な住まい方 ア（ア）イ
　C 消費生活・環境　（2）環境に配慮した生活 ア イ

2 本時の展開（8／8時間）
（1）本時の目標　クジで決めた教室の使用目的やそれに合った快適さの条件について考えたり発表したりできる。

（2）学習活動と評価

学習過程	時間	児童の学習活動 ◎予想される児童の反応	・指導上の留意点	○資料等 ◆評価規準【評価方法】（観点）
導入	（分）10	1 これまでの学習を振り返る。		○前回のプリント
		<div align="center">図書室の快適を考えよう</div>		
展開	30	2 全員で図書室に移動し、快適に過ごす工夫について担当グループが発表する。 3 理科室や他の場所の快適について考えた経験をもとに話し合う。 学校司書より：「本も日焼けをします」「暖房時に汚れた空気がこもった感じがします」 ◎ブラインドを調整しよう。 ◎どのように換気をしようか。	・児童が快適に住まうポイントが考えられるように、事前に図書室の環境を確認しておく。 ・これまでの学習を生かせるよう、他の場所での活動を思い起こさせる。 ・場所によって、使う目的や条件が違うことに目を向けさせる。	
まとめ	5	4 環境や条件が変わっても快適に過ごすために大切なことや、今後の生活で生かしていきたいことを発表し合う。	・学習を生かして、生活を工夫する価値に気づかせる。	◆快適に過ごす工夫について、部屋を使う目的や条件などを考慮して考え、表現することができる。【行動観察・ノート】（思考・判断・表現③④）（主体的に学習に取り組む態度③）

クジで担当を決め、割り当てられた場所を快適にするための工夫について考える。学校司書から日頃困っていることなどを話してもらう。これまでに住生活領域で学習してきたことの総まとめとして、改善策などを提案する。

板書計画例

```
快適ツアーにGo！

○クジで決めた担当場所の役割や快適について考え、発表しよう。

快適に住まうポイント        体で感じる                場所（担当班）
・温度                    ・明るさ
・湿度                      太陽（採光）、照明
・風通し                  ・音                      ・家庭科室（○班）
  空気がこもる              静か                    ・教室（○班）
  インフルエンザの予防        リラックスする音          ・理科室（○班）
                          （水が流れる、好きな音楽、鳥）  ・図書室（○班）
・整理・整とん、そうじ      ・香り
  ほこりがない              お線香、お香
・自分の好きな物（思い出）
  人形
・季節に合った色
```

解説・本実践の意義

　本題材は、小学校家庭科住生活領域の学びの総まとめとして位置づけられている。第1次では、部屋の絵を示し、暑い季節の住まい方、整理・整頓、掃除の学習を思い出しながら、快適な住まい方のポイントをあげる。第2次では、快適に住まうための工夫について、班ごとに調べたり、簡易な実験をしたりして模造紙等にまとめ、発表する。「C 消費生活・環境」に関連づけてエネルギー消費量にふれる、一酸化炭素中毒のニュースなど身近な問題を紹介するなどして、環境に配慮し安全に住まうための工夫についても理解を深める。

　第3次（本時）では、快適な住まい方の知識を獲得したと自信をもつ児童に、「快適な住まい方の工夫が、本当にできる？」「初めて行った場所でもできる？」という発問によって揺さぶり、好奇心をもたせ、各班の担当場所を決めて快適に過ごす工夫を考える課題を与える。教師は、理科室、図書室など、学校内の様々な場所について事前に環境を確認するとともに、専科教員や学校司書に協力を依頼して日頃から困っていることを示してもらい、児童が問題意識をもって取り組めるようにしている。児童は担当場所へ行き、実際にその場で感じたことや調査したことをもとに、より快適に過ごすための工夫について提案する。

　児童は快適な環境の条件が部屋の用途や活動内容によって異なることを知り、そして、それぞれの場所に合った快適に過ごすための方法を提案することで、寒い季節の住まい方の応用力、工夫する力を身につけることが期待される。

さらに詳しく ▶▶▶ 『初等家庭科の研究』第4章「2 室内環境とその調整」を参照

考えてみよう

　快適な住まい方の工夫を理解するための授業を考え、指導案を書いてみよう。その際、諸感覚を使った体験的な学習の展開を取り入れよう。

第11章

消費生活・環境の授業づくり
──選ぶ力の育成を軸に

本章のねらい ▶ □消費生活・環境に関する学習の意義と、学習内容の系統性を理解しよう。
□消費生活の最も基本である物の選び方について、学習内容や方法の具体例を学ぼう。
□持続可能な社会の構築につながる消費生活の工夫を考え、実践に結びつけるための授業づくりを理解しよう。

キーワード ▶ 身近な物の選び方　情報の収集・整理　消費者の役割　環境に配慮した生活　持続可能な社会の構築

1 消費生活・環境を学ぶ意義

　誰もが当たり前のように消費生活を送っている現代社会で、消費生活について何をどのように学べばよいのだろうか。ここで消費生活が何かを確認してみよう。消費という語には「使ってなくす」「買う」という意味がある。よって消費生活とは、必要なものや欲しいものをお金で買って、それらを使って日々の生活を営むことといえる。他者が用意した商品を選んで、お金を支払って買い、生活で使って、不要になったら始末する、といった一連のことが消費生活に含まれる。

　普段何気なく送っている消費生活には、良質な商品を選ぶ力、お金を適切に使う力、社会のルールを守って買物をする力が必要であり、これらの力をつけることでよりよい営みができるようになる。また持続可能な社会づくりに向けて、手に入れるものを厳選し、手に入れたものを使い切り、手放す際にも環境に配慮した方法をとることが求められている。

　消費生活は変化が目まぐるしく、デジタル化によって支払い方法、購入方法は多様化し、サービス化、グローバル化の進展もあいまって契約関係は複雑化する一方である。さらに現代の大量生産と大量消費は、地球環境への大きな負荷や、生産者の貧困や健康被害といった、犠牲の上に成り立つことが顕わになってきた。自分自身はもちろんのこと、周囲の地域や社会への影響の面でも適した消費ができるよう、小学校段階から多くのことを学ぶ必要がある。

> **さらに詳しく ▶▶▶** 『初等家庭科の研究』第5章「児童期における消費者教育・環境教育の意義」を参照

2 消費生活・環境における学習内容と系統性

　小学校家庭科の消費生活・環境領域は、「（1）物や金銭の使い方と買物」、「（2）環境に配慮した生活」の2項目で構成される。どちらの項目も、「知識及び技能」を身につけたうえで、その知識・技能を日常生活で活用できる「思考力」「判断力」「表現力」を養い、課題をもって身近な消費生活と環境をよりよくしようと工夫する学習によって成り立つ。

2.1 物や金銭の使い方と買物

　消費生活の最も基礎となる「身近な物の選び方」「購入するために必要な情報の収集・整理」を学習する。小学校段階では生活に身近な非耐久財を扱い、情報収集や整理の方法を実践しながら、購入前に調べて検討する重要性や、購入や支払いの方法を学ぶ。中学校では半耐久財、高等学校では耐久財やサービス契約といった具合に、検討すべき点が複雑で購入の影響が長期にわたる選択場面を扱い、適切な情報の収集・整理を踏まえた意思決定ができるようにする（図11-1）。

　学習指導要領における身近な物の買い方の取り扱いは、小学校では店頭での買物が中心であり、中学校ではインターネット通販が加わる。学習指導要領には明記されていないものの、消費生活の実態を踏まえれば、高等学校では消費者間取引も含む電子商取引全般への理解が

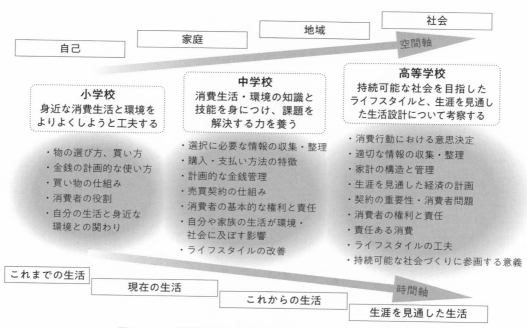

図11-1　消費生活・環境の学びの広がりと深まり
出所：筆者作成

求められるだろう。支払い方法は、小学校段階では現金払いが中心であるが、児童の実情に応じてプリペイドカード払いも含める。中学校で前払い、即時払い、後払いのすべてを扱い、高等学校段階では複合的な決済手段を含め多様な支払い方法への理解を深めることが望ましい。

「物や金銭の計画的な使い方」は、小学校段階では1回の買物や修学旅行の2、3日間など短期での計画を扱う。中学校ではひと月あたりに自分や家族が消費している物資・サービスを学び、高等学校での長期的な経済計画や家計収支等についての学習へと発展していく。

「消費者の役割」「買物の仕組み」は、2017（平成29）年告示の学習指導要領において、18歳成年への対応として小学校段階に新たに加わった内容である。中学校・高等学校で学ぶ消費者の権利と責任や、契約など商取引の基本的なルールとその重要性、消費者保護の制度への理解に関わる基礎を小学校から培っていく。

2.2 環境に配慮した生活

小学校段階で自分の生活を振り返り、身近な環境との関わりを理解して環境に配慮した物の使い方を学び、中学校で家族も含めて消費生活を多様な観点で振り返り、ライフスタイルの改善に向けて検討できるようにする。高等学校段階では、生活と環境との関わりや持続可能な消費について、国際的な取り組みも含めたより広い視野に立って理解するとともに、持続可能な社会へ参画する主体的な行動の意義を学ぶ。

3 消費生活・環境の学習で子どもにつけたい力

グローバル化、デジタル化、サービス化など、消費生活が複雑化の一途を辿る中、どのように変化したとしても消費生活の様々な場面で必要となるのは、買うか買わないか、買うなら何にするかという選ぶ力である。持続可能な消費の最も基本である「リデュース」のためには、「買わない」選択を常に頭に入れておく必要がある。巧みな広告の影響を受け、様々な商品が必要だと思い込まされる現代の消費者が、自らのニーズを見極めて長期的に活用できる商品を選ぶことは簡単ではない。よりよい消費生活を送る力をつけるために、小学校、中学校、高等学校の家庭科消費生活領域で軸となるのは、選ぶ力の育成であるといえる。

限られた授業時間で実践的な選択場面を設けるために、消費生活・環境の学習は他領域と横断的に実施するのが基本となる。例えば物の選び方の学習で取り上げる題材を、家族の団らんで用意するお茶にすることで家族・家庭生活の学習との関連を図ったり、調理実習で使う豆腐や味噌にすることで食生活領域との関連を図ったりすることができる。消費者の役割の学習では、無駄な買物を振り返る学習を整理・整頓と関連させて実施するのも一案である。

環境の学習は、日常生活での実践を考えるにあたっては衣食住の学習と密接な関わりがある。ただし実践の必要性が理解できていないと効果的な学びにならないため、先行して消費

活動による環境への負荷を学習するのが重要である。その際に、知識を詰め込むのではなく、必要性を実感できるような活動を行うことがポイントとなる。写真や動画、変化を端的に示すデータなど、問題点を直感的に理解できるような資料を用いて、「このままではいけない」「何かしなければ」と意識を高める時間をとりたい。

　資源の有効活用、ゴミ削減、省エネルギーといった行動を新たに生活に取り入れる際に、継続的に実践できるようにするのは簡単ではない。これまでの行動を変え、継続して実践できるようにするためには個々人に合った創意工夫が求められる。継続のための様々な工夫を自由に考え出す、すでに実践している人のアイディアにふれるなどの学習活動を通じて、多様な考えを尊重する力や柔軟な発想力を高め、生活をよりよくする力を育成したい。

4 題材構成の視点と指導案

4.1 かしこい消費者になろう

　これまでの児童の買物経験から課題を設定したり、身近な買物場面での課題について考えたりする活動を通して、実践的な態度を育成し、将来自立した消費者になるための素地を育てる。買物の失敗経験ではお金や物を無駄にしていることに気づき、買物の際にはどの場面で契約が成り立つかを考え、消費者としての自覚をもち、適切な消費行動をとる必要性を認識できるようにする。身につけた知識を生かして物の選び方や買い方について考える。

第5学年　家庭科学習指導案

○○年○月○日（○）　　第○校時

場所　5年○組教室

授業者　林 夏代

1 題材名「かしこい消費者になろう」
　C 消費生活・環境（1）物や金銭の使い方と買物 ア（ア）（イ）イ
　B 衣食住の生活（2）調理の基礎 ア（オ）

2 題材の目標
○買物の仕組みや消費者の役割がわかり、物や金銭の大切さと計画的な使い方、身近な物の選び方、買い方を理解するとともに、購入に必要な情報の収集・整理に係る技能を身につける。
○身近な物の選び方、買い方について問題を見いだして課題を設定し、様々な解決方法を考え、実践を評価・改善し、考えたことを表現するなどして課題を解決する力を身につける。
○家族の一員として、生活をよりよくしようと、物や金銭の使い方と買物について、課題をもって主体的に取り組んだり、振り返って改善したりして生活を工夫し、実践しようとする。

3 題材設定の理由

（1）教材観

　学習を通してわかったことや、考えたこと、これからしてみたいことなどを1枚のポートフォリオシートにまとめていく。友達と意見を出し合いながら自分にとってよりよい解決策を考え、思考の過程をまとめる学習を通して、視点の広がりや深まりを実感することができるようにする。

　物の選び方や買い方について考える際には、みそ汁の調理実習で扱う豆腐を取り上げることで、児童の関心を高める。豆腐は産地や特徴が様々であるため、値段や分量などの異なるものを複数用意し、多様な観点から比較・検討するのに適した題材である。

（2）児童観

　本校周辺は、大型量販店、スーパーマーケット、コンビニエンスストア、ドラッグストアなどがある。買物に関するアンケートでは、全児童に買物経験があった。買ったものは、文房具が60％、食べ物が45％、本が36％と児童の身近な物が多い。一方、買物の失敗経験がある児童は48％である。失敗の理由は、「買ってみたがあまり使わない」「思っていたのと違う」という回答が多く、必要性をあまり感じていなかったり、商品について十分調べずに買ったりしていることがわかる。また、失敗に気づいたあとどうしたのかという質問には、「使わずにそのままにしている」「捨てた」「売る」と回答している。目的を意識して購入することや、情報を集めて計画的に購入することが少ないように思える。そこで本題材では、買物の仕組みや売買契約に関する正しい知識を身につけて、物や金銭を大切にし、これからの自分の消費生活をよりよくできるようにしていきたい。

（3）指導観

　題材の導入では、買物の失敗経験について振り返る。失敗したことでお金や物が無駄になっていることに気づけるようにし、どうすればなるべく失敗しない消費者になれるのかを考えていくことを課題として設定する。売買契約については、買物のどの場面で契約が成り立つかを考え、消費者としての自覚をもち、適切な消費行動をとる必要性に気づくことができるようにする。かしこい消費行動とは、どういうことなのか。何がかしこく自分の生活に合った選択なのかを判断できるために目的を意識して進める。そして、実践活動の評価・改善では、身につけた知識を生かして物の選び方や買い方について考える。目的を明確にし、情報を読み取り、価値を比較し、自らの基準に沿って選択、決定し、振り返るという一連の過程についてシミュレーションする。

4 評価規準

知識・技能	思考・判断・表現	主体的に学習に取り組む態度
・買物の仕組みや消費者の役割がわかり、物や金銭の大切さと計画的な使い方について理解している。 ・身近な物の選び方、買い方を理解しているとともに、購入するために必要な情報の収集・整理が適切にできる。	身近な物の選び方、買い方について問題を見いだして課題を設定し、様々な解決方法を考え、実践を評価・改善し、考えたことを表現するなどして課題を解決する力を身につけている。	家族の一員として、生活をよりよくしようと、物や金銭の使い方と買物について、課題の解決に向けて主体的に取り組んだり、振り返って改善したりして、生活を工夫し、実践しようとしている。

5 指導と評価の計画（全6時間）

小題材名	時間	ねらい・学習活動	評価規準・評価方法		
			知識・技能	思考・判断・表現	主体的に学習に取り組む態度
自分の消費生活を見つめよう	1	○身近な物の選び方、買い方から問題を見いだし、「かしこい消費者」の課題を設定することができる。 ・アンケート結果から買物の失敗経験を振り返り、消費生活の問題点を話し合う。 ・消費生活センターの方の話を聞き、「持続可能な社会の構築」の視点から問題を見いだし課題を設定する。	①消費者の役割について理解している。	①身近な物の選び方、買い方について問題を見いだして課題を設定している。 ・ワークシート	①物や金銭の使い方と買物について、課題の解決に向けて主体的に取り組もうとしている。 ・ポートフォリオ ・行動観察
買物の仕組みと消費者の役割を考えよう	2	○買物の仕組みや消費者の役割について理解することができる。 ・買物の仕組みクイズの回答を、班で話し合って考える。 ・店員役と消費者役のロールプレイングで、どのようなときに返品ができるかを確認する。 ・契約成立前に確認することをまとめる。	②買物の仕組みについて理解している。 ・ワークシート	②適切に契約できるよう、成立前に確認しておくことについて考え、工夫している。	
どのように選んで買うとよいのだろう	3・4	○物や金銭の大切さと計画的な使い方を理解することができる。 ・お金をどのように使えばよいか話し合う。 ○身近な物の選び方、買い方を考え、工夫することができる。 ・買物の手順を確かめ、選び方や買い方を考える。	③物や金銭の大切さと計画的な使い方について理解している。 ・ワークシート ④身近な物の選び方、買い方を理解している。 ・ワークシート	②身近な物の選び方、買い方について考え、工夫している。 ・ワークシート	②物や金銭の使い方と買物について、課題解決に向けた一連の活動を振り返って改善しようとしている。 ・ポートフォリオ ・行動観察
目的を決めて、買物をしてみよう	5（本時）	○購入するために必要な情報の収集・整理を適切にすることができる。 ・目的に合った物の選び方・買い方について考える。	⑤購入するために必要な情報の収集・整理が適切にできる。 ・ワークシート ・行動観察		
家庭実践					

学習過程		児童の学習活動／予想される児童の反応	・指導上の留意点	○資料等 ◆評価規準【評価方法】（観点）
学習のまとめ	6	○購入に必要な情報を活用し、身近な物の選び方・買い方について考え、工夫することができる。 ・各自の実践をグループで話し合う。 ・実践計画を改善する。		③物の選び方、買い方の実践を評価・改善している。 ・ワークシート ④一連の活動で考えたことをわかりやすく表現している。 ・ワークシート	③物や金銭の使い方と買物について工夫し、実践しようとしている。 ・ポートフォリオ ・行動観察

6 本時の展開（5／6時間）

（1）本時の目標 購入するために必要な情報の収集・整理を適切にすることができる。

（2）学習活動と評価

学習過程	時間	児童の学習活動 ◎予想される児童の反応	・指導上の留意点	○資料等 ◆評価規準【評価方法】 （観点）
導入	（分）8	1 本時の学習課題を確認する。	・豆腐の写真を提示し、みそ汁をつくるときどれを選ぶか挙手し、比較する観点が必要であることに気づくようにする。	○価格や分量、産地、容器などが異なる複数の豆腐の写真 　視覚教材により、様々な種類が売られていることを実感する。
		情報を整理して、みそ汁のとうふを選ぼう		
展開	10	2 自分ならどの豆腐を買うか、情報を整理し、ひとつを選ぶ。 〈観点〉 ・値段 ・品質 ・分量 ・期限表示 ・環境への配慮など	・表示やマークを提示し、情報を整理できるようにする。 ・選んだ理由について意見を交換できるようにする。 ・自分や家族にとって大切にする観点を考えることができるようにする。 ・「持続可能な社会の構築」などの視点と結びつけて考えられるようにする。	○パッケージの表示やマークを拡大した写真 ○マークの意味を解説している資料 　フードマイレージ（製造地域、原材料の産地）、プラスチックごみの排出量（容器の素材や形）、食品ロス削減（食べきれる量、期限の近いもの）などを考える。
	20	3 課題についてグループ・全体で交流する。様々な考えを知ったあとに、再度考えて豆腐を選ぶ。	・「かしこい消費者」をもとに、選んだ理由を考えるよう助言する。	
まとめ	7	4 本時の学習のまとめ、次時は家庭での買物を振り返ることを予告する。	・家庭で実際に豆腐を買い、みそ汁をつくることを伝える。	◆購入するために必要な情報の収集・整理が適切にできる。 【ワークシート、行動観察】（知識・技能⑤）

ワークシート

かしこい消費者になろう

名前（　　　　　　　　　　　　　）

今日は10月26日です。明日は学校が休みなので、家族のために自分でみそ汁を作ってみたいと思っています。
家族は4人で、父・母・自分・妹です。
あなたは、どのとうふを選びますか。選んだ理由も書いてください。

観点 ＼ とうふ		A	B	C	D
値段					
分量					
品質 原材料 （産地）など					
賞味期限					
製造場所					
容器についているマーク					
選んだとうふ	記号	理由			
最後に選んだとうふ	記号	理由			

解説・本実践の意義

　本題材では、購入しようとする商品をよく検討したうえで自らの目的に沿った意思決定ができるようになることを重視している。買物の前に多面的に検討することが重要だと理解できるよう、よく考えずに購入すると失敗しがちであることや、身の回りで多くの消費者トラブルが起こっていることを本実践の前に学習できるようにする。また売買契約は承諾の時点で成立し、成立後には一方的な都合では返品できないという買物の基本的なルールを確認することで、購入前によく考える重要性を理解できるようにする。

　さらに、限りある金銭を有効に使うために、予算の中で何を買うかを事前に計画する大切さを学び、金額が購入するための重要な情報であることを理解できるようにする。このように、事前に必要な計画を学ぶことによって、購入するために必要な情報の収集・整理の学習が活きてくる。

　購入するために必要な情報の収集・整理を学ぶ題材として、本実践では豆腐を用いた。豆腐は価格が手ごろなものも多く、多種多様な商品がある。身近な地域で手作りされた商品もあれば、遠方の工場で大量生産されている商品もあり、原材料の大豆は大半が輸入品であるものの国産を強調した商品もある。パッケージの形や大きさも様々であり、期限表示が賞味期限のものもあれば消費期限のものもある。価格、原材料、分量、期限表示、環境への配慮といった観点でバリエーションのある商品を、多くの児童にとってなじみのある店で売られているものから選び、商品の実物や写真を提示することで、授業への興味が高まるだろう。

　最終的にどの商品を選択するかは、個々人の目的に沿ったものにすることが重要である。そのときの場面や選ぶ人によって選択が異なるのが当然で、ひとつの正解があるわけではないこと、買わない選択も必ず含めて様々な観点から比較して考えることや、自分なりの選ん

だ理由を明らかにすることの重要性を、ワークシートへの記入を通じて学ばせたい。

さらに詳しく ▶▶▶ 『初等家庭科の研究』第5章「2 賢い消費者になろう」を参照

4.2 環境に配慮した生活

　世界では120を超える国と地域が2050年までにカーボンニュートラルの実現を表明しており、各地で様々な取り組みが行われている。学習指導要領の前文と総則には「持続可能な社会の創り手となる」という教育目標が明記された。この目標に向けた取り組みを、日常的・継続的に実践できるようにするためには、家庭科の学習が大きな責務を担っている。

　環境に配慮した生活を具体的に実践しようとすると、衣食住の各場面と密接な関わりがある。「B 衣食住の生活」の学習で具体的な内容に取り組む前に、自分の生活が環境に与える影響について学んだり、学んだあとに家庭科の学習の総まとめとして環境に配慮した生活を改めて考えたりする時間をとりたい。

　知識を得るだけでなく、持続可能性に配慮した生活に対する課題を設定し、解決方法を考え、計画を立てたり、実践したことを評価・改善したりする活動を行うなど、少しでも実践につながる学習をすることが肝要である。総合的な学習の時間との連携を図り、自分の住む身近な地域での取り組みを調べるなど、より幅広い視野で深く学ぶことも求められている。

　ここでは「B 衣食住の生活」の学習を終えたあとに、改めて環境に配慮した生活について理解し、生活に対する課題を設定し解決方法を考え、計画を立てて家庭で実践を行い、継続的な実践のための評価と改善を行う学習の例を示す。

第6学年　家庭科学習指導案

〇〇年〇月〇日（〇）　　第〇校時
場所　6年〇組教室
授業者　林 夏代

1 題材名「資源を大切に暮らそう」
　C 消費生活・環境（2）環境に配慮した生活 ア イ

2 題材の目標
〇自分の生活の仕方によって身近な環境にかかる負荷が異なることを理解するとともに、環境に負荷をかけないような物の使い方や再利用、処分の仕方を考えることができる。
〇環境や資源を大切にした生活の仕方について課題を設定し、自分の生活を見直し、課題を解決するための実践計画を立てることができる。
〇課題の解決に向けて主体的に取り組んだり、振り返って改善したりして、生活を工夫し、実践しようとする。

3 題材設定の理由
（1）教材観
　最初に、生活排水やプラスチックごみが環境に与えている負荷の大きさについて実感を伴って理解できるよう、投影する資料は明瞭でわかりやすい写真や動画、グラフなどを用意する。児童向け

調べ学習用の図書を活用するとよい。その後、ワークシートへの記入を通じて、環境や資源を大切にした生活のために、自身の日常生活で継続的に実践できる取り組みを少しでも増やせるよう、ヒントとなるイラストを参考に具体的な行動を考えられるようにする。

　さらに生活での継続的な実践につなげるため、家庭で実際に行っているうちに継続が難しいと感じた点、より継続しやすい方法にするために考えた様々な工夫を、ワークシートへの記入を通じて考えていく。他の児童と相互にコメントや改善点を伝え合えるよう、付箋を用いて対話的な活動を行い、多くのアイディアにふれられるようにする。

（2）児童観

　本校の児童は、国語科と連携し、環境問題からテーマを決めて調べ、それに対する身の回りの問題点を明らかにし、解決策を考える学習を行った。情報収集のために地元の図書館と連携し、「水」「エネルギー」「ごみ」「食料」などに関する多くの本を集めてもらった。自分たちの生活を振り返り、学校全体としてどんなことができていないか、現状はどうなのかを考え、グループ内で対話をしながら、集めた情報を分類したり関係づけたりして提案文書を作成した。提案文書は児童が無理なく取り組める内容にし、実際に提案どおりに行動することで達成感を味わったり、新たな課題を発見したりすることができた。またポスターを作成し、学校全体に広げる活動も行った。この実践の成果を家庭生活にもつなげて、身近な生活にある課題を解決する力や環境に配慮したよりよい生活を工夫する実践的な態度を身につけさせたい。

（3）指導観

　日常生活の行動を変えるのは簡単ではないことを踏まえ、最初に十分に意識を高めて行動を変える必要性を認識したうえで、自らの行動を振り返って毎日の生活の中でできることを考えられるよう指導を行う。地球環境への負荷を示す写真やグラフなどの資料や、具体的な行動を考えさせるヒントとなるイラストなどを投影したり、児童がタブレットで見られるようにしたりする。

　行動を変える動機を十分に高めたうえで、毎日の生活の中で実践することについては、「資源をムダにしない」など漠然としたものではなく、例えば「エアコンの使用時間を20分短くする」など、小さな行動レベルで一つ一つを具体的に考えていくよう指導する。

　家庭で取り組んでみる実践計画は、個々人の意識や生活技能に応じて実際にできそうな内容を自由に考えることを重視し、模範解答に終始しないことが重要である。「忘れてしまう」「手間がかかる」など継続しにくい理由がないかどうか振り返り、続けやすくなる方法への改善点を班員同士でアドバイスするなど対話的な活動も取り入れ、自由で柔軟なアイディアによって行動をよりよいものに変えていけるようにする。

4　評価規準

知識・技能	思考・判断・表現	主体的に学習に取り組む態度
・自分の生活で多くの物を使っていることや、物の使い方によっては身近な自然環境に悪い影響を与えることを理解している。 ・環境にできるだけ負荷をかけないように、物を適切に使うことができる。	・自分の生活を見直し、より環境に配慮した生活になるよう課題を設定することができる。 ・これまで学んだ衣食住の生活と関連づけて考え、実践に向けて計画を立てることができる。 ・実践の中で気づいたことを振り返り、どのように改善したらよいかを考えることができる。	家族の一員として、生活をよりよくしようと、環境に配慮した生活について、課題の解決に向けて主体的に取り組んだり、振り返って改善したりして、生活を工夫し、実践しようとしている。

【1】織　朱實監修『ごみから考えるSDGs―未来を変えるために、何ができる？』（楽しい調べ学習シリーズ）、PHP研究所、2020などを活用。

5 指導と評価の計画（全2時間）

小題材名	時間	ねらい・学習活動	評価規準・評価方法		
			知識・技能	思考・判断・表現	主体的に学習に取り組む態度
環境への負荷を減らそう	1	○生活排水やプラスチックごみが、農林水産業を支える自然環境の汚染につながっていることを資料から学ぶ。 ・タブレットで資料を配布し、関連づけられた様々なページから情報を得る。 ○環境負荷の少ない生活の仕方を考え、自分の生活で実践できそうな計画を立てる。 ・衣食住の学習内容を振り返る。 ・省エネルギー、ゴミ削減、排水汚染の防止など様々な側面から考える。 ・生活で実践できる具体的な行動を考える。	①自分の生活が身近な自然環境の恩恵を受けたり、逆に影響を与えたりしていることがわかる。 ・ワークシート	②環境にできるだけ負荷をかけない行動を具体的に考え、工夫している。 ・ワークシート ・行動観察	①環境への影響を認識し、自分の生活を見直そうとしている。 ・ワークシート ・行動観察
続けて実践できるように考えよう	2（本時）	○計画を立てた内容を家庭で1週間実践してみて、忘れずにできたか、続けるうえで大変だと感じた点はなかったかどうかを振り返る。 ・家庭実践に対して家族からもらったコメントを確認する。 ○どうしたら忘れずにできるか、続けやすくなるのか、さらに加えてできることはないかなど、改善点を考える。 ・計画を発表し合い、友達の工夫やアドバイスをもとに改善案を考える。		①実践を振り返り、継続のための課題を見いだしている。 ②生活で継続するための方法を考え、工夫している。 ・ワークシート ・行動観察	②環境負荷の少ない生活にしようと主体的に取り組んだり、振り返って改善しようとしたりしている。 ・ワークシート ・行動観察

6 本時の展開（2／2時間）
（1）本時の目標　環境に配慮した生活での実践を振り返り、改善案を考えることができる。
（2）学習活動と評価

学習過程	時間	児童の学習活動 ◎予想される児童の反応	・指導上の留意点	○資料等 ◆評価規準【評価方法】（観点）
導入	（分）5	1 学習目標を確認し、活動の見通しをもつ。	・教師の実例を話題にするなど、環境負荷を減らすには様々な方法があること、続けるのは簡単ではないことを実感できるようにする。	

生活での実践を振り返り、よりよい方法を考えよう

	35	2 計画を立てた生活での実践内容を振り返り、評価を行う。 ○計画の改善点を考える。 ・ワークシートの内容を紹介し合い、友達の工夫やアドバイスをもとに改善案を考える。 ◎どうしたら忘れずにできるかな、続けやすくなるのかな、さらに加えてできることはないかな。 ◎自分では思いつかない方法も知りたいな。 3 班の中から、ベストアイディアを1つ選ぶ。 ◎環境への負荷を減らす効果が高い方法、続けてできる工夫、やってみたいと思うアイディアはないかな。 4 全体で共有する。 ・各班の代表がベストアイディアを発表する。 ・他の班の児童からアドバイスがあれば伝え合う。	・計画に記した内容を実施する機会はあったか、忘れずにできたか、続けるうえで大変だと感じた点はなかったかどうかをあげられるようにする。（ワークシートへの記入） ・電子版のワークシートでタブレット（ICT機器）を活用してもよい。 ・ワークシートに記入した内容を班のメンバーで見せ合い、よいと思った点や改善のためのアドバイスを付箋に記入し、ワークシートに貼り付ける。 ・電子ワークシートは授業支援ソフトを用いることで、班単位で共有してコメントを書き込んだり、発表の際に全体に投影したりすることができる。 紙のワークシートであれば、カメラを通じて投影する。 ・事前に班の中で発表者を決めておくよう伝える。 ・全体に見えるようにワークシートを投影する。	○ワークシート ◆日常的に継続できるようにするための工夫を考えている。【ワークシート、行動観察】（思考・判断・表現②） よいと思った点を記入する付箋と、アドバイスを記入する付箋とで、色や貼る場所を分けるとよい。 ◆様々なアイディアを学び主体的に生活での環境負荷を減らそうとしている。【ワークシート、行動観察】（主体的に学習に取り組む態度②）
展開				
まとめ	5	5 本時のまとめをする。	・本時を振り返り生活での実践に向けて取り組む意欲を高める。	

（3）本時の評価

観点	おおむね満足できる状況（B）と判断される児童の姿	支援を必要とする児童への手立て
思考・判断・表現②	・計画どおりにできたこと、できなかったこと、実践の中で気づいたことを振り返り、どのように改善したらよいかを具体的に記入している。	・図書やインターネット上に掲載されているものなど、参考になる資料を見られるよう用意する。インターネット上の資料は、あらかじめ教師が調べてURLを示し、良質な情報にふれられるようにする。
主体的に学習に取り組む態度②	・環境に配慮した生活が続けられるよう、主体的に取り組みを考えたり、振り返って改善案を具体的に考えるなど、生活を工夫し、実践しようとしている。	・いくつか具体案を例示することで、計画に記した内容の実践が難しい場面がないかどうか、改善のために工夫できないかを具体的に考えられるようにする。

ワークシート

環境にやさしい生活を目指して、課題を見つけて実践しよう。

| 課題 | 衣食住の生活、エネルギー、水、ゴミ問題の学習をふり返って考えた、自分の生活で環境に負担をかけていること |

| 計画 | いつ | 何を |

| 実践 | いつ | 何を |

| 評価 | 続ける上で大変だと感じた点 |

| 改善 | 続けるためのアイディア、ほかにも出来そうなこと |

解説・本実践の意義

　本題材は、これまでの家庭科の学習を振り返り、環境負荷を減らす計画を立てて家庭で実践し、実践内容を評価し、改善の工夫を考えるという流れである。特に実施内容の評価と改善に力を入れ、対話的活動を通じて多様な発想を取り入れながら、生活で継続できる工夫を考え出す学習活動を行っているところに本実践の意義がある。

　家庭での実践にあたっては、ともに生活している家族が環境に配慮した行動をどの程度しているのか、児童が日頃から家の仕事を手伝っているかどうかによって、考えられることやできることが大きく異なる。環境負荷を減らすという大きな目標は共有するものの、その目標を実現する手立てを考えるにあたっては、多様な方法を知り、自由な発想を大切にしながら、その児童なりに現時点よりも改善できるようにすることに意味がある。

　対話的活動では、発想をふくらませる楽しさや、うまくいかなければ何度でも改善しようという姿勢を伝えたい。このことが、よりよい生活に向けて工夫する力の基盤となるだろう。

さらに詳しく ▶▶▶ 『初等家庭科の研究』第5章「3 環境に配慮した消費や暮らしを考えよう」を参照

考えてみよう

　他領域との連携を図った、実践的・体験的な消費生活・環境領域の授業を考え、指導案を書いてみよう。

参考資料

「徳島県 "あわっ子" みんなではじめる消費者教育 未来のよりよい生活・社会のために―小学校家庭科編―」、2020 ＊ウェブサイトにて開発教材を紹介

第IV部
授業をアップデートする

家庭科の授業を参観したり、
自ら授業実践をしたりすることで、
これまで気づかなかった事柄が
いろいろと認識できるようになったのではないだろうか。
自分も児童もわくわくするような学習を目指して、
授業をアップデートしてみよう。

第12章

わくわくする教材研究
—— オリジナル教材の開発

本章のねらい ▶ □家庭科教育における教材研究の役割を理解しよう。
□教材研究の方法にはどのようなものがあるか、実践例から学ぼう。

キーワード ▶ 教材研究　教材化　地域教材

1 教材研究とは —— 家庭科の教材研究の特徴

1.1 「教材」とは

　学習をより充実させるため、教材研究は日々行われている。教材とは「教科内容の習得のために授業において使用され、教授─学習活動の直接の対象となるもの[1]」であり、教材に該当する対象は多岐にわたる。皆さんは「教材」と聞いて最初に何をイメージしただろうか。多くの人が教科書を思い浮かべたのではないだろうか。ここで、教科書の定義を見てみよう。

教科書の発行に関する臨時措置法（1948年）

第2条　この法律において「教科書」とは、小学校、中学校、義務教育学校、高等学校、中等教育学校及びこれらに準ずる学校において、教育課程の構成に応じて組織排列された教科の主たる教材として、教授の用に供せられる児童又は生徒用図書であつて、文部科学大臣の検定を経たもの又は文部科学省が著作の名義を有するものをいう。

　ここでも、教科書は「教科の主たる教材」と記載されている。また、「義務教育諸学校の教科用図書の無償措置に関する法律」（1963年）の第3条、第5条などには、教科用図書（教科書）が学校を通して、義務教育段階の児童・生徒に渡されることが明記されている。よって、教科書は学校に通う全児童が所持するものなので、学習活動の際に活用されることが多い。教科書は、学習事項に関連するデータや客観的事実（と現時点で捉えられているもの）、目標・ねらいに沿った「問い」が題材ごとにコンパクトにまとめられているため、教師にと

【1】柴田義松『教育課程─カリキュラム入門』有斐閣、2000、p.159

っても使用しやすい。しかし、授業実践において、教科書以外の教材について目配りや検討をせず「教科書を教える」ことのみで、ねらいとする学習指導が事足りるのだろうか。

　そこで、家庭科の学習対象・内容を今一度考えてみよう。まず、小学校家庭科では、「現在、これまでの生活」について「自己と家庭」が関わる生活圏（人が社会的存在として行動する範囲・地域）を主な学習対象としている。このような限定された対象であっても、学習に関わる事象は幅広い。それは、生活自体が包含する多様性・多義性・多面性があるからである。例えば、「日本全国でおおむね共通する点」もあれば、「生活圏による相違点」（例えばごみ出しの方法、郷土料理、気候の違いによる着装など）もある。よって、後者について学習するためには、教科書以外の教材を通した研究、すなわち教材研究が重要である。

　教材研究には、①子どもの生活の実態に即した生活課題を探索できる、②題材が内包する諸課題について教師が気づくことができる機会となる、③教材・教具工夫のためのアイデアを収集できるなど、大きな意義がある。

1.2 「教材研究」へのアクセス

　魅力的な教材との出会い方は様々であるが、教師自身が日々の生活の中で探し当てたり、他教員による教材研究の助言からヒントを得たりして見つけることが多いだろう。

1.2.1 日々の生活の中で素材を見つける

　先述した「生活圏による相違点」に関する教材の場合、例えば各自治体による広報誌やウェブサイトなどがアクセスしやすい。これらは、地域住民に必要な情報を正確にわかりやすく伝えるために、ポイントを押さえて表現されているものが多い。あるいは、情報が伝わりにくい素材であっても、「わかりやすく伝える工夫を考えよう」という教材になりうる。また、生活課題を探したり、多様な視点を得たり、理解を深めたりするために、新聞を活用したNIE（Newspaper in Education：学校などで新聞を教材として活用する活動）がある（p.86も参照）。新聞を購読している家庭は減少傾向にあるが、新聞記事には、インターネット上での検索で得る情報とは異なる特長（情報の正確性が比較的担保されている、事象を掘り下げて解説しているなど）があるため、気になる記事を日頃からストックしておくと教材研究の際に役立つだろう。ただし、記事の内容の取捨選択も大切である。また、ノンフィクション、小説、コミックスなどの書籍や、教育番組、ドラマ、生活情報番組などのテレビ番組、映画などの中にも、教材研究の面で活用可能な素材がある。

1.2.2 他教員による教材研究から学ぶ

　公開研究会や校内／校外研修では、教材の収集方法、学習課題の解釈、学習活動の構想などについて他教員から学ぶ機会がある。家庭科のみならず他教科の実践にも学ぶべき点は多いので、研究会や研修にはぜひ参加するとよい。他校の実践や教材を踏襲するだけでなく、自分が担当する子どもにとっては適切なのか、そうでない場合はどのように工夫するか、という視点が重要である。学習のねらい・目標を達成するためのアプローチに1つの正解はなく、日々の教材研究を通して授業はアップデートされていく。次に、教材研究例を紹介する。

給食食材カードを使って楽しく食育！

[1] 教材づくりのきっかけ

　私が勤務する名古屋市では、中学校での給食の提供がないため、小学校6年生が学校給食を食べる最後の1年となります。コロナ禍に入り「黙食」が当たり前となった給食の時間は、以前のように「おいしいね」と会話しながら楽しい雰囲気で食べるものではなくなりました。そこで、給食の食材に興味をもつことができれば黙食でも楽しく食べられるのではないかと考え、食材カードを作成して家庭科の時間に使うことにしました。

[2] 教材紹介

○食材カード（1年生から6年生）

　食材の画像をカラー印刷し、ラミネート加工したカードを作りました。できるだけ実物大に近くすることで本物らしさを感じられるようにしました。

　もともとは、5年生の家庭科の授業で、五大栄養素の3つのグループ分けの際に使っていたものです。それをもとにして、給食を通じた日々の食育を踏まえてカードを増やしました。給食献立表の「使われている食材」の項目を見ながら、食材カードをケースに入れて掲示し、休み時間にクラスや学年の子どもたちが自由にさわって見られるようにしました。

○切り方カード（5年生・6年生）

　食材カードが効果的だったので、6年生の調理実習「いろどりいため」にも応用しました。にんじん、ハム、玉ねぎ、ピーマンを切った実物大の写真をラミネート加工したカードを作って各班の調理台に置いておき、切り方や切る大きさを調理中にいつでも確認できるようにしました。ラミネート加工してあるので、水に濡れても大丈夫です。

　「切り方カード」を作る前は、「どうやって切るの？」と子どもに聞かれたときに、その場で野菜を切って教えていましたが、カードを見せながら説明するようにしたところ、子どもが一目で切り方を理解できるようになりました。

食材カード

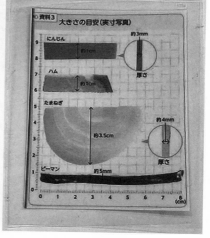

切り方カード

[3]「バイト」に目覚めた子どもたち!

　私は、前任校で専科教員として5・6年生の全クラスの家庭科の授業を担当しており、週に限られた時間ですが多くの子どもたちに家庭科の楽しさを伝えることができました。今年度は初めて6年生の担任になり、週1、2時間の家庭科の授業だけでなく、日々共に過ごす中でも家庭科や食に興味をもってほしいと考えました。

　食材カードをその日の給食献立に合わせて揃える作業は、最初は私が行っていましたが、ある日、クラスのAくんが「やりたい」と声をかけてきたので任せることにしました。日に日にやってみたい子が増えて、ストップウォッチで時間を計りながら挑戦したり、3、4人でクイズ形式にしたりしながら、「バイト」と呼んで作業を楽しむようになっていきました。「先生、がんもどきのカードってある?」「ないけど、がんもどきは豆腐から作られているから、豆腐のカードでいいよ!」といった会話も生まれました。

　また、「本当は牛乳なのに、間違えて豆乳になってるよ」などと間違いに気づく様子を見ると、学び合いが生まれていると感じます。

　最初の頃は、ハンバーグの材料に牛肉・豚肉と書いてあるのを見て、ミンチではなく牛バラ肉や豚バラ肉をチョイスするなど惜しい間違いもありました。しかし、「バイト」に慣れてくると、「砂糖ってほぼ毎日使われているよね」という発見をしたり、「今日の給食、好きなものばっかりだ!」と給食の時間を心待ちにする声が聞こえるようになりました。黙食など制限がある学校生活の中でも、給食の前後の時間に嬉しそうに食べ物の話をする姿を見て、どんな状況でも楽しみを見つけて学び合う子どもたちの力に感心するとともに、家庭科を専門とする教員としての喜びを感じます。

（名古屋市立植田東小学校　宇野瑠璃子）

■ ■ **教材研究例** ■ ■

家庭科の学びは生活のどこへつながる?

[1] 教材づくりのきっかけ

　家庭科は、「生活と結びつけることが大切な教科」ということが特徴だと捉えて教えてきたが、実際に家庭科の学習をしたあと、子どもたちの意識はどのように変わるのだろうか。そう思ったことが、この教材研究のスタートだった。「家庭科を学ぶと生活に役立つよ」「この学習を生活にも活かしたいです」。そんな言葉をよく聞くけれど、実際のところはどうなのだろう。「役立つ」と実感できるまでには、次のような段階を踏むと考えた。

①生活の中から、学んだことが役立つ場面を見いだす。

②学んだことを実際に試す。

③学んだことを活かす経験を通して、役立ったという実感を得る。

　上記の②から考えがちだが、まず①の「見いだすこと」がどのくらいできるのかが重要である。できるだけ家庭生活の場面に近い状況で、家庭科の学びが役立つ場面を「見いだすこと」を可視化するための教材を作ることができないか。児童が「学んだことを活かすことが楽しい」と思える教材づくりを目指すことにした。

[2] 教材紹介

　「学びのあしあと」というワークシートを作り、題材の学習を通して学んだことを付箋に書いてシートに貼りためておくよう、児童に指導してきた。学んできたことを付箋に書き、貼りためていくことで「学びの蓄積」を可視化するものである。

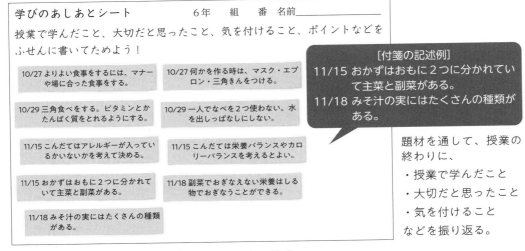

「学びのあしあと」ワークシートの形式

この付箋を、手札として使って行うゲームを考えた。

「家庭科　お役立ち発見!! ゲーム」

①教科書の写真や絵などを取り上げ、その場面で、「役立つこと」を探す。

②「役立つこと」を使って、説明する。

③みんなが納得してくれたら、自分の場所にその付箋を貼る。時間になるまで、トランプのように順番に回す。

④時間になったら、何枚貼れたか表に記録する。

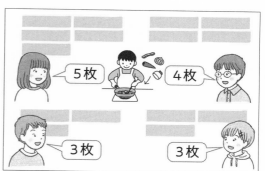

　ゲームをしながら、学んだことと家庭生活の場面とのつながりを探すことで、「見いだすこと」ができるようにした。つながる場面を見つけたときの児童は、「これが使える！」などとうれしそうな声をあげていた。「見いだす力」を鍛えることで、家庭科で学んだことが役に立ったという実感をよりもてるようにしていけたらと改めて思った。

[3] 子どもたちも教師もワクワクする授業を目指して

　授業づくりを考えるとき、自分なりに大切にしている視点は、4つ！
「解決したいと思える課題か」：はじめのモチベーションがエンジンになる。
「今の家庭生活とかけ離れていないか」：学んだことが活かせるように。
「挑戦したいレベルか」：簡単すぎず難しすぎず、「がんばったらできそう」か。
「みんなで学ぶよさがあるか」：せっかく学校で学ぶので、これも大切に。
　題材作りは、流れが大事。いつもノートに思いついたことを書きながら考える。子どもたちの夢中になったときの顔は、私の次のモチベーションになる。

（新座市立陣屋小学校　吉田みゆき）

授業をするのが楽しみになるような教材研究をしよう
― 「地域の中の多様性」を学ぶための教材を例にして ―

[1] 教材づくりのきっかけ

　戦後からこれまでの家庭科の目標に関わることを調べていた際に、ふと「地域」という言葉が指すものの変化について、授業で扱う必要を強く感じました。次に頭の中に浮かんだのは、カズオ・イシグロ氏のインタビュー記事でした。「縦の旅行」というカズオ・イシグロ氏の言葉から受けた衝撃を思い起こすことで、私の教材や授業への強い思いが自覚され、新たな教材づくりがスタートしました。

[2] 教材研究と教材準備

　題材「縦の旅をしよう」は、内容項目Ａ（３）「家族や地域の人々との関わり」にあたります。本題材では、現代社会の地域における「多様性」について子どもたちと考えるための教材として、「カズオ・イシグロ氏のインタビュー記事」と「絵本」を用意することにしました。当初は、６年生の終わりに適している教材だと考えていましたが、実践していくうちに５年生のはじめのガイダンスに適していると考えるようになりました。

　なお、教材研究・授業準備を進めるうえで、以下の点に気をつけました。

○インタビュー記事の使用について

　授業の流れを考え、効果的な使用方法を検討します。使用したい箇所を明確にして、教材のもととなる出会いに感謝し、適切に引用します（授業における著作物の利用については、p.212にあげる資料などを参照）。

○絵本の使用について

　本題材の教材として適している絵本について、学校司書に相談しました。活用する絵本がリストアップできたら、学校図書館にないものは取り寄せてもらいました。

　本の取り寄せに時間がかかったため、時間に余裕をもって準備する必要があると気づきました。

　また、準備した絵本の中で、子どもたちはどの本に興味を示すのか、絵本を見る視点を子どもたちにどうもたせるかなど、教材や題材についての詳細は、子どもたちの様相を見ながら考えていきました。

[3] 授業の流れ

　子どもたちに「地域ってなんだろう？」と投げかけて、カズオ・イシグロ氏のインタビュ

一記事を紹介しました。教師からは、「多様性」という言葉をあえて出さず、カズオ・イシグロ氏のいう「縦の旅行」について考えました。そのあとで「縦の旅をしてみよう」と投げかけ、学校司書が読み聞かせをしてから、個々に絵本を読みました。言葉が少ない絵本だからこそ、様々な視点で見て学びを深めることができます。最後に、「縦の旅」とは何かを全体で話し合いました。授業を通して、子どもたちは、多様な人々が自分と同じ地域で生活していること、同じ場所を共にする人々（地域の人）と深く知り合う「縦の旅行」の大切さや毎日の学校生活も「縦の旅」であることに気づきました。

導入：「地域」とは何か、子どもたちに投げかけました。　　T：教師　C：児童

> T「「地域」とは何だろう？」
> C「〇〇丁目」
> C「同じマンション」
> C「〇〇区の次、町のなまえ」
> C「駅を中心にしたまわり」
> C「自分がそのときいる場所の近く」　など

展開①：記事を紹介し、「縦の旅行」について話し合いました。

> T「ある人の、地域についての考え方を紹介するね」
>
> > 人々は、実はとても狭い世界の中で暮らしています。（中略）実はどこへ行っても自分と似たような人たちとしか会っていないのです。私は最近妻とよく、地域を超える「横の旅行」ではなく、同じ通りに住んでいる人がどういう人かをもっと深く知る「縦の旅行」が私たちには必要なのではないか、と話しています。
> >
> > （東洋経済オンライン2021年3月4日掲載〔一部抜粋〕）
>
> T「カズオ・イシグロさんが言っている「縦の旅行」の縦とはなんだろう？」
> C「話したことがない人」
> C「価値観が違う人」
> C「近いけど自分からは行こうとは思っていなかった場所」
> C「本当の距離じゃなくて、心の距離」　など

展開②：絵本を読み、「縦の旅」とは何かについて考えました。

> T「人生を「旅」に例える人がよくいます。みなさんには、旅行だけでなく、「縦の旅」、「人生という旅」をしてほしいと願っています。では、さっそく1回目の「縦の旅」

をしてみましょう」

C 「えー、どうやって？」

T 「今日は、絵本を使って「縦の旅」をしますよ。図書の○○先生も協力してくれます」

◎読み聞かせの候補として準備した絵本の例（学校司書と選書）

●多文化

『みんなとちがうきみだけど』（ジャクリーン・ウッドソン作／ラファエル・ロペス絵／都甲幸治訳、汐文社、2019）

●自分らしさ・ジェンダー

『虫ガール―ほんとうにあったおはなし』（ソフィア・スペンサー、マーガレット・マクナマラ文／ケラスコエット絵／福本友美子訳、岩崎書店、2020）

●生き方

『ルピナスさん―小さなおばあさんのお話』（バーバラ・クーニーさく／かけがわやすこ訳、ほるぷ出版、1987）

●ハンディキャップ

『みえるとかみえないとか』（ヨシタケシンスケさく／伊藤亜紗そうだん、アリス館、2018）

[4] 子どもたちと一緒に作る視点を大切にした教材研究

　本稿で紹介したのは、「教材のもと」が、何かのきっかけで題材開発につながる例です。大切なのは、その教材に明確なねらいがあることです。教材には、他にも「すでにある題材で活用の必要があり準備する」「授業を進める過程で必要になり準備する」などがあると思います。特に、授業を進める過程で準備する教材については、若手の先生にも取り組んでほしいと願っています。

　教育実習生が家庭科の授業をしたときのことです。「なぜ食べるのかな」という投げかけに対して出された意見の中に、「人類繁栄のため」という考えがありました。「どう対処すればいいのかわからなかった」という実習生に、私は「次は、子どもたちから出された意見を生かして展開できるといいですね」とアドバイスをしました。すると、次の授業で実習生が準備した資料のひとつに「日本人の平均身長の推移」があり、「前回○○くんが出してくれた意見が気になって調べてみました」といいながらグラフを示し、子どもたちと改めて「バランスよく食べることの大切さ」について考えていました。私は、教師として強い思いをもつ以上に、子どもたちと一緒に考えていく姿勢がすばらしいと感じました。そして、よい教材研究は、子どもにとっても教師にとっても楽しい授業につながることを確信しました。

（筑波大学附属小学校　横山みどり）

2 オリジナル教材を開発しよう

　はじめに紹介した「給食食材カードを使って楽しく食育！」は、給食に入っている食材の写真を使い、食生活に関する学習に活用した事例である。給食は、その日に登校した子ども全員が食べるものなので、「共通の食体験」でもある。また、近年では家庭での調理の時短化・外部化が進行しており、家庭の状況によっては、食材が加工・調理される前の状態をあまり見たことがなく食材の名前と実物が一致しにくい子どももいる。自分が食べた給食の献立と食材を関連させて、食品の組み合わせや調理について考えることは、子どもにとっても汎用性がある学びになったのではないだろうか。

　「家庭科の学びは生活のどこへつながる？」では、子どもたち自身が学びの蓄積としてきた付箋を使い、ゲームを通して学びを深める学習方法が構想されている。子どもにとって「使える」知識として内面化するための方策という点で、大変興味深い。他の題材への適用、新ルールの開発など、教材研究をする側も楽しくアイデアを出し合える提案といえる。

　本章のはじめにふれたとおり、「生活」を学ぶときは、それ自体が包含する多様性・多義性・多面性への配慮が必要である。「授業をするのが楽しみになるような教材研究をしよう」では、地域における多様性という側面について子どもが考えるために、インタビュー記事や絵本の活用を提案している。既有の考えが揺さぶられ、それを再構成する過程には、他者の考えや生き方にふれるという場面がある。本事例で紹介された方策の他にはどのような手立てが考えられそうか、検討することも教材研究の一歩である。また、本事例では、絵本の選定にあたり学校司書と連携している。教材研究は教師一人だけが担うことばかりではない。自分の周りにいる専門家や当事者の協力を得て、子どもだけでなく教師も目が開かれるような教材開発を期待したい。

　家庭科の学習は、知識の暗記や、特定の技能を繰り返して習得することだけではない。「教師自身が、その教材に意義や魅力を感じているか」「その教材を使って学ぶことで、子どもや周りの人が少しでも嬉しい気持ちになれそうか、充実感を得られそうか」などの視点から、生活を見つめ直す教材を発掘・発見する探索者になることが大切であり、その過程はとても刺激的である。宝探しや化石の発掘のように、わくわくする教材研究やオリジナル教材の開発にトライしてみよう。

考えてみよう

　本章で紹介した教材研究の事例を参考にして、あなたもオリジナルの教材・教具を作ってみよう。さらに、あなたが開発した教材・教具のよさを振り返り、２つあげてみよう。

第13章
教育実習、授業研究会への参加
── 学習指導案や授業を吟味する

本章のねらい ▶ □授業の状況を捉えた授業記録の作成方法を理解しよう。
　　　　　　　　□授業記録をもとに授業を振り返ることができるようになろう。
キーワード ▶ 教育実習　授業観察　授業記録　学習指導案　授業研究会

1 小学校における教育実習

　教育実習は教職課程の一部に位置づけられており、「観察」「参加」「実習」という方法で教育実践を学べる機会である。教師を志望する学生が、教育現場において児童と直接ふれあい、教師としての力量の基礎を形成する重要なカリキュラムといえる。教育実習生は「先生」と呼ばれ、学生として学びつつも、児童に教える立場を担うことになる。

　教育実習の目的とは、第1に、児童と直接関わる教育活動を通して、児童の実態を理解することである。第2に、これまで学んできた教育に関する専門的な知識や技術を、実際の児童とのふれあいを通して深めていくことである。第3に、主体的・意欲的に実習に取り組み、責任を自覚しながら、あらためて教師を志す姿勢を育むことである。

2 授業観察

　教育実習では、授業観察、授業準備、模擬授業、教壇実習（授業実習）、授業研究会（協議会）の順序で指導が行われる。ここでは、授業観察について取り上げる。

　先述のとおり、教育実習は「観察」「参加」「実習」に分けられる。「観察」は、学校現場の実際を自分の眼で確かめ、児童の活動を観察することである。授業観察の中で、まず児童の実態をつかみ、小学校の実際の授業がどのようなものかを把握していく。教師側の視点から授業を観察することで様々な発見ができ、自分が授業をするときに役立てることができる。

　教育実習では、大学等で学んだ教科や教職に関する専門的な知識などを、各教科や教科外の指導で実践的に活かすための基礎を習得する。「観察」の際は、対象となる授業が学習指

導要領ではどの内容にあたるのか、その学校の指導計画のどこに位置づけられているのか事前に確認しておくとよい。

　さらに、学習指導案を見て授業を観察できる場合は、授業のねらい、授業の流れ（導入・展開・まとめ）を把握することができるため、授業を見るポイントがはっきりしてくる。「観察」するときは漫然と授業を見るのではなく、視点をもって観察することが重要である。

　例えば、1時間の授業では以下のような明確な視点をひとつでも意識して観察をすると、より多くの気づきが得られ、自分が知りたいことが見えてくるだろう。

　　・教師は、どのようなねらいをもって授業をしているのか。（授業の目標）
　　・教師は、児童にどのような働きかけをしているのか。（発問の工夫／授業の展開）
　　・教師の働きかけに対する児童の反応はどんなものか。（児童の発言）
　　・どのような教材・教具をもって授業を進めているのか。（教材・教具）

　観察するときは、教室の後方ではなく、側面に立つとよい。教師と児童の活動がよく見えて、かつ授業に支障が出ないような立ち位置も意識しよう。

3 授業観察の記録の取り方

　授業を振り返るための客観的な資料を収集する方法としては、映像記録（ビデオカメラで授業を録画する方法）、音声記録（ICレコーダーで音声を録音する方法）、参観者による授業記録がある。実習生は、授業観察の際に筆記による授業記録を取ることが望ましい。

　授業記録は、授業の参観時に見たり聞いたりしたことを直に記録するものである。教師の問いかけに対する児童の発言や表情などを記録しておくことで、教師の働きかけにどのような意味があったのか、児童がそれをどう受けとめていたのか、授業全体の雰囲気をあとで分析することができる。授業の振り返りに活かすためには、できるだけ正確に詳細に記述しておきたい。先述したような観察の視点で授業を見直すこともできるし、実際に学習指導案を書くときにも役立つ。

　授業記録の利点は、授業後の研究会で、記録を活用して話し合いができることである。どの場面でどのような授業記録を取ったのかを発表し合うと、異なる観点から授業を振り返ることができるだろう。さらに、自分が気づかなかった点についても他の参観者から話を聞き、授業の改善や指導案づくりに役立てることが可能になる。

　次のような事柄が記録から読み取れるように意識しよう。

　　・教師の発問と児童の発言がどのように関連し合って出てきているか。
　　・教師は、どのような意図のもとに発問や対応をしているか。
　　・児童の発言は、どのような根拠のもとに出ているか。
　　・教材の果たしている役割はどのようなものか。

　以下では、授業記録の実際の作り方を述べる。事前準備として、記録用紙のフォーマット

を作っておく。なお、教育実習校の指定の用紙を活用する場合もある。記録を書きとめやすいように、クリップボードも持参するとよい。以下の３.１から３.５は授業中の記録の取り方を説明したものであり、３.６は授業終了直後の授業記録の活用例である。

3.1 学級全体を捉えた授業記録（授業の流れに沿った記録）

授業の流れに沿って、教師の働きかけ（教師の発問・活動）と、児童の反応（児童の活動）を一字一句もらさず記録していく方法である。逐語記録ともいう。学級全体に焦点を合わせるので、授業全体の流れを把握できる。しかし、授業を参観しながら記述していくのは容易ではなく、見落としたり聞きもらしたりすることもあるので注意する。

以下のＡ・Ｂの記録例は、同じ授業（pp.190-191参照）の導入部分を時系列に記述したものである。Ａは、教師と児童の発話を分けて記述している。授業を振り返るとき、教師の発話の特徴や、それに対する児童の反応がわかりやすい。一方、Ｂの形式は全体の流れを捉えたいときに適している。児童の名前を明記しておくと、協議会で共有しやすい。

記録例Ａ

Ｔ：教師の働きかけ	Ｃ：児童の反応
Ｔ 昨日、買物に行って、袋に「おまけ付き」と書かれていたので、ついそのお菓子を買ってしまいました。 みんなはこういうことはないですか。	 Ｃ１（名前）アイスの、あたり付きのものをよく買うよ。 Ｃ２ 付録を見て本を買うときがあるよ。

記録例Ｂ

Ｔ　昨日、買物に行って、袋に「おまけ付き」と書かれていたので、ついそのお菓子を買ってしまいました。みんなはこういうことはないですか。 Ｃ１ アイスの、あたり付きのものをよく買うよ。 Ｃ２ 付録を見て本を買うときがあるよ。 Ｔ　買ったお菓子は、Ａのおまけのカード付きのポテトチップス、Ｂのおまけのカードなしのポテトチップスです。２種類のお菓子の袋を見て、そのお菓子の特徴を比べてみましょう。お菓子の袋の表面だけでなく、裏面もよく見て比較してみましょう。値段は、Ａのおまけのカード付きが83円、Ｂのおまけのカードなしが122円です。 Ｔ　情報を集めて、プラス面（利点）やマイナス面（問題点）を比べてみましょう。 Ｃ３ Ｂの、おまけのカードなしのほうが値段は高いよ。 Ｃ４ 値段が違うけど、袋の裏に書いてある内容量が違うよ。Ａは22g、Ｂは72gでＢのほうがたくさん入っているから値段も高いんだよ。 Ｔ　本当にＢのほうが高いのかな。 Ｃ５ １円あたりの量で比べてみると違いがはっきりしてくるよ。Ａは約0.3g、Ｂは約0.6g。Ａのほうが１円あたりの量が少ないね。 Ｃ６ １gあたりの値段で比べてみてもわかるね。Ａは約3.8円、Ｂは約1.7円。 Ｃ７ Ａのおまけのカードがついているほうが高いね。 Ｔ　ほかに気づいたことがありますか。

3.2 特定の児童に焦点を合わせた授業記録

特定の児童を観察することで、発話だけでなく行動や周囲との関わりの様子なども記録に取りやすく、授業の中での変容を捉えやすい。ただし、観察対象児童が不審に思ったりしないように十分に配慮する。

記録例C

教師の働きかけ	児童（Kさん）の反応	
	行動	発話
T 2種類のお菓子の袋を見て、そのお菓子の特徴を比べてみよう。	・おまけのカードつきとカードなしの袋を裏表とよく見る。 ・それぞれのお菓子の値段を聞いて量はどのくらいなのか袋を見る。	・お菓子の袋を見てみよう。 ・値段に違いがあるのかな？ ・量はどうなっているのかな。

3.3 学習活動に合わせた授業記録（ひとつのグループに焦点を合わせた記録）

グループ活動を展開しているときは、ひとつのグループに焦点を合わせることで、グループでのやりとりの様子を時系列で捉えることができる。実習生が複数いる場合は、記録の対象とする児童を分担してあとで記録を突き合わせると、グループの特徴に合わせた支援の方法について検討することもできる。

記録例D

授業の流れ	Mさん	Tさん	Pさん	Kさん
2種類のお菓子の袋を比較する。	AとBの袋の量を見比べる。	1gあたりの値段を計算する。	「1円あたりの量はどのくらいなのかな」	「どっちが得かな」

3.4 個の見取りを重視した授業記録（座席表の活用）

気になる児童（抽出児）に対して記録を取る場合、座席表（マス目がならんでいるもの）は有効である。座席表に児童の反応を直接書き込んでいく。児童の氏名を把握できていなくても、座席の位置で児童の様子を書き留めることができる。

例えば、次のような事項に注目して授業記録を取る。

・ある発問に対する児童の個々の考え（机間指導をして、ノートの記述から読み取る）

・作業の進行状況

・発言の様子

・授業への参加の様子

3.5 教師の行動に関する授業記録（観点を決めた記録）

教師の行動に関する観点を決めて記録していく方法や、教師の行動で注目したい内容をあらかじめ具体的に書き出しておいてチェックする方法がある。

- 話し方（説明するときと、問いかけるときとで口調が違うか／児童の発言を受けてどう反応したか／児童に問いかけるタイミング、声の大きさや調子）
- 教室の中での動き方（教師は授業中どこに立って、どのような動線で移動しているのか）
- 授業の進め方
- 学習形態（一斉・グループ・個別）
- 板書の仕方（内容、タイミング、レイアウト）
- 教材や資料の提示の仕方

3.6 授業記録の整理

授業記録を読み直してから、授業研究会（後述）に臨むとよい。記録例A・Bのような逐語記録は、気になった教師の発問、児童の発言、教材の使い方などについて気がついた点を直接書き込む、付箋を使って整理するなどして活用できる。

例えば教師の発言については、発問なのか、指示なのか、説明なのかを分類したり、逐語記録に印（◎○×？！）を直接書き込んだりして、今日の授業を振り返ることができる。

授業記録を取りながら、◎○×？！などの印をつけることによって、記録者がどの観点に着目していたのかが捉えやすくなり、授業研究会のときの発言にも役立つ。例えば、以下のような印のつけ方が考えられる。

- ◎や○は、工夫している発問（興味・関心を高める発問、児童の多様な考えを引き出す発問、矛盾・対立・葛藤をあえて生む発問、一人一人の発言を大切にする発問など）
- ×は、工夫が足りない発問（児童に配慮が不足している発問、他の学習活動中に教師が発問している、発問の仕方、言葉遣い、教師の立つ位置など）
- ！や？は、「あれ！」「おや？」と思った児童の発言

4 授業記録を読み取り授業研究会に参加する

教壇実習のあとに行われる授業研究会には、教育実習生同士（クラスごと）の授業の反省会と、研究授業後の教育実習の総まとめの研究授業協議会（以下、協議会と略）と呼ばれるものがある。

反省会は、授業をした人の自評、実習生仲間からの評価・感想、さらに指導教員からの指導という一連の流れで進められる。授業記録をもとに、よかった点、改善点、次回はどのようにしていきたいかなど、次回に向けた話し合いが行われる。そして、指導教員からのフィ

ードバックを受けて、次の授業に向けた模擬授業を行い、改善点を出し合いながら授業準備を進める。

　協議会では、授業記録と指導案をもとにディスカッションを行う。司会、記録者、授業者に分かれ、自評→議題提示→議題に関する協議→質疑応答→指導教員の講評→授業者の振り返りと省察という流れで進められる。協議会では、主に、研究授業を行った授業者が質問に答えたり、改善策や考えたい視点について投げかけたり、児童との関わり方についての話し合いが行われる。

5 学習指導案から自分の授業を振り返る

　教壇実習（授業実習）では、授業準備にあたる教材研究、学習指導案の作成、教材作成を経て模擬授業、授業の実践、授業の振り返りを通して、学習指導の流れと要点を学ぶ。このような過程の中で、自身の実習のよかった点も改善すべき点も見いだすことができる。

　大学等で作成してきた模擬授業のための学習指導案や、教育実習の最初に書いた学習指導案では、授業が指導案どおりにいかないと実習の中で改めて感じる場面がある。授業を受ける児童の実態を知らないことも原因である。授業観察や、教師の日常の仕事としての学級の生活指導や学級経営にも参加することにより、徐々に児童のことが見えてくるだろう。さらに、指導教員や他の実習生の授業を見る機会なども活かし、試行錯誤しながら実習を進めていく中で、児童の実態がわかってくる。

　学習指導案を考えるときには、一人一人の児童の顔を思い浮かべて、「この子ならこんな発言をするのではないか」「このクラスならこんな考えが出そうだ」などと、予想される児童の反応を意識しながら見直し、改善していくことが重要である。

　児童観が明確になっているかどうかで、授業の展開や児童の積極性も大きく変わる。ただし、自分の予想とは大きく異なる意見が児童から出てくることもある。児童の様子や反応から、このような場面ではどのような問いかけが適切だったかということや、あるいは、児童から様々な考えを引き出すことができた働きかけなどを整理しておくとよい。自分の指導案が児童の実態に沿っていたか、教師主体の授業展開になっていなかったかどうか見直すことで、次の授業に活かすことができる。以下の観点で見直してみよう。

・授業のねらいと目標、授業中の自分の発話や発問が、学習のめあての達成につながるものになっていたか。

・導入が適切であったか。

・学習活動が適切であったか、活動時間は適切に配分されていたか。

・児童のつぶやきを拾えていたか。

・発問は適切であったか。発問の仕方に問題はなかったか。

・学習の進度の違う児童に対応できていたか（時間が余った児童に対するアプローチなど）。

・児童に明確な指示が出せていたか。

・児童が実験・実習に主体的に取り組めるように、実験方法や片付けの仕方をどのように
　工夫したか（準備した道具の配布方法や設置場所、提示の仕方など）。

・ワークシートのどこを修正するとよいか。

・授業後の板書を見て、板書計画の見直しは必要ないか。

　次に掲載するのは、筆者が作成した学習指導案の略案である。具体的にどのように授業を
振り返っているか見てみよう。

第５学年　家庭科学習指導案

ここでは、「物や金銭の使い方と買物」についての指導案（略案）を紹介する。

○○年○月○日（○）　　第○校時
場所　家庭科室
授業者　佐藤麻子

1 題材名「遠足のおやつ、何を選ぶか－おやつセットを作ろう－」
　　　Ｃ 消費生活・環境（1）物や金銭の使い方と買物 ア（ア）（イ）イ

2 本時の学習（1／3時間）

（1）本時の題材名　「おまけ付きのお菓子とおまけなしのお菓子、どっちを選ぶ？」

（2）本時の目標

　・おまけ付きとおまけなしの商品を比較し、違いや利点、問題点に気づくことができる。

　・2種類のお菓子の選び方、買い方の工夫を考え、考えたことを表現するなどして課題を解決
　　する。

（3）学習活動と評価

児童の学習活動に対して、必ずひとつは、指導上の留意点・支援を書いているか。

学習過程	時間	児童の学習活動◎予想される児童の反応	・指導上の留意点・支援	○資料等◆評価規準【評価方法】（観点）
導入	（分）10	1 教師の買物経験を聞き、同じような体験をした児童の話を聞く。◎アイスのあたり付きはよく買う。◎付録を見て本を買うときがある。	・買物に行ったときに、おまけ付きと書かれている品物を見るとつい買ってしまう経験を話す。	教師の第一声を工夫しているか。

児童にとって身近な内容か。

2種類のおかしのふくろを見て、そのおかしの特ちょうを比べてみよう

展開	30	2 2種類のお菓子の袋を見て、そのお菓子の特徴を比較する。・値段　　・内容量・1ｇあたりの値段・おまけ　　・味・脂質の量、エネルギー・食塩の量　・アレルギー・賞味（消費）期限	・おまけのカード付きとカードなしのお菓子の袋ＡＢの表面と裏面に書いてある情報をよく見るように伝える。・ＡＢのお菓子の値段を提示し、値段と内容量の違いに気づくように配慮する。	児童の目線で考えているか。○ワークシート◆情報の収集や比較をして違いや利点や問題点がわかる。【ワークシート】（知識・技能）

体験的な学習活動を多く取り入れているか。（誰のために／どんなとき／どのように）

			・袋のどこにどんな情報が書かれているか、実物投影機などを使って確認する。	◆2種類のお菓子の比較方法を考え課題を解決する力を身につけている。【行動観察・ワークシート】（思考・判断・表現）
		「この子ならこんな発言をするのではないか」と考える。 3 おまけ付き以外の商品を発表する。 ・期間限定 ・プレミアム ・〇%引き ・〇%増量 ・付録	・おまけ付き以外にも、消費者の購買意欲をそそる商品を紹介し、おまけ付きの商品について考えさせる。 指示・提示は短くしたか。	発問を工夫したか。（「なぜですか？」「本当？」など）
		4 買物をするときにどんな商品を選んだらよいか発表する。	・商品選択のポイントとして、パッケージの表面だけでなく裏面もよく見ることを伝える。 ・商品についている表示やマークも手がかりになることを伝える。	
まとめ	5	5 おまけ付き商品について自分の考えをまとめる。	・次時は、遠足に持っていくおやつ選びを考えることを伝える。	◆物の選び方、買い方がわかる。【ワークシート】（知識・技能）

6 授業をアップデートする

　家庭科の学習内容は、児童が日常生活の中で実際に行ってみることで身についていく。家庭での実践力を高めていくことが重要な視点である。児童が進んで学習し、学校で学んだことを家でも実践してみたくなるような授業を組み立てたい。

　授業を観察したり、模擬授業をしたり、教育実習で実際に授業を行ったりすると、「もっと教材研究をやっておけばよかった」と、改めて教材研究の大切さに気づくであろう。自分の授業を振り返り、次の授業に活かす姿勢が大切である。

　授業者自身がこの題材はおもしろい・楽しいと思えるような授業を組み立てると、その熱量は自然と児童にも伝わり、応えてくれる。そのような魅力的な授業づくりのためにも、教科の専門性を高めるためにも、教師は常に様々なことに興味・関心をもち、学び続けることが必要である。児童が課題をつかみ体験し、教材と自分との関わりを実感し、楽しく学習できるように、以下のような視点で授業を見直し、改善してみよう。

6.1 児童と同じ手順で体験してみる

教材研究の一環として製作を行う際は、児童が作る作品と同じものを、教師が事前に作ってみることである。1つと言わずに何個も作ってみよう。実際に作ってみると、作業手順が明確になるとともに、つまずきやすい点もはっきりしてくる。さらに、児童自身の力で工夫しながら解決していく内容は何か、教師側から正しい方法を指導する内容は何かを明確にしていく手がかりもつかめる。実験も同様に、事前に必ずやってみることが大切である。

6.2 見本は十分に用意しておく

手縫いの技術（例：なみ縫い、返し縫いなど）の定着を図るためには、口頭での説明だけでなく、作品見本があるとたいへん効果的である。つまずきやすいポイントも示しやすくなるので、ぜひ用意したい。

実物・写真・図・標本（拡大・比較・分解）・示範などを準備し、すべての児童が学習活動に参加できるように工夫をする。

見本の作品は多ければ多いほどよいが、児童に考えさせるためには、見本を一度にすべての児童に提示しないことが大切である（親切過ぎないこと）。見本を提示するタイミングや、どこまで提示するかどうかを考慮する、提示して終わりにならないようにするなどの工夫も必要である。例えば児童のつまずきやすいポイントを予想し、資料コーナーを設置して、児童がつまずきやすいときに見ると理解できる資料、技術の中程度のものが理解できる資料、もっと高度な資料など、様々な質を考えて用意しておきたい。

6.3 作業の手順や時間の見通しをもつ

製作の手順の見通しをもって計画を立てておくことが大事である。そして、今日のめあてを授業の冒頭で確認しておくと、児童は、自分もできそうだという見通しをもって取り組むことができる。

・今日は、製作の何時間目で、どんなめあてをもって作るのか確認する。
・「今日は○○まで進む」などと、授業の最初に活動の見通しを明確に伝える。

6.4 教師がどこまで教えるか考え、発問を明確に

　児童に考えさせずに教師がすべて説明してしまっては、自ら学びたいという気持ちは起こらないだろう。学習の最初から教師が指示をすれば、製作は容易に進められるかもしれないが、自らつくり出す学習にはならない。児童が自分の力を十分に発揮した学習になるように、教師がどこまで教えるべきか考えてみよう。

　安全面に気をつけたうえで、児童が考えながらまずやってみる、うまくいかなければ資料を提示するなどして、もう一度工夫して取り組めるように学習活動を工夫したい。

6.5 すべての児童が活躍できる場をつくる

　児童一人一人が授業の中で力を発揮できるように、活動の進め方を工夫する。例えば以下のような方法があげられるだろう。

　・グループ活動を取り入れる（2人組のペアまたは4人組）

　小グループの活動を取り入れることで、すべての児童が授業に参加しやすくなる。少人数であれば、児童の間で質問したり教えたり、話し合ったりする機会も増えるため、学習意欲を高めることができる。

　・一人一役（役割分担をする）

　例えば調理実習で包丁を使う場面では、一人1回は必ず野菜を切るなどと決めて、全員が経験できるように配慮する。活動によっては、司会・記録・発表者など、グループ内で役割分担をする。

　・一人一人が考える時間を設ける

　1時間の授業の中に、1回はワークシート（学習カード）に書く時間を設ける。発表する活動の前にワークシートを活用すると、児童も自信をもって発表することができる。

6.6 安全に配慮する

　安全な活動のために、教材・教具の間違った使用方法や危険な行為などについて、あらかじめ提示・注意しておく。活動中は教師が立つ位置を考え、全体に気を配る。特にグループ活動の最中や調理実習中などは、常に全体を意識して、特定のグループに集中しないようにする。

　また、教材・教具に番号を付けたり定位置を決めたりして、学習環境を整えることも安全のために有効である。
例：班ごとのマグネットシート（表裏2色）に班の番号を書き、包丁などを返却したときにカードを裏返す。返却していない班がすぐにわかる。

6.7 記録カードを工夫する

　1時間ごとのねらいや、活動した結果、自己評価などを記録できる欄の中に、教師や家族、

友達からの評価（賞賛・激励・助言など）の記入欄も作ると、次時への意欲も湧いてくる。毎時間、今日はどんな活動をしたのかワークシートなどに書いたあとに必ず今日の学習を終えての感想（振り返り）も書かせたい。書き方は自由として、児童が自分の書きたいように工夫するとよい。

考えてみよう

- 授業を見て自分が取り組みやすい授業記録を取ってみよう。
- 時系列の授業記録を見て、学習指導案に起こしてみよう。

参考文献

梅澤 実編著『教職実践演習 これまでの学びと教師への歩み』わかば社、2014、pp.66-76

大竹美登利・鈴木真由子・綿引伴子編著『小学校家庭科教育法』建帛社、2018、pp.47-49

柴田義松・木内 剛編著『教育実習ハンドブック 増補版』学文社、2012、p.10

多々納道子・伊藤圭子編著『実践的指導力をつける家庭科教育法』大学教育出版、2018、p.59

東京学芸大学・みずほフィナンシャルグループ金融教育共同研究プロジェクト編『考えてみよう これからのくらしとお金【改訂版】』、2017、pp.40-47

東京学芸大学・みずほフィナンシャルグループ金融教育共同研究プロジェクト編『考えてみよう これからのくらしとお金 授業ガイド【改訂版】』、2017、pp.18-19

橋本美保・田中智志監修／大竹美登利編著『家庭科教育』（教科教育学シリーズ07）、一藝社、2015、pp.22-30

吉崎静夫監修／村川雅弘・木村俊行編著『授業研究のフロンティア』ミネルヴァ書房、2019、pp.167-170

第14章
これからの家庭科
── 現実社会とつながる学び

本章のねらい▶ □家庭科の授業を深めるために様々なつながりが必要であることを理解しよう。
□つながり、連携するときの配慮について考えよう。
□つながりを活かした授業を構想しよう。

キーワード▶ ゲストティーチャー　栄養教諭　家庭との連携　地域との連携　教師のネットワーク

　家庭科での学びは教室の中だけにとどめておくのではなく、家庭や地域と連携し、つながっていくことで実践的なものとなり、生きる力となる。そのような授業をつくっていくためには学校内外の連携が重要である。また、変化が著しい社会状況を把握し授業に活かしていくためには、教師も学び続けることが不可欠であり、教師自身のネットワークも大切である。この章では、連携のポイントや教師のネットワークについて学んでいこう。

1 学習しやすい環境づくり ── ゲストティーチャー

1.1 外部講師・ボランティア

　学習効果を高めるために、外部講師やボランティアに協力してもらうことがある。

　外部講師は、ここでは学外から来る講師のことを指す。教師にない専門知識や技能にふれることができ、子どもたちの関心や意欲を喚起することが期待できる。そのために、教師がどのようなねらいをもっていて、講師に何を求めるのかを明確にしておく必要がある。また、外部講師は普段の子どもたちの様子を知っているわけではなく、授業運営の専門家でもないため、授業の流れは教科担当者がリードする。授業のポイントとなるところに外部講師が入ることが望ましい。なお、外部講師の導入についてはあらかじめ管理職に了解をとっておく。

　外部講師を依頼する際は、事前打ち合わせが重要である。下記は、打ち合わせ事項の一例である。

　　・指導計画や指導案を示しながら、前時までの経過、当日の流れ、その後の展開を十分に検討し、外部講師の授業での役割や、子どもに伝えたいメッセージは何かを共有・確認する。

・学級の様子や、特に配慮の必要な子どもの様子や、当日の服装や発言内容など、注意して欲しいことがあれば、必要に応じて伝えておく。
・報償費、交通費、自営業の場合は営業補償の有無と金額、支払い方法の確認。
・必要な教材や機器の準備にかかる費用負担、準備の方法の検討。
・活動中の講師の事故などに対する保険、弁償・補償の検討。
・必要事項を記載した依頼文書を作り、早めに発送しておく。[1]

　ミシンや手縫いなどの製作など、子どもたちへの個別の指導が必要なときに、保護者や地域住民がボランティアスタッフとして授業に入ることがある。外部講師と同様、目的や、何をしてもらいたいのかを明確にしてボランティアに伝えることが必要である。

　効果的な指導方法を検討した調査研究をもとに、「教育効果の高い学校での取組み」のひとつとして「学校外リソースの活用」があげられている。[2] 例えば、「ボランティア等による授業サポート（補助）」「博物館や科学館、図書館を利用した授業」「地域の人材を外部講師として招聘した授業」などである。外部のリソースとして、外部講師やボランティアを活用するためには、地域社会とネットワークをつくっていく必要がある。地域にあるリソースを把握し、連携し、活用していくことが子どもの学びを深めていくことにつながる。ただ、気をつけなければならないのは、教師個人の負担にしないことだ。一人ですべてのことをマネジメントするのではなく、管理職も巻き込み、学年の教員と協力し、いろいろな機関の協力を得ながら実現していく。そうすることで、継続的な外部リソースの活用が可能となる。

1.2 栄養教諭

　食を扱う家庭科では、校内の栄養教諭の協力を得て授業をすることも多い。栄養教諭は、子どもが将来にわたって健康に生活していけるよう、学校における食育の中核的な役割を担うために2005（平成17）年度から制度化されている。食に関する指導と給食管理を一体のものとして行うことにより、教育上の高い相乗効果が期待されている。しかし、給食がない学校などもあるため、すべての学校に栄養教諭が配置されているわけではない。

　栄養教諭は給食管理も行っているため、給食を取り上げた授業をすることで、献立について理解しやすい内容となることがある。表14−1に例示したのは、小学校家庭科の、1食分の献立を考える授業の流れである。本時の「1食分の献立をたてるときに必要なことは何かを考えよう」（2時間）と、「1食分の給食の献立をたてよう」（2時間）の、計4時間の指導計画から成り立つ。実際に考えた献立を給食で出すことを計画していた。

　本時の授業は、家庭科教諭と栄養教諭のTT方式で行われ、食に関する専門的な指導は主に栄養教諭が、授業内に行われる活動の説明や指示は主に家庭科教諭が担当した。子どもた

【1】 島根県教育委員会「外部講師（ゲストまたはボランティアティーチャー）活用の留意点」
【2】 文部科学省「新しい学習指導要領の考え方―中央教育審議会における議論から改訂そして実施へ」、2017、p.33 などを参照。

表14－1　本時の授業の展開と場面の分類

場面	展開された内容	指導の留意
導入	○普段誰が食事を作っているのか考える。	・将来の自分の姿であると気がつかせる。
展開	○献立をたてるときに気をつけていることを班で話し合う。 ○献立をたてる人が気をつけていると思うことを予想して発表する。→各班で出たことを教室で共有。 ○栄養教諭の行う献立作成の方法や、給食室での調理の様子などについて話を聞く。	○事前に家族にインタビューさせる。 ○栄養教諭が気をつけていることも想像して書く。 ○はじめは自分で付箋に何枚か書き、その後KJ法を使用して各班で1枚の模造紙にまとめる。 ○家庭科教諭が指揮を執る。栄養教諭はみんなの意見を板書し、最後にそれについて給食と関連づけながらコメントをする。 【栄養教諭の行う献立作成の方法】 【給食室での調理の様子】 ・給食室では調理員さんが朝早くから準備している。 ・調理員さんは愛情を込めて作っている。
まとめ	○質問をする。 ○次時の学習の見通しをもつ。	・次時は10月の学校給食の献立作成をすることを知らせて、意欲を高める。

出所：明神遼子「豊かな学びをもたらす家庭科教諭と栄養教諭の連携授業の在り方」（東京学芸大学大学院教育学研究科修士論文）、2017（一部改変）

ちの様子から、栄養教諭という食の専門家からのコメントを、とても新鮮な気持ちで聞いていることがうかがえた。給食室の環境や調理員の仕事について写真を見ながら話を聞くことで、安全への配慮や食事作りの大変さなどがわかり、調理員に感謝する気持ちも湧いたようだ。また、栄養教諭の献立作成の方法（テーマを最初に考えること、主食→主菜→副菜→汁物→デザートという順番で考えること）は普段の給食につながっているので、とても興味深かったようである。自分が献立をたてるときも、同じような順番で考えている様子が見られた。このように、子どもたちは栄養教諭の協力のもとで献立を考え、楽しく主体的に取り組むことができていた。

2 家庭との連携を図る授業づくり

　本章の冒頭でもふれたとおり、家庭科の学習については、「学校で学習したことを家庭で実践してみることが重要」という捉え方がある。教科書の教師用指導書等においても「家庭で実践してみよう」という課題が見られ、例えば「家の仕事に挑戦しよう」「自分の学習机を片付けてみよう」などがあげられる。いわゆる宿題であるが、その際、学習の意図を伝える文書を各家庭に配布し、保護者の理解・協力を得られるように働きかける場合もある。

　上記のような「家庭との連携」は、適切に機能すれば子どもたちの学習は深まると考えら

れる。毎日の生活の場である家庭（本稿では、児童福祉施設などの生活の場も含め、以降「家庭」と表記）において、家の仕事に挑戦したり、自分の学習机を片付けたりする。それを通して、家庭生活を支える多様な仕事の方法やコツを体感したり、仕事の大変さや維持することの難しさに気づいたりすることは貴重な学習となるだろう。加えて学習の意図が保護者に伝わっていれば、その子に合ったサポートや励ましがなされる可能性も高まる。

　一方で、このような「家庭での実践の宿題」や「保護者への連絡」とは異なる視点からの「家庭との連携」が今後ますます重要になってくるだろう。このことについて、「家庭ごとの価値観の多様さ」「「宿題」の問題点」「保護者との自然なコミュニケーション方法の模索」という3つの視点から考えてみることにする。

2.1 家庭ごとの価値観の多様さ

　子どもが家の仕事に挑戦することについて、すべての家庭が好意的に受け取るとは限らない。家の仕事をするよりも勉強をしてほしいと考える家庭、子どもがする仕事は不十分で迷惑だと考える家庭、すでに多くの仕事を子どもが担っている家庭など、状況は様々である。「家の仕事に挑戦しよう」という課題の教育的な価値についてはすでに述べたが、その課題が適切かどうかの判断は難しい。教師の考える「家庭との連携」が子どもを苦しめることにもなりかねない。

　そこで、家庭での実践というかたちに限らず、授業において家族という他者との関わりを重視して学習を展開していくことを「家庭との連携」と捉える視点が必要であると考える。例えば「休日の昼食メニューを考える」といったテーマであれば、休みの日の家族の様子や家族の好みを思い浮かべて考えることになる。「昼食メニュー」という具体を通して、家族という他者を想定する学習である。あるいは、「家族と過ごすリビングの家具の配置を考える」というテーマでも、家具の配置という具体を通して、家族を想定しながら過ごしやすさを考えることができる。子どもは様々な物や行為を介して人とつながり、「つながる力[3]」を育むと考えられ、家庭科における衣食住などの学習内容の中で家族を想定することは重要である。その際、昼食メニューといった取り組み可能と思われる内容についても、実践するかどうかは問題にしないほうがよい場合があることを授業者は認識しておく必要がある。

2.2 「宿題」の問題点

　保護者から、「家庭科の授業で、家族の生活時間を調べてくる宿題が出ましたが、やらないといけないのですよね。とても気が重いです」という話を聞いたことがある。生活時間の学習では、自分の生活時間を帯状の図に記入する学習活動がよく見られる。そのうえで、自分の生活時間を他者と比べることで学習を深めるために、家族の生活時間に目を向ける実践も見られる。自分と家族の生活時間を比べることで気づくことは多く、子どもたちから「親

【3】菅野　純「現代の子どもたちの「つながる力」―現状と課題」『児童心理』65（2）、金子
　　書房、2011、pp.1-10

が毎日忙しそうにしている理由がわかった」といった感想が聞かれることもある。しかし、それぞれの保護者が置かれた状況は多様であり、それを示すことに抵抗がある場合も十分考えられる。生活時間に限らず、プライベートな問題を多く扱う教科であるという認識を欠いてはならない。

　宿題は、たとえ「取り組みが難しい人は無理しなくていいですよ」と教師から伝達があったとしても、プリントが配られ「宿題」とされた以上、無理をしてでも取り組もうとする子どもや保護者がいることを知っておく必要がある。テーマによって、子どもや保護者が悩み苦しむケースがあるのだ。宿題には教師の想定以上の強制力があるため、宿題とは異なる、自主的な取り組みへのフィードバックが可能な方法が適していると考えられる。例えば教室の一角に「実践カード」のようなものを置き、自主的に実践した場合はカードに記入できるようにしておく、またはそのようなカードを年度はじめに数枚ずつ配り、好きな場面で提出できるようにするなどの方法が考えられる。宿題としないことは、家庭での実践をあきらめることではなく、実践するかどうかを子どもに委ねる立場となる。教師が、家庭での実践につながるように授業を構想することは変わらず重要なことである。

2.3 保護者との自然なコミュニケーション方法の模索

　家庭や子どもにとって無理のない自然なかたちでの「家庭との連携」を考えると、教師と保護者との関係づくりが大きな課題であることに気づく。昨今は、危機管理の観点から不審者対策を厳重に行っている学校が多く、保護者であっても校内に入る場面が大変限られている。年に数回の学習参観や懇談会は、教師と保護者が自然なコミュニケーションをとるには不向きな形態と言わざるを得ない。

　小学校家庭科では、手縫いの学習やミシンの学習の際に、学習サポーターとして保護者ボランティアを募る場合がある。子どもたちの学習の様子を直接見た保護者と、保護者と協力して学習を進める教師との間には関係性が育まれ、家庭科の学習に関する自然なコミュニケーションが生まれる。保護者から「先週、息子が家族みんなのお茶をいれてくれたんです」「片付けぎらいな娘が、突然整理・整頓を始めたんですよ」といった話が聞かれ、教師からは学習中のエピソードを伝えることもできる。学習ボランティアに限らず、同好会や校内整備活動など、教師と保護者が自然なコミュニケーションをとれる関係性を築くことができる場を模索していくことは、家庭科を含む学校での学びと、家庭という実生活との往還を実現する重要な起点となってくるだろう。

3 地域とつながる授業づくり

　私たちの生活空間は家庭から地域や社会へと広がり、日々の生活の中で、個人、家庭、地域、社会は相互に影響し合っている。家庭科で学び身につけた知識や技能は、本来、家庭や

地域といった実生活で活用していくためのものであるが、近年では、家庭生活や社会環境の変化によって、家族の一員として協力する意思や関心が低いこと、家族・地域の人々と関わったり社会に参画したりする機会が少ないことなどが課題となっている。

　一方で、2017（平成29）年告示の学習指導要領は「社会に開かれた教育課程」を基本的な教育理念としている。グローバル化や人工知能の進化など変化の激しい現代においては、よりよい社会を創るという目標を学校と社会とで共有し、これからの社会を創り出していく子どもたちに必要な資質・能力を明確にしながら、地域や社会との連携・協働によってその実現を図っていく必要がある。未来を担う子どもたちの学びを支えていくために、これまで以上に学校と家庭や地域との連携・協働が求められている。ここでは、家庭科において地域とつながる意義について考えていきたい。

3.1 家庭科における地域とのつながり

　小・中・高等学校の家庭科では、家庭、地域、社会という空間的な広がり（空間軸）と、これまでの生活、現在の生活、これからの生活、生涯を見通した生活という時間的な広がり（時間軸）から、学校段階に応じた学習対象を捉えていく。小学校では、空間軸の視点では主に自己と家庭、時間軸の視点では現在及びこれまでの生活を学習対象とするが、すでに述べたとおり、私たちの生活は個人、家庭、地域、社会と切り離せるものではなく、それらが相互に影響し合いながら成り立っている。また、実践的・体験的な活動を重視し、生活をよりよくしようと工夫する実践的な態度の育成を目指す家庭科において、地域は実践的に学ぶことのできる場であり、学習したことを実践する場のひとつでもある。そのため、小学校においても、例えば以下に述べるようなかたちで地域と関わる機会をつくることが求められる。

A 家族・家庭生活の学習：

　家族のみならず地域の異世代の人々との関わりを通して、人とよりよく関わる力の育成につながる。例えば、家族や地域の人との関わりを振り返り、地域の人を招待する「交流会」や「ありがとうの会」を計画する。「B 衣食住の生活」で学んだことを生かして、お茶や軽食を用意したり、手縫いやミシン縫いでプレゼントを作ったりして感謝の気持ちを伝えることもできる。また、地域の人々と関わる体験をしたり、日々の生活を振り返りながら地図上に地域の人々との関わりをまとめ、家庭生活が地域との関わりの中で成り立っていることや自身も地域の一員であることに気づき、地域のためにできることを考え実践計画を立てる学習も考えられる。

B 衣食住の生活の学習：

　日本特有の生活文化や、地域ごとの生活文化の大切さに気づくような学習活動が考えられる。学校全体の食育・学校給食や栄養教諭との連携により、その地域の特産品や地域や家庭で受け継がれてきた行事食・郷土料理について学んだり、地域の気候風土に合わせた着方や住まい方を取り上げたりする。近年では地域コミュニティの希薄化などによって、家庭や地域における伝統文化の継承が難しくなっていることから、「A 家族・家庭生活」との領域横

断によって、地域の人々から学ぶ機会をもつこともできる。

C 消費生活・環境の学習：

　自身の生活と社会の関わりを意識し、環境に配慮した生活の仕方について学ぶ。物や金銭の使い方と買物について学習する際に、産地や環境への配慮を意識できるような題材を設定したり、SDGsやエシカル消費について学んだりすることもできる。また、「A 家族・家庭生活」や「B 衣食住の生活」の学習内容とつなげて、特産品などを活用した地域の人々をもてなす会を計画したり、調理実習や被服製作のための材料を地域の商店で購入したりするような活動も考えられる。

　上記のような機会を通して、子どもたちが家庭科で身につけた力を家庭や地域で活かし、同時に、自身が将来生き抜く力になるよう期待したい。

3.2 「地域」とつながる授業づくりの例

　ここでは、地域資源の活用例として、京町家の暮らし方の工夫を取り上げた授業を紹介する（表14−2／pp.155-157も参照）。本題材では、6年生の夏（暑い季節）と冬（寒い季節）に、「B 衣食住の生活」の「(4) 衣服の着用と手入れ」及び「(6) 快適な住まい方」に関連して、季節の変化に合わせた着方・住まい方の工夫について学ぶ。季節の変化に合わせた

表14−2　地域資源として町家を活用した授業例

対象学年	第6学年	
内容項目	B 衣食住の生活（4）衣服の着用と手入れ ア（ア） （6）快適な住まい方 ア（ア）イ C 消費生活・環境（2）環境に配慮した生活 ア イ	
題材名	夏をすずしく さわやかに ー京町家から学ぶー	冬を明るく あたたかく ー京町家から学ぶー
授業数	6時間	5時間
目標	京町家の暮らし方の工夫から、季節に合った生活の工夫の仕方に関心をもち、着方や、通風や採光、遮光など快適な住まい方の工夫を知り、自分の生活に合った快適な暮らし方を考える。	京町家の暮らし方の工夫から、季節に合った生活の工夫の仕方に関心をもち、着方や、採光や保温、換気など快適な住まい方の工夫を知り、自分の生活に合った快適な暮らし方を考える。
主な学習活動【外部との関わり】	○夏の暮らしの特徴と課題、昔の人の夏の着方や住まい方の工夫を考える。 ○京町家を見学し、住まいや住まい方の工夫（日射遮蔽、通風など）を見つける。【見学場所の提供、専門家による説明】 ○京町家での工夫を参考に、自分の家の暮らし方の工夫「マイさわやかプラン」を考え、発表し合う。	○冬の暮らしの特徴と課題、昔の人の冬の着方や住まい方の工夫を考える。 ○京町家を見学し、住まいや住まい方の工夫（採光、換気など）を見つける。【見学場所の提供、専門家による説明】 ○京町家での工夫を参考に、自分の家の暮らし方の工夫「マイほかほかプラン」を考え、発表し合う。

資料提供：岸田蘭子先生（滋賀大学／元 京都市立高倉小学校校長）

暮らしにおいては、児童の生活実態に即した授業展開によって、授業への興味・関心が高まり、実践的な態度の育成につながることが期待される。

　本題材では、盆地という地理的条件によって、夏は蒸し暑く冬は底冷えする京都の気候に合わせて様々な工夫がされてきた町家の造りと、そこでの暮らしを取り上げている。普段生活している地域の気候風土の特徴や、児童にとって身近に存在する京町家（地域資源）を取り上げることで、着方や自然の力を活用した住まい方の工夫について実感を伴った理解につながる。また、長い年月をかけて培われ受け継がれてきた京町家の知恵や工夫について学ぶことで、生活文化や伝統の大切さに気づくことができる。

　本授業を実践した京都市立高倉小学校では、もともと地域資源を活用した学習に力を入れてきた背景があり、総合的な学習の時間の実践研究が進んでいる。和菓子づくりや染物など伝統的な産業に携わる方々の話を聞いたり（３年生）、まち探検を行い、まちの中のユニバーサルデザインを発見したり（４年生）、祇園祭についての調査（５年生）や伝統文化の技術の体験（６年生）など、各学年で地域資源を活用した様々な取り組みがされてきた。日頃から学校運営や生活科、社会科など様々な教科とともに地域連携の素地をつくっておくとよいだろう。

　また、本授業では、NPO京町家再生研究会や地域の活性化に取り組む大学研究室の協力を得て、実際に町家を見学し、専門家による説明を聞く機会を設けている。学外施設の見学・体験や外部講師による授業は、児童の関心・意欲を喚起し、専門的な知識・技能にふれることができる効果的な指導の工夫のひとつである。例えば住まいや建築に関しては、各地の建築士会が、出張講座や、地域の気候風土・住まいの特徴を踏まえた副読本や動画などを提供しているため、それらを活用することもできるし、住まい・まち学習の教育実践研修会や教具・教材の購入にも充てることのできる授業づくり助成や授業実践例の紹介も行われている。他にも、企業による食育や金融教育などの出張講座など、様々な教育支援プログラムが提供されているし、消費者教育支援センターでは消費者教育に関する講座の講師派遣やセミナーなどを実施している。なお、外部講師に依頼する場合にも授業の主体は教科担当者であり、事前に指導計画や指導案を示し、外部講師の授業での役割を共有・確認し、ともに展開を検討してほしい。アンテナを張り巡らせて情報収集をしながら、地域とつながる授業づくりをしてみよう。

4 現実社会とつながる学習を紡ぐ —— 教師のネットワーク

　これまで、小学校家庭科における学びについて様々な視点から考えてきた。より充実した学習活動を考えようとする中で、「生活に関する学習内容なので、すぐ時代に合わなくなってしまうのではないか」「いろいろな学習方法があるが、学習内容に合う方法をどう選んだらよいか」「転勤してきたばかりで地域のことがよくわからず、教材化の糸口がつかめな

い」などの悩みが出てくるかもしれない。

　そのようなときは、本書で紹介してきた実践例などを振り返ると同時に、家庭科の学習指導に携わる教師や関係者によるネットワークにアクセスすると、解決のためのヒントが得られるかもしれない。そこで、以下にいくつか紹介しておこう。

小学校家庭科教育研究会

　主に公立小学校に勤務する教員を対象にした研究組織である。市区町村（あるいはそれに類する単位）、都道府県、全国につながる構造をもち、設定したテーマに基づいた授業研究会や公開研究会などが開催されている。また、研究会のメンバーは活動を通して他校の状況や実践の工夫などの情報共有を図ることができる。小学校家庭科教育研究会のメンバーでなくても、公開研究会に参加したり、公開資料を閲覧したりすることなどを通して、自分の授業改善に活かすこともできる。

全国家庭科教育協会（通称ZKK）

　ZKKは、小学校家庭科存置問題（小学校家庭科廃止論）への対応を端緒に、1950（昭和25）年に設立された。家庭科教育に関心がある者（小学校・中学校・高等学校・大学の教員や大学等に在籍する学生など）で構成された全国組織である。研究発表会、研修会、機関誌の発行の他、研究・調査活動や家庭科教育に関連する他機関との連携活動が行われている。

NPO法人 家庭科教育研究者連盟（家教連）

　家庭科の授業実践や教育内容に関する情報が掲載された研究誌『家庭科研究』を刊行している団体である。会員等を対象にした学習会も開催されている。

日本家庭科教育学会

　家庭科教育に関する学術研究団体である。家庭科教育に関する研究や学習支援などの情報について発信している。

　これらの組織だけではなく、教員同士の情報交換や、保護者や地域の人々、関係機関とのネットワークも、現実社会とつながる学びに大いに資するものである。子どもの生活をよりよく、豊かにするための学習方略について、さらに検討してみよう。

考えてみよう

　家庭や地域（社会）で実践する家庭科学習の意義は何だろうか。家庭や地域とつながる学習の実践において、どのような点に留意するとよいだろうか。

家庭科室の使い方

　家庭科の授業では、教室だけでなく家庭科室も使うことが多い。一般的に、家庭科室には作業台としても使える机やコンロ、洗い場などが設置され、子どもたちが実践的・体験的な活動をしやすく、家庭科を学ぶうえで重要な場所となる。また、以下の表に示すように、他教科や特別活動、PTAや地域の活動などで使用することも多く、家庭科室の管理を任されることもあるだろう。家庭科室では、包丁や火などを使ったり、食品を調理したりするので、安全で衛生的に保つ必要もある。

小学校における家庭科室の使用状況（複数回答）

	家庭科	総合的な学習	生活科	理科	社会科	クラブなどの特別活動	PTA	地域の活動	教員の活動	その他
部屋と調理設備や用具	98.8%	41.8%	43.3%	2.3%	1.5%	77.6%	51.3%	45.9%	16.4%	40.0%
部屋のみ	1.2%	19.2%	14.9%	6.0%	3.8%	18.6%	25.0%	20.5%	44.5%	45.0%
使用しない	0.0%	39.0%	41.8%	91.7%	94.7%	3.8%	23.7%	33.6%	39.0%	15.0%

出所：桒原智美ほか「学校現場における家庭科室管理の現状と教員の意識―小・中学校教員への質問紙調査から」『東京学芸大学紀要 総合教育科学系』71、2020、pp.481-488

　では、子どもたちが実践的・体験的な活動を行ったり、安全で衛生的な環境を保ったりするためには、どのような配慮や工夫が必要だろうか。

　家庭科室では作業台を兼ねた大きな机があり、複数人で取り囲むように座るケースが多い。グループ活動が行いやすかったり広いスペースで作業がしやすかったりする一方で、周りの子や物に気を取られ、教師が話していても集中して聞くことができなかったり、個人で考えをまとめたり、作業をしたりするのが難しくなってしまう場合もある。教師が黒板などを使って説明する場面や、クラス全体に向けた発表などの活動を行う場面では、椅子の向きを変え身体ごと話を聞く方向に向けさせることで、集中できる。小学生の場合、「話をしている人の方向におへそを向けて聞きましょう」といった指示の出し方も有効であろう。

　使わない教具や荷物は、机の中の空きスペースなどにしまうことで気が散りにくくなり、作業スペースも広く確保でき、破損や汚損の心配も減る。足元に荷物があると、つまずいたり引っかかったりする危険性があるので、足元に荷物を置かないようにする。

　また、消しゴムのかすは授業後や別の作業をする前に集めて捨てさせるなど、衛生面での配慮も必要である。その際、机ごとに小さなほうきとちりとりを準備しておくといった工夫も考えられる。雑巾も準備しておき、床が濡れたときは転倒の危険があるためすぐに拭くように指導する。

　調理実習を安全・衛生的かつスムーズに進めるために、食器や調理器具をどのように管理

すればよいかをp.206に示した。包丁を使用する際は、子どもたちに渡すタイミングを考えるとともに、右図のようにトレーに入れて配布するとよい。実習中は、包丁の柄が調理台からはみ出していると引っかかって落下する危険性があるので、トレーに入れたまま調理台の中央に置くか、まな板の真ん中に置くようにする。

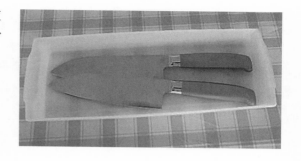

　被服製作実習の際は、針山に使う分の針を刺し、使用前後に必ず本数を確認する。使用中も、針をそのまま机に置かず、必ず針山に刺す習慣をつけさせる。折れた針は、ふたが閉まる容器に入れ、安全に十分配慮して廃棄する。アイロンを使った場合は、スイッチを切り、コンセントを抜き、冷めるのを待ってから片付ける。使い終わったらスイッチを必ず切るように指導する。持ち運び可能なミシンを使う場合は、下から本体を支え、抱えるようにして運ばせるとよい。ケースの上部の取っ手のみをつかんで持ち上げると、留め具がしっかり留まっていなかった場合に本体を落としてしまう危険性がある。

　安全で衛生的に管理をすることは、実践的・体験的学びのベースとなるものである。5年生で家庭科の授業が始まるときに、家庭科室を探検し、普通教室との違いを子どもたち自身に気づかせると同時に、座り方や椅子の片付け方、棚にある道具類は勝手にさわらないといった基本的なルールを確認するとよいだろう。そのうえで、調理や被服製作などの題材の最初に、再度使い方を詳しく説明し、毎時間確認するようにする。安全に家庭科室を使う方法は、少しの配慮と工夫でできることが多く、一度やり方を決めれば教師側にとっても楽になる場合も多い。様々な事例を参考にしつつ、授業の目的に合わせて家庭科室を活用するとよい。

　家庭科室の管理の仕方について、調理実習を中心にガイドブックとして詳細にまとめたものを下記URLから見ることができるので参照されたい。

『調理実習における家庭科室での衛生安全ガイドブック（小学校版）』

　https://www2.u-gakugei.ac.jp/~seikatsu/index.html

家庭科室における食器・調理器具の管理方法の例

小学校で必要な調理器具と食器例

実習内容	必要な調理器具	必要な食器
ゆでる調理	鍋、菜箸、包丁、まな板、ボウル、ざる	箸、箸置き、皿
団らん	やかん、急須	湯飲み
炊飯	文化鍋（ガラス鍋）、ざる、計量カップ、しゃもじ	箸、箸置き、茶碗
みそ汁	鍋、計量カップ、はかり、包丁、まな板、菜箸、玉じゃくし	箸、箸置き、お椀
炒める調理	フライパン、菜箸、フライ返し、包丁、まな板	箸、箸置き、皿

> 片付ける方法や点検を誰がするのかなどのルールを決めて、家庭科室の使い方とともに、家庭科室内に掲示しておくとよい。

日常の管理

①各学校の年間指導計画に合わせて、実習内容と必要な調理器具・食器を確認する。
②中が見えない棚にもラベルや写真を貼っておくと、何が保管してあるかわかりやすい。
③風通しをよくするために、なべのふたは取って保管することが重要である。
④書類棚を活用すると、効率よく収納することができる。
⑤カップとソーサーのように、一緒に使う物や同じ用途の物を近くに収納しておくと使いやすい。
⑥おぼんやかごを活用して収納すると運びやすく、風通しよくしまうこともできる。

収納品がわかるラベル（②）

書類棚を活用（④）

使いやすさを考えた収納（⑤⑥）

班ごとに1つの棚を活用する例

実習前
・必要な調理器具や食器を班ごとに用意しておくと実習を円滑に進めることができる。
・水切りかごを活用すると用意がしやすい。
・使用前後に教師が確認することで、洗い残しや破損などを確認でき、衛生的である。

> 班ごとに使う調理器具には番号を書き、食器とともにまとめておくと管理しやすい。包丁を運ぶためのバットを用意する。

実習中
・洗った食器・器具は水分を拭き取り、水切りかごに入れるようにし、かごの中は常に清潔に保つように指導するとよい。

実習後
・使用した調理器具類は水分を拭き取り、風通しがよいように立てかけて片付けるように指導する。
・使用後の鍋は、ふたを開けて乾かす。
・調理後は調理前と同じように、班ごとに水切りかごに食器・器具を入れて返却するようにする。

さらに学びたい人のための文献・資料リスト

＊おすすめの文献・資料を章ごとに紹介。

第1章 ・ 第2章 ・ 第3章

日本家庭科教育学会編『家庭科教育50年―新たなる軌跡に向けて』建帛社、2000

▷かなり前に発行された書籍だが、日本の家庭科教育の歩みがコンパクトにまとめられている。資料的価値の高い内容で構成された一冊。

日本家庭科教育学会編『未来の生活をつくる―家庭科で育む生活リテラシー』明治図書出版、2019

▷家庭科教育の学びについて実態調査や授業実践例から読み解きがなされており、これからの家庭科教育を考えるうえでのヒントが詰まっている。

第4章

クレイグ・クライデル編／西岡加名恵ほか監訳『カリキュラム研究事典』ミネルヴァ書房、2021

▷家庭科教育のみならず、学校教育におけるカリキュラムを考えるうえで示唆的な内容が網羅された事典。

溝上慎一『アクティブラーニング型授業の基本形と生徒の身体性』（学びと成長の講話シリーズ第1巻）、東信堂、2018

▷学校における学びについて語り合うと、「主体的」であることの捉え方が多様であることに気づく。「主体的」とはどのような状態か、絶えず議論をしていく際の参考になる。

東京都消費生活総合センター「小学生向けWEB版 消費者教育読本 しっかり考え 楽しくチャレンジ さあ始めよう！自分でお買い物」

▶ https://www.shouhiseikatu.metro.tokyo.jp/center/kyoiku/web/shou02/

▷スーパーマーケットでの買い物をウェブ上で疑似体験して、商品から情報を集めて品物の選び方を考え、消費者としての買い物の仕方の工夫を学ぶことができる。

東京学芸大学学校図書館運営専門委員会「先生のための授業に役立つ学校図書館活用データベース」

▶ https://www2.u-gakugei.ac.jp/~schoolib/htdocs/

▷学校図書館を活用した授業実践のデータベース。「栄養」「食の安全」などテーマ別のブックリストや、図書を活用した授業実践の検索・閲覧が可能。

エネルギー教育推進事業事務局（経済産業省資源エネルギー庁委託事業）「未来を考える・創るSDGsエネルギー学習推進ベースキャンプ」

▶ https://energy-kyoiku.go.jp/

▷持続可能な社会の実現に向けての授業実践が紹介されている。指導案やワークシートといった教材のダウンロードも可能。

農林水産省「ジュニア農林水産白書」

　▶ https://www.maff.go.jp/j/wpaper/w_junior/index.html
　▷食料自給率など、日本の食や農業・水産業などに関する最新のデータが、小学生にもわかりや
　　すくまとめられている。

第5章

日本家庭科教育学会「家庭科学習支援サイト」

　▶ https://www.jahee.jp/covid-19-info/
　▷学習者自身で家庭科について学べるサイトのリンク集。授業の教材等としても活用できる。

東京学芸大学次世代教育研究推進機構ウェブサイト

　▶ https://www2.u-gakugei.ac.jp/˜jisedai/
　▷コンピテンシー育成のための授業動画、コンピテンシー育成の手立ての解説ビデオ、学習指導
　　案のデータベースがあり、授業をどのようにつくったらよいのか学ぶことができる。

第6章

各自治体の教育センターウェブサイト

　▷ICTの進展に伴い、各自治体の教育センターのウェブサイトが年々充実してきている。コンテ
　　ンツのひとつとして学習指導案例が公開されていることもあるので、ぜひアクセスしてほしい。

第7章

杉山 春『児童虐待から考える―社会は家族に何を強いてきたか』朝日新書、2017

　▷家族の中でなぜ児童虐待が起きてしまうのか、家族をどう考えていけばよいのか、子どもを育
　　てるうえで、地域、社会の役割は何なのか。多くを考えさせられる一冊。

遠藤利彦編『入門アタッチメント理論―臨床・実践への架け橋』日本評論社、2021

　▷子どもが育つうえで、「アタッチメント」は不可欠である。アタッチメントとは何か、アタッ
　　チメント研究でわかっていることは何かなど、基礎的な知見にふれることができる。

内閣府男女共同参画局「男女共同参画白書」

　▶ https://www.gender.go.jp/about_danjo/whitepaper/index.html
　▷毎年発刊されており、日本の男女共同参画の現状や、男女共同参画を推進する施策について情
　　報を得ることができる。

内閣府「少子化社会対策白書」

　▶ https://www8.cao.go.jp/shoushi/shoushika/whitepaper/index.html
　▷少子化の状況や少子化のための施策の概況について、政府が毎年国会に提出する報告書。日本
　　の家族の状況や、国の施策を知ることができる。

第8章

文部科学省「小学生用食育教材「たのしい食事つながる食育」」

▶ https://www.mext.go.jp/a_menu/shotou/eiyou/syokuseikatsu.htm
▷ 食育で活用できるワークシートが掲載されている。高学年向けの教材は、家庭科で活用可能。また、他教科や特別活動などの中で食育がどのように取り組まれているか、概要を理解するうえでの手がかりにもなる。

内閣府食品安全委員会「キッズボックス」

▶ https://www.fsc.go.jp/kids-box/
▷ 食品の安全に関する親子向けの読み物教材が掲載されている。「ジャガイモの豆知識」「食物アレルギーってどんなもの？」など、安全に調理実習を行ううえで欠かせない視点もA4シート1枚程度にまとめられている。

農林水産省委託事業／株式会社パソナ農援隊「おいしい和食のはなし」

▶ https://ouchidewashoku.maff.go.jp/education/
▷ 「児童向け教材」として、和食文化に関する動画教材、プリント教材などが掲載されている。モデル授業の視聴ができるため、実際の授業での活用も想像しやすい。和食に関する冊子や「和食すごろく」などのグッズも紹介されている。

手嶋英津子・領木信雄ほか（元・西南女学院大学栄養学科）「食育の授業—栄養バランス・おやつの適量が学べる授業用アプリ」

▶ http://shokuikuapp.jp/
▷ 操作が容易で、無料でダウンロードできる2つのiPadアプリが紹介されている。「朝ごはん編」では、20種類の料理から朝食の組み合わせを考え、それらが3つの食品のグループのいずれに該当するかを確認できる。

第9章

服育net研究所「こころを育む衣服 服育」

▶ https://www.fukuiku.net/
▷ 衣服の大切さやその力について理解し、私たちの暮らしに活かす力を養う取り組みを「服育」と称して、衣服の基本的な役割から社会や環境とのつながりまで含めた幅広い視点による活動を展開。小学校から高校、家庭でも取り組める活動やツールを開発・紹介している。教師を対象とした定期セミナーも開催。

日下部信幸『確かな目を育てる 図説 被服の材料』開隆堂、1986初版／2002第6版

▷ 衣服の素材の性質に関する簡単な実験を、図、写真付きで紹介。刊行から時間が経っているが、衣生活の実験、実習の授業に活かせるヒントがたくさんちりばめられている。

伊東智恵子編『小学校家庭科授業のヒント33』開隆堂、2021

▷ 小学校における家庭科授業の事例が「生活を科学する」などのテーマごとにまとめられ、写真付きでわかりやすく紹介されている。衣生活分野では「洗濯」「手縫いの作品作り」などを収録。

ジャノメ学校サービス「小学校家庭科補助教材 学んで作ってたのしいミシン」

▶ https://www.janome.co.jp/gakuhan/topics/kyozai.html
▷ ミシンの基本的な操作について学べる教材。

YouTube「埼玉大学川端研究室」（埼玉大学教育学部川端博子研究室）

▶ https://www.youtube.com/@user-kw8gb1ys4g/featured
▷ 手縫いやミシン縫いの基本的な操作をはじめ、コースターや袋、刺し子の作り方の流れなど、学校現場での製作学習に役立つ動画を公開。

第10章

住まいの情報発信局／都市住宅学会「親子のすまいかた教室」

▶ https://www.sumai-info.jp/oyako/index.html
▷ 住まいやまちに関する基礎知識を、かわいいイラストとともに小学生でもわかりやすく解説。クイズも交え、楽しみながら住まいについて学習できる。

住総研「住まい・まち学習（住教育）」

▶ http://www.jusoken.or.jp/diffuse/index.html
▷ 住教育の魅力や、どんなことを学ぶのかについて解説。教育実践研修会や住教育授業に対する助成事業も実施しており、採択された実践例も掲載されている。

青森県県土整備部建築住宅課「住教育支援サイト」

▶ https://www.pref.aomori.lg.jp/soshiki/kendo/kenju/jukyoiku.html
▷ 住まい・住まい方読本や関連情報・実験動画など、住教育に役立つ情報を紹介。

神戸市「住教育支援の取り組み」「神戸市すまいの総合窓口 すまいるネット」

▶ https://www.smilenet.kobe-rma.or.jp/education/
▷ 安全・快適に住むための対策や工夫に関する授業プログラム、実践例を紹介。

YouTube「東京学芸大学住居学研究室」

▶ https://www.youtube.com/channel/UCurPYMSSXMUd2I6rLCvrugA
▷ 実験動画などを公開。教材研究や教材づくりの参考にしてほしい。

第11章

徳島県「徳島県 "あわっ子" みんなではじめる消費者教育 未来のよりよい生活・社会のために—小学校家庭科編」、2020

▶ https://www.pref.tokushima.lg.jp/syohisyagyosei/5032723/7205491/5032737/5037991/
▷ 小学校家庭科消費生活分野の内容を扱った、授業ですぐに使えるスライド資料やワークシートを公開。編集可能な形式になっており、自由にアレンジして使うことができる。

織 朱實監修『ごみから考える SDGs—未来を変えるために、何ができる？』（楽しい調べ学習シリーズ）、PHP 研究所、2020

　　　　▷SDGs と私たちとの関わりを、身近なごみ問題から考える A4 変形判フルカラーの児童向け図書。イラストや写真でわかりやすくまとめられており、児童の調べ学習用の資料に適している。

NHK for School『ど〜する？地球のあした』（小学 4 〜 6 年　総合的な学習の時間）

　　　　▶ https://www.nhk.or.jp/school/sougou/dosuru/
　　　　▷地球環境の問題を知り、自分たちに何ができるのかを考え、よりよい未来のために行動することをコンセプトに、様々なヒントがまとめられた動画。ゴミ問題、生物多様性、食料消費などのテーマがある。

NHK for School「地球は放置してても育たない」（小学 4 〜 6 年　総合的な学習の時間）

　　　　▶ https://www.nhk.or.jp/school/sougou/houchi/
　　　　▷主人公が育成シミュレーションゲームに取り組む形式で、地球が抱える問題を、CG やダイナミックな映像を用いてわかりやすく解説している動画。

NHK みんなでプラス「地球のミライ—持続可能な社会へ」

　　　　▶ https://www.nhk.or.jp/gendai/comment/0019/
　　　　▷内容は小学生向けではないが、大量消費のひずみ、気候・エネルギー、水資源、地域の存続など地球が抱える問題が、写真と文章でわかりやすくコンパクトにまとめられている。

第 12 章

横山みどり・楽しい家庭科の授業を考える会編著『教科書＋α　絶対楽しい家庭科授業』東洋館出版社、2019

佐藤　翔『指導スキルから面白アイデアまで　小学校家庭科の授業づくりテキスト』明治図書出版、2020

　　　　▷いずれの書籍も、小学校現職教員の視点から、家庭科のおもしろさや教材研究の楽しさについて余すところなく紹介している。読後には、子どもの姿を思い浮かべつつ家庭科の教材開発をしたくなるのでは？

第 13 章

石橋裕子・梅澤　実・林　幸範編著『小学校教育実習ガイド（第 2 版）』萌文書林、2019

　　　　▷教育実習でどんなことをするのか、事前にやっておくことは何かなど、教育実習の不安を解消してくれる一冊。

横浜市教育委員会「教育実習サポートガイド別冊（アドバイス集）」

　　　　▶ https://www.edu.city.yokohama.jp/tr/ky/k-center/daigakurenkei/support-guide-bessatsu.pdf
　　　　▷初めて実習指導にあたる教師に向けたアドバイス集。教育実習生にとっても、違う角度から教育実習を考えるきっかけとなる資料といえる。

第14章

経団連「企業等の教育支援プログラム」

▶ https://www.keidanren.or.jp/japanese/profile/kyoiku/portal/index.html
▷食生活分野や環境分野の出前授業・出張授業など、企業等による教育支援プログラムを紹介。

教育科学研究会編『教育』4月号（No.891）、旬報社、2020

▷小学校教育に浸透している「宿題」についての特集。丸山啓史「宿題のどこが問題か」、杉原里美「家庭を巻き込む「親子参加型」宿題─家庭教育の推進を背景に」など、宿題に関する様々な考え方を知ることができる。

志水宏吉『「つながり格差」が学力格差を生む』亜紀書房、2014

▷学校と家庭とのつながりは地域のつながりへと発展し得る。本書では「家庭・家族と子ども」「地域・近隣社会と子ども」「学校・教師と子ども」のつながりの豊かさと学力の関係を考察。家庭科教育に示唆を与える内容。

日本家庭科教育学会ウェブサイト

▶ https://www.jahee.jp/
▷p.208で紹介した「家庭科学習支援サイト」の他、家庭科教育研究に関する様々な情報が掲載されている。

家庭科の学び・教育実践全体に関わる資料

NHK for School『カテイカ』（小学5～6年 家庭科）

▶ https://www.nhk.or.jp/school/katei/kateika/
▷放送番組「カテイカ」の動画や、指導案、ワークシートなどが紹介されている。「サラダはゆで野菜でイカが？」などの動画では、研究者の説明や実験の様子も取り入れられ、科学的な理解を促す工夫がなされている。

公益社団法人著作権情報センター「指導される方へ 授業での著作権法遵守」「みんなのための著作権教室」

▶ http://kids.cric.or.jp/teacher/case01.html

一般社団法人日本書籍出版協会「ガイドライン 学校等での複製」

▶ https://www.jbpa.or.jp/guideline/index.html
▷授業で教材として著作物を利用する場合、多くは著作者の許可を必要としない（著作権法第35条第1項）。ただし、いかなる場合でも自由に利用できるというわけではないので、基本的なルールを学んで適切に引用し、利用にあたっては十分に注意しよう。

＊その語句について解説している
頁はゴシック体で示した。

[編著者紹介]（筆頭編著者以外は五十音順）

渡瀬典子（わたせ のりこ）
●第1章、第2章、第3章、第4章第1節・第2節・第5節、第6章、第12章第1節・第2節、第14章第4節
東京学芸大学教授。専門分野は家庭科教育学。主著に『市民社会をひらく家庭科』（分担執筆、ドメス出版）
など。

倉持清美（くらもち きよみ）
●第7章、第14章第1節
東京学芸大学教授。専門分野は保育学、保育心理学。主著に『初等家庭科の研究』（共編著、萌文書林）など。

萬羽郁子（ばんば いくこ）
●第10章、第14章第3節
東京学芸大学准教授。専門分野は住居学。主著に『住まいの百科事典』（分担執筆、丸善出版）など。

藤田智子（ふじた ともこ）
●第5章、資料①「家庭科室の使い方」
東京学芸大学准教授。専門分野は家庭科教育学。主著に『2030年の学校教育』（分担執筆、明治図書）など。

[執筆者紹介]（＊執筆及び学習指導案提供）
宇野瑠璃子（うの るりこ）●第12章［教材研究紹介］名古屋市立植田東小学校教諭
坂本有芳（さかもと ゆか）●第11章 鳴門教育大学大学院教授
佐藤麻子（さとう あさこ）●第13章 東京学芸大学特任准教授
平 和香子（たいら わかこ）●第8章［共著］都留文科大学准教授
高橋美登梨（たかはし みどり）●第9章［共著］東京学芸大学ほか非常勤講師
塚崎 舞（つかざき まい）●第9章［共著］東京学芸大学講師
西岡里奈（にしおか りな）●第4章第4節 東京学芸大学附属小金井小学校教諭＊
古重奈央（ふるしげ なお）●第4章第3節、第14章第2節 千葉大学教育学部附属小学校教諭＊
星野亜由美（ほしの あゆみ）●第8章［共著］東京学芸大学講師
横山みどり（よこやま みどり）●第12章［教材研究紹介］筑波大学附属小学校教諭＊
吉田みゆき（よしだ みゆき）●第12章［教材研究紹介］新座市立陣屋小学校教諭＊

[学習指導案提供者紹介]
谷口紗矢佳（たにぐち さやか）京都市立高倉小学校教諭
林 夏代（はやし なつよ）元阿波市立伊沢小学校教諭
福岡聡子（ふくおか さとこ）世田谷区立多聞小学校教諭
八重樫英広（やえがし えいこう）八幡平市教育委員会
吉川奏子（よしかわ かなこ）猪苗代町立翁島小学校校長

本文イラスト：藤原ヒロコ

装画：片平菜摘子

デザイン・DTP：滝澤ヒロシ（四幻社）

初等家庭科教育法
—気づく・考える・実践する力を育む授業づくり
2023年4月28日　初版第1刷発行

編著者…………渡瀬典子・倉持清美・萬羽郁子・藤田智子
発行者…………服部直人
発行所…………株式会社萌文書林
　　　　　　　　〒113-0021　東京都文京区本駒込6-15-11
　　　　　　　　TEL 03-3943-0576　　FAX 03-3943-0567
印刷・製本……シナノ印刷株式会社
©WATASE Noriko, KURAMOCHI Kiyomi, BAMBA Ikuko, and
　FUJITA Tomoko 2023
ISBN 978-4-89347-400-1　　Printed in Japan

落丁・乱丁本は送料弊社負担でお取り替えいたします。
本書の内容の一部または全部を無断で複写・複製・転記・転載することは、著作権法上での例外を除き、著作者および出版社の権利の侵害となります。本書からの複写・複製・転記・転載をご希望の場合はあらかじめ弊社宛に許諾をお求めください。